АНГЛО-РУССКИЙ
СЛОВАРЬ ПО
ПРОГРАММИРОВАНИЮ
И ИНФОРМАТИКЕ

ENGLISH-RUSSIAN
DICTIONARY OF
COMPUTERS
AND PROGRAMMING

A. B. BORKOVSKY

ENGLISH-RUSSIAN DICTIONARY OF COMPUTERS AND PROGRAMMING

(with explanations)

approx. 6 000 terms

Moscow International School
of Translation and Interpreting
Moscow
1992

А. Б. БОРКОВСКИЙ

АНГЛО-РУССКИЙ СЛОВАРЬ ПО ПРОГРАММИРОВАНИЮ И ИНФОРМАТИКЕ

(с толкованиями)

Около 6 000 терминов

Москва
МОСКОВСКАЯ МЕЖДУНАРОДНАЯ
ШКОЛА ПЕРЕВОДЧИКОВ
1992

ББК 73
Б 82

Специальный научный редактор
канд. техн. наук В. М. Брябрин

Борковский А. Б

Б 82   Англо-русский словарь по программированию и информатике (с толкованиями): Ок. 6 000 терминов — М.: МОСКОВСКАЯ МЕЖДУНАРОД
НАЯ ШКОЛА ПЕРЕВОДЧИКОВ, 1992. — 335 с

ISBN 5-8234-0003-9

Содержит около 6 тыс. терминов, большинство из которых даны с толкованиями, по системам обработки данных, по
вычислительной математике и математическим методам, пер-
сональным ЭВМ, системам деловой автоматизации и подготовки текстов, экспертным системам, организации производства программного продукта.

В конце словаря дан указатель русских терминов.

Словарь рассчитан на переводчиков и специалистов, занимающихся вопросами программирования.

Б $\dfrac{4602030000}{\text{А } 94(02)\text{—}92}$ без объявл.   ББК 73 + 81. 2Англ-4

ПРЕДИСЛОВИЕ

В настоящее время ЭВМ применяются во всех областях, где приходится оперировать большими объемами информации: в экономике, в управлении, в делопроизводстве. Способность применять ЭВМ в своей работе стала необходимым условием успешного выполнения производственных обязанностей для квалифицированных сотрудников всех отраслей народного хозяйства. Если знание устройства и принципов функционирования ЭВМ необходимо лишь специалистам, занимающимся их разработкой и обслуживанием, то минимальные знания в области программирования и применения ЭВМ необходимы всем.

Данный словарь предназначен для специалистов, использующих вычислительные системы в своей профессиональной деятельности, программистов и переводчиков. Отбор лексико-терминологического массива словаря производился по следующим основным направлениям: языки и системы программирования, операционные системы, системы управления базами данных, машинная графика, архитектура ЭВМ, вычислительные сети, системы подготовки текстов, искусственный интеллект. Словарь также включает лексику смежных областей, с которой пользователю вычислительной системы приходится постоянно сталкиваться. Таким образом, в словарь входит терминология по техническим средствам вычислительных систем, вычислительной математике, теории автоматов и формальным грамматикам, организационным вопросам разработки и сопровождения программного обеспечения. При этом понятия, связанные с аппаратными средствами, отражены в той степени, в которой приходится непосредственно сталкиваться с ними пользователю или программисту. Так например, печатающим устройствам уделено большее внимание, чем технической базе запоминающих устройств.

В отличие от большинства других профессиональных подъязыков язык информатики и вычислительной техники в достаточной степени неоднороден. Наличие независимо работающих коллективов разработчиков вычислительных систем определенной фирмы или архитектуры обусловило независимое развитие разных терминологических «диалектов», отражающих одну и ту же предметную область, в которых одно и то же понятие зачастую обозначается разными терминами, а один и тот же термин используется в разных значениях. Примером таких «диалектов» может служить терминология, связанная с ЕС ЭВМ и ЭВМ серии СМ, и терминология сетевых и реляционных баз данных.

Большое значение имеют и «социальные» различия, т. е. различия, обусловленные ролью человека в отношениях с вычислительной

5

системой. В зависимости от того, кем человек является: программистом, конечным пользователем или специалистом по теоретическому программированию, — у него складываются совершенно различные представления об ЭВМ; объекты, существующие в представлении одного специалиста, могут просто отсутствовать в представлении другого. Кроме того, широкое распространение ЭВМ привело к тому, что одни и те же проблемы и вопросы рассматриваются как в академических изданиях, так и в популярной литературе, рассчитанной на массового читателя. Естественно, что при этом используется разная лексика. Язык, рассчитанный на массового пользователя ЭВМ, носит разговорный характер. В то же время фирменные термины и термины, принятые организациями, разрабатывающими стандарты, часто имеют строгое формальное определение.

Невероятно быстрое развитие ЭВМ и широкое их применение привело к столь же быстрому развитию терминологии программирования. Сегодня возникает острая необходимость не только в правильном и точном выборе русского эквивалента, но и в его толковании.

В словаре была сделана попытка дать не только русские эквиваленты, но и сопроводить их пояснениями, чтобы подчеркнуть общие черты, иногда игнорируя незначительные различия. Как правило, пояснения в словаре не дают полного толкования или определения понятия, а лишь выделяют его важнейшие особенности, как бы указывая «где искать». Терминология, отражающая общеизвестные базовые понятия и понятия, имеющие лишь косвенное отношение к данной теме, приводится без пояснения. В случае отсутствия точного устойчивого русского эквивалента, соответствующего английскому термину, приводится авторский вариант перевода.

В словаре широко используются перекрестные ссылки, помогающие понять отношения между взаимосвязанными понятиями или различными аспектами одного понятия.

При составлении словаря были использованы американские, английские и отечественные монографии и словари, технические журналы, документация по операционным системам и программным средствам.

Автор выражает признательность Ю. А. Кузьмину, а также сотрудникам Вычислительного центра АН СССР, просмотревшим рукопись словаря и внесшим ряд ценных замечаний и предложений.

Автор

5

О ПОЛЬЗОВАНИИ СЛОВАРЕМ

Все английские термины в словаре расположены в алфавитном порядке и выделяются полужирным шрифтом.

В переводах принята следующая система разделительных знаков: близкие значения отделены запятой, более далекие — точкой с запятой, различные значения — цифрами.

В некоторых случаях одна пояснительная статья содержит два толкования, разделенных точкой с запятой; такое оформление используется для двух взаимодополняющих пояснений, раскрывающих разные аспекты одного понятия. Например:

record запись □ Группа взаимосвязанных элементов данных, рассматриваемая как единое целое, составной элемент данных.

Пояснения к русским эквивалентам набраны курсивом и заключены в круглые скобки. Например:

eigenvalue собственное значение (*оператора, матрицы*)

Факультативная часть как английского термина, так и русского эквивалента дается в круглых скобках. Например: **physical (layer) protocol** физический протокол. Термин следует читать: **physical protocol, physical layer protocol. elapsed time** (астрономическое) время счёта. Перевод следует читать: время счёта, астрономическое время счёта.

В толкованиях разрядкой выделены те русские термины, английские варианты которых в словаре имеют толкования. Указатель русских терминов в конце словаря облегчает доступ к этим статьям.

В целях научно-методической целесообразности при базовых понятиях дается перечень составных терминов, имеющих в качестве определяемого слова данный базовый термин. Например:

data item элемент данных □ Поименованная группа данных, обрабатываемая как единое целое: запись, поле записи, элемент массивов. (actual derived data item, actual result data item, actual source data item, derived data item, result data item, source data item, virtual derived data item, virtual result data item, virtual source data item).

В словник словаря включены сокращения, наиболее часто встречающиеся в литературе по данной тематике.

В словаре используются следующие ссылки:

См. указывает термин синонимичный или близкий по значению, для которого в словаре имеется толкование;

См. тж. указывает словарные статьи, содержащие дополнительную информацию о данном термине;

Ср. указывает термин с противоположным значением;

см. ссылка с сокращения на развернутый термин.

Толкования даются в подбор к английскому термину и отделяются знаком квадрата (□). Например:

statement function оператор-функция □ В языке ФОРТРАН оператор, задающий функцию внутри подпрограммы.

СПИСОК СОКРАЩЕНИЙ

АРМ	автоматизированное рабочее место
МККТТ	Международный консультативный комитет по телеграфии и телефонии
ОЗУ	оперативное запоминающее устройство
ПЗУ	постоянное запоминающее устройство
ППЗУ	программируемое постоянное запоминающее устройство
ПЭВМ	персональная ЭВМ
ЭЛТ	электронно-лучевая трубка

АНГЛИЙСКИЙ АЛФАВИТ

Aa Bb Cc Dd Ee Ff Gg Hh

Ii Jj Kk Ll Mm Nn Oo Pp

Qq Rr Ss Tt Uu Vv Ww Xx

Yy Zz

A

abend (abnormal end) аварийное завершение, авост ☐ Окончание выполнения программы, задачи, процесса в результате ошибки, обнаруженной о п е р а ц и о н н о й   с и с т е м о й.

able название шестнадцатиричной цифры A (*числовое значение* — *10*)

abnormal termination аварийное завершение, авост. *См.* abend

abort прерывать выполнение программы, выбрасывать задачу из решения; аварийно завершаться ☐ Выполнять операции для преждевременного завершения программы в связи с ошибкой. Это может сделать оператор ЭВМ, операционная система или сама программа.

abs *см.* absolute (value)

absolute address 1. абсолютный адрес ☐ Число, однозначно указывающее положение данных или внешнее устройство. *Ср.* relative address 2. машинный адрес. *См.* machine address 3. физический адрес. *См.* physical address

absolute addressing абсолютная адресация. *См. тж.* absolute address 1.

absolute assembler абсолютный ассемблер ☐ Транслятор с языка ассемблера, порождающий программу в а б с о л ю т н ы х   а д р е с а х, которая может выполняться без н а с т р о й к и   а д р е с о в   загрузчиком.

absolute code машинный код, программа в машинном коде

absolute coding программирование в машинном коде

absolute command абсолютная команда ☐ В машинной графике — команда отображения, параметры которой интерпретируются как абсолютные координаты. *Ср.* relative command

absolute coordinates абсолютные координаты ☐ Координаты, идентифицирующие положение точки относительно заданной системы координат, общей для всего описания. *Ср.* relative coordinates

absolute error абсолютная ошибка; абсолютная погрешность. *Ср.* relative error

absolute expression абсолютное выражение ☐ Выражение в программе на языке ассемблера, значение которого не зависит от положения программы в памяти.

absolute loader абсолютный загрузчик ☐ Загрузчик, не выполняющий   н а с т р о й к у   а д р е с о в.

absolute pathname полное составное имя ☐ Составное имя файла или каталога, префикс которого указывает путь от корневого каталога. *См. тж.* pathname

absolute program программа в абсолютных адресах

absolute term абсолютный терм ☐ Терм в программе на языке

9

ASSEMBLE, значение которого не зависит от положения программы в памяти.

ABSOLUTE

ассемблера, значение которого не зависит от положения программы в памяти.

absolute value абсолютная величина; абсолютное значение

absolute vector абсолютный вектор ☐ Вектор, начальная и конечная точки которого заданы в а б с о л ю т н ы х к о о рд и н а т а х. *Ср.* relative vector

abstract 1. реферат 2. составлять реферат, реферировать 3. абстрактный *См. тж.* logical

abstract data type абстрактный тип данных ☐ Тип данных, определённый только операциями, применимыми к объектам данного типа, без описания способа представления их значений.

abstraction абстракция ☐ Использование описания внешних свойств объекта без учёта его внутренней организации и конкретной реализации. (data abstraction, procedural abstraction)

abstract machine абстрактная машина ☐ Представление о вычислительной машине в терминах информационных ресурсов и операций, доступных программе. Эти ресурсы и операции могут соответствовать реальным компонентам ЭВМ или имитироваться о п е р а ц и о н н о й с р е д о й. Абстрактная машина может не учитывать некоторые возможности реальной ЭВМ. Возможно определение абстрактной машины без её реального воплощения для описания семантики языка или доказательств свойств программ.

abstract semantic network абстрактная семантическая сеть ☐ С е м а н т и ч е с к а я с е т ь, описывающая понятия; в конкретной семантической сети, описывающей ситуацию или смысл текста, вершины, представляющие объекты, связаны с вершинами абстрактной сети, представляющими соответствующие понятия отношением IS-A.

acc *см.* accumulator

acceleration time время разгона ☐ Время, необходимое носителю данных (магнитной ленте или диску) для набора рабочей скорости.

accent знак ударения; диакритический знак

accept 1. ввод (*с клавиатуры*) 2. согласие (*в сетевых протоколах*)

acceptance sampling выборочный контроль при приёмке

acceptance testing испытания при приёмке

access 1. доступ, обращение ☐ Операция чтения, записи или модификации элемента данных, ячейки памяти, записи файла или базы данных, регистров внешних устройств. 2. обращаться (arbitrary access, authorized access, direct access, failure access, keyed access, random access, serial access, unauthorized access)

access address указатель, ссылка

access control контроль доступа, управление доступом ☐ Определение и ограничение доступа пользователей, программ или процессов к данным, программам и устройствам вычислительной системы.

access-control mechanism средства контроля доступа

access cycle цикл обращения ☐ Минимальный интервал времени между последовательными доступами к данным запоминающего устройства.

access matrix матрица права доступа. *См.* authorization matrix

10

access method метод доступа □ 1. Метод поиска записи в файле, предоставления программе возможности произвести её обработку и помещения её в файл. Метод доступа поддерживается программами файловой системы. 2. Системная программа, реализующая метод доступа. (basic direct access method, basic indexed sequential access method, basic partitioned access method, basic sequential access method, basic telecommunication access method, hierarchical direct access method, hierarchical indexed direct access method, hierarchical indexed sequential access method, hierarchical sequential access method, indexed sequential access method, keyed sequential access method, queued indexed sequential access method, queued sequential access method, queued telecommunication access method, telecommunication access method, virtual storage access method, virtual telecommunication access method)

access mode режим доступа □ Набор операций над файлом или другими данными, выполнение которых разрешено данному пользователю или группе пользователей. Операции обычно включают чтение, пополнение, модификацию, выполнение.

access-oriented method вычисления, управляемые обращениями к данным □ Способ программирования с использованием п р и с о е д и н ё н н ы х   п р о ц е д у р, вызываемых при обращении к данным.

access path путь доступа □ Последовательность записей базы данных, просматриваемых прикладной программой для выполнения некоторой операции.

access restriction ограничение доступа

access right право доступа

access scan поиск с перебором □ Поиск необходимой информации в файле последовательным перебором записей.

access time время доступа □ Интервал времени между началом операции считывания и выдачей данных из запоминающего устройства.

account бюджет □ Объём ресурсов вычислительной системы, который данный пользователь или группа пользователей может использовать в течение определённого периода времени. *См. тж.* user account

accounting учёт системных ресурсов □ Регистрация использования ресурсов вычислительной системы (времени центрального процессора, дискового пространства, бумаги, сетевых услуг) пользователями или группами пользователей. Выполняется специальным компонентом о п е р а ц и о н н о й с и с т е м ы и'используется для оптимизации параметров системы и для начисления платы за использование ЭВМ.

accounting file учётный файл, файл бюджетов □ Файл, содержащий данные о б ю д ж е т е пользователей и реальном использовании ресурсов вычислительной системы.

accounting information учётная информация, информация о бюджете пользователей

accounting system система учёта (использования) ресурсов, учётная система, бюджетная система

accumulator сумматор; накапливающий регистр □ Регистр процессора, в котором остаётся результат выполнения команды. В ЭВМ с одноадресной системой команд имеется один сумматор, являющийся одним из операндов и результатом; некоторые операции производятся только над сумматором. В других системах команд группа регистров или все регистры могут использоваться как сумматор.

accumulator register сумматор; накапливающий регистр. *См.* accumulator

ACIA (asynchronous communications interface adapter) адаптер асинхронной связи

ACK (acknowledgement) символ подтверждения приёма, положительная квитанция ☐ Управляющий символ, указывающий на успешное принятие сообщения. В коде ASCII представлен числом 6. *Ср.* NAK

acknowledge подтверждать приём, квитировать. *См. тж.* acknowledgement

acknowledged connectionless operation квитируемая связь без установления логического соединения ☐ В сетях передачи данных — организация взаимодействия, при которой к а н а л ь н ы й у р о в е н ь обеспечивает только посылку кадра одной или нескольким станциям сети и квитирование приёма. Обеспечение целостности переданных данных (например, повторная передача неправильно переданных кадров) осуществляется на более высоком уровне. *Ср.* connectionless operation, connection-oriented operation

acknowledgement подтверждение приёма, квитирование ☐ Управляющее сообщение или сигнал, выдаваемые в ответ на принятое с о о б щ е н и е. (negative acknowledgement, piggyback acknowledgement, positive acknowledgement)

ACL (Association for Computer Linguistics) Ассоциация по вычислительной лингвистике *(США)*

ACM (Association for Computer Machinery) Ассоциация по вычислительной технике ☐ Американская научная ассоциация по информатике, вычислительной математике, программированию и вычислительной технике.

acoustic coupler устройство сопряжения на базе акустического модема. *См. тж.* acoustic modem

acoustic modem акустический модем ☐ Модем, преобразующий цифровые сигналы в звуковые сигналы речевого диапазона и обратно.

ACP *см.* ancillary control processor

activate активировать; вызывать

activation активация; вызов

activation frame запись активации ☐ Структура данных, формируемая (обычно на стеке) при вызове процедуры или активации процесса и содержащая информацию о параметрах, локальных переменных и точке возврата.

activation record запись активации. *См.* activation frame

active активный ☐ Выполняемый или используемый в данный момент.

active domain активный домен

active file открытый файл ☐ Файл, используемый в данный момент какой-либо задачей.

active job текущее задание. *См.* active task

active star активная звезда ☐ З в е з д о о б р а з н а я т о п о л о г и я сети ЭВМ, в которой центральный узел обрабатывает все сообщения сети; коммутация является лишь одной из его функций. *Ср.* passive star

active task текущая задача ☐ В многозадачной системе — задача, занимающая процессор в данный момент. *См. тж.* task state

active value активная переменная. ☐ Переменная, имеющая **п р и с о е д и н ё н н у ю   п р о ц е д у р у**, которая вызывается при обращении к значению переменной.

activity 1. транзакция, обработка запроса. *См.* transaction 2. коэффициент активности файла ☐ Мера интенсивности обращений к файлу, равная отношению числа транзакций к длине файла. 3. процесс

actual address 1. исполнительный адрес. *См.* effective address 2. абсолютный адрес. *См.* absolute address

actual argument фактический параметр. *См.* actual parameter

actual decimal point реальная запятая, явная запятая ☐ О способе представления чисел, при котором целая и дробная части разделяются специальным символом. *Ср.* assumed decimal point

actual derived data item реальный производный элемент данных ☐ В сетевых базах данных — **п р о и з в о д н ы й   э л е- м е н т   д а н н ы х**, значение которого является копией или заданной функцией значений других элементов данных, хранится в базе данных и изменяется при изменении значений основных элементов данных. *Ср.* virtual derived data item. *См. тж.* actual result data item, actual source data item

actual parameter фактический параметр ☐ Выражение, задающее объект или значение при обращении к процедуре, функции или макрокоманде.

actual result data item элемент данных — реальный результат ☐ **Р е а л ь н ы й   п р о и з в о д н ы й   э л е м е н т   д а н- н ы х**, значение которого является заданной функцией значений других элементов данных.

actual source data item элемент данных — реальная копия источника ☐ **Р е а л ь н ы й   п р о и з в о д н ы й   э л е м е н т   д а н н ы х**, значение которого является копией значения другого элемента данных.

actual storage физическая память. *См.* physical storage

actuator привод головок, позиционер

acyclic graph (ориентированный) граф без петель

Ada Ада ☐ Универсальный язык программирования высокого уровня, созданный, в первую очередь, для разработки программного обеспечения встроенных и управляющих ЭВМ. Язык Ада основан на идеях структурного программирования и обеспечивает поддержку разработки сложных многомодульных программ, высокую степень машинно-независимости и переносимости. Назван в честь Августы Ады Лавелейс, первого в истории программиста.

adapter адаптер. *См.* device adapter

adaptive dialog адаптивный диалог ☐ Способ организации диалога, при котором система настраивается на потребности и стиль работы конкретного пользователя.

adaptive routing адаптивная маршрутизация. *Ср.* fixed routing

ADC *см.* analog-to-digital converter

addend слагаемое □ Величина, прибавляемая к сумме; элемент суммирования, стоящий после знака +. *Ср.* augend

adder сумматор □ Устройство, вычисляющее сумму. (binary adder, full adder, half-adder, parallel adder, serial adder)

add-in расширение, дополнительный встроенный ресурс

add-in memory дополнительная память □ Устройство, подключаемое к ЭВМ для увеличения объёма оперативной памяти. Для микроЭВМ дополнительная память может быть оформлена в виде п л а т ы р а с ш и р е н и я.

addition record добавляемая запись □ Запись ф а й л а и з-м е н е н и й, задающая запись, добавляемую в основной файл.

additive operator операция типа сложения, аддитивная операция □ Операция, приоритет которой равен приоритету операции сложения. Обычно такими операциями являются сложение и вычитание; в некоторых языках операции дизъюнкции и поразрядного сложения также считаются операциями типа сложения.

add-on расширение □ Аппаратное или программное средство, не входящие в стандартный комплект вычислительной системы.

addr *см.* address

address 1. адрес □ 1. Число, код или идентификатор, специфицирующие регистр, ячейку памяти, область запоминающего устройства, внешнее устройство или узел сети. 2. Часть команды, указывающая операнд. 3. Часть сообщения, указывающая адресата. 2. адресовать (absolute address, access address, actual address, base address, broadcast address, call address, deferred address, direct address, effective address, first-level address, home address, immediate address, implied address, indirect address, instruction address, logical address, machine address, multicast address, network address, one-level address, PC-relative address, physical address, presumptive address, relative address, relocatable address, result address, return address, second-level address, segment-relative address, single-level address, source address, symbolic address, third-level address, track address, two-level address, unit address, variable address, virtual address, zero-level address)

addressability адресуемость □ Число точек вдоль координатной оси пространства устройства.

addressable point адресуемая точка □ В машинной графике — любая точка пространства устройства, которая может быть задана координатами.

address alignment выравнивание адреса □ Размещение резервируемых программой областей памяти на удобной для выполнения команд границе: во многих ЭВМ двухбайтовые слова должны иметь чётные адреса, 32-разрядные слова — адреса, кратные четырём; если одно машинное слово содержит несколько команд, то помеченная команда должна быть первой в слове. При выравнивании образуются пустые места, заполняемые нулями или пустыми командами.

address arithmetic адресная арифметика. *См. тж.* address computation

address bus шина адреса, адресная шина □ Часть шины, выделенная для передачи адреса. Число проводников шины может отличаться от числа разрядов регистра адреса процессора: оно может быть больше, если используется аппаратура для отображения **а д р е с н о г о   п р о с т р а н с т в а** на различные участки физической памяти, и меньше, если возможный размер подключаемой **ф и з и ч е с к о й   п а м я т и** меньше **а д р е-с у е м о й   п а м я т и.**

address computation вычисление исполнительного адреса □ Определение исполнительного адреса по адресу, заданному в команде в зависимости от способа адресации. При этом выполняются индексация, базирование, снятие косвенности, автоинкремент и автодекремент.

addressed memory адресуемая память □ Память, к которой в принципе может обратиться процессор. Размер её составляет 2^n, где n — число разрядов машинного адреса. Адресуемая память может быть больше или меньше, чем реальная **ф и з и-ч е с к а я . п а м я т ь** ЭВМ.

addressee адресат, получатель *(сообщения в сети ЭВМ)*

address field поле адреса □ Часть машинной команды или сообщения, содержащая адрес.

addressing 1. адресация □ 1. Задание операнда в машинной команде. 2. Указание объекта в сети ЭВМ. 2. способ адресации. *См.* addressing mode (absolute addressing, associative addressing, autodecremental addressing, autoincremental addressing, deferred addressing, direct addressing, extensible addressing, file addressing, fixed-length addressing, flat addressing, hash addressing, hierachical addressing, immediate addressing, implied addressing, indexed addressing, multilevel addressing, PC-relative addressing, postdecrement addressing, postincrement addressing, predecrement addressing, preincrement addressing, repetitive addressing, self-relative addressing, stepped addressing)

addressing mode способ адресации □ Способ вычисления **и с п о л н и т е л ь н о г о   а д р е с а** и выполнения операций над адресными регистрами.

addressing unit наименьший адресуемый элемент памяти *(бит, байт, слово, ячейка, сегмент, страница, блок)*

address mapping отображение адресов □ Вычисление физического адреса по виртуальному или логическому адресу на основе соответствия между **а д р е с н ы м   п р о с т р а н с т-в о м** задачи и **ф и з и ч е с к о й   п а м я т ь ю** ЭВМ, определённого системой **у п р а в л е н и я   п а м я т ь ю.**

address mark метка адреса, маркер адреса □ Специальный код или физическая метка на дорожке диска, указывающие начало записи адреса сектора.

address register регистр адреса

address relocation настройка адресов. *См.* relocation

address space адресное пространство □ Множество ячеек памяти, к которым может обращаться задача. Представляет собой сплошной участок или состоит из нескольких сегментов. Система **у п р а в л е н и я   п а м я т ь ю** отображает адресное пространство задачи на **ф и з и ч е с к у ю   п а м я т ь** ЭВМ.

add time время сложения □ Время выполнения операции сложения процессором.

ad hoc query незапланированный запрос

adjacency matrix матрица смежности □ Матрица M, задающая граф: $m_{i\,j} = 1$ тогда и только тогда, когда в графе имеется ребро, ведущее из вершины i в вершину j. *Ср.* incidence matrix

adjustable array массив с переменными границами

ADP *см.* automatical data processing

ADP equipment вычислительная техника

AFIPS (American Federation of Information Processing Societies) Американская федерация обществ по обработке информации □ Включает ассоциации по информатике и вычислительной технике, в том числе ACM, IEEE Computer Society, ACL. Член IFIP.

after-look journal журнал изменений □ Ж у р н а л, в который заносятся новые значения изменённых записей. Использование журнала изменений позволяет повторить изменения. *Ср.* before-look journal

aggregate 1. агрегат, составное значение □ В языке Ада — значение составного типа: запись или массив. 2. агрегат данных. *См.* data aggregate 3. агрегировать, объединять 4. составной

aggregated data агрегированное значение □ Величина, зависящая от группы однородных величин: сумма, среднее.

aggregate type составной тип *(в языке Ада)*

aggregation агрегация □ При построении модели данных — вид абстракции, при котором взаимосвязь объектов рассматривается как составной объект. *Ср.* generalization

AI *см.* artificial intelligence

aiming symbol символ прицела □ Световое пятно на экране дисплея обозначающее область, соответствующую положению светового пера.

AKO (A Kind Of) «является видом» □ В представлении знаний — отношение между конкретным видовым понятием (подпонятием) и соответствующим родовым понятием. *См. тж.* semantic network

algebraic specification алгебраические спецификации □ Способ с п е ц и ф и к а ц и и, при котором описание каждого выполняемого программой или модулем действия состоит из двух частей: спецификации входных параметров и совокупности уравнений, описывающих отношения между входными и выходными параметрами после выполнения операции.

Algol (Algorithmic Language) Алгол □ Язык программирования высокого уровня. Обычно подразумевается Алгол-60, разработанный в конце 50-х годов. Особенностями языка Алгол-60 являются блочная структура, в л о ж е н н ы е к о н т е к с т ы, описания переменных, определения способа п е р е д а ч и п а р а м е т р о в, использование формальных средств описания языка. Использовался как язык программирования и язык публикации алгоритмов. Большинство современных языков программирования основывается на идеях, заложенных Алголом.

Algol-68 Алгол-68 □ Сохраняя стилистическую связь с языком Алгол-60, Алгол-68 существенно отличается от него богатством и общностью конструкций. Особенностями Алгола-68 являются развитая система типов, автоматическое п р и в е д е н и е т и п о в, средства описания п а р а л л е л ь н ы х п р о ц е с с о в и синхронизации, формальное описание языка на основе д в у х у р о в н е в ы х г р а м м а т и к. Стремление к формальной строгости и последовательности сделало язык слишком сложным для широкого распространения.

algorithm 1. алгоритм □ Набор правил или описание последовательности операций для решения определённой задачи или достижения определённой цели. **2.** метод, правило (bisection algorithm, branch and bound algorithm, hashing algorithm, painter's algorithm, scheduling algorithm, smoothing algorithm, stack algorithm)

algorithmic language алгоритмический язык □ Язык записи алгоритмов для их реализации на ЭВМ, публикации или формального анализа. Всякий я з ы к п р о г р а м м и р о в а н и я является алгоритмическим языком, но не всякий алгоритмический язык может практически использоваться как язык программирования. Языки программирования, ориентированные на конкретную ЭВМ, обычно не называют алгоритмическими.

algorithm validation проверка правильности алгоритма, доказательство правильности алгоритма

alias псевдоним □ Альтернативное имя модуля, команды, точки входа в программу.

aliasing 1. совмещение имён □ Ситуация, при которой в некотором контексте один и тот же объект доступен под разными именами. **2.** В растровой графике — дефект изображения линий, связанный с дискретностью растра.

alloc см. **1.** allocation **2.** allocator

allocate распределять (*ресурсы*), выделять (*ресурсы*)

allocation 1. распределение (*ресурсов*) **2.** выделение (*ресурса процессу*) (device allocation, dynamic allocation, file allocation, memory allocation, register allocation, resource allocation, static allocation, storage allocation, virtual storage allocation)

allocation map таблица распределения □ Структура данных, описывающая ресурсы вычислительной системы и их текущее распределение между процессами или программами.

allocator программа распределения (*ресурсов*)

allotment выделение □ Единичный акт распределения (*например, памяти*). См. тж. allocation

alphabet алфавит □ Совокупность символов, используемых в языке или системе кодирования. (source alphabet, target alphabet)

alphabetic string 1. текстовая строка □ Строка символов, принадлежащих данному алфавиту. **2.** строка букв

alpha character текстовый символ, буква

alpha-node альфа-вершина, вершина типа ИЛИ. См. тж. and or tree

alphanumeric алфавитно-цифровой; текстовый □ Являющийся буквой или цифрой или состоящий из букв и цифр.

alphanumeric character алфавитно-цифровой символ; буква или цифра

alphanumeric display текстовый дисплей. Ср. vector-mode display

alphanumeric field алфавитно-цифровое поле, текстовое поле

alphanumeric terminal текстовый терминал

alpha test лабораторные испытания

alt (alter) «спец» ☐ Регистровая клавиша, изменяющая смысл клавиш, нажимаемых одновременно с ней.

altering error нерегулярная ошибка, неповторяющаяся ошибка

alternate mode режим попеременного доступа ☐ Режим работы в и р т у а л ь н о г о   т е р м и н а л а, при котором каждый из двух его пользователей по очереди получает доступ к его структурам данных. *Ср.* free-running mode

ALU *см.* arithmetic and logical unit

ambiguous definition неоднозначное определение. *См. тж.* multiple definition

ambiguous grammar неоднозначная грамматика ☐ К о н т е к с т н о - с в о б о д н а я   г р а м м а т и к а, в которой одному слову может соответствовать несколько   д е р е в ь е в   в ы в о д а.

ambiguous reference неоднозначная ссылка ☐ Имя, идентифицирующее более одного элемента программы.

Amdahl ☐ Американская фирма, основанная в 1968 г. главным разработчиком серии IBM 360 Дж. Амдалом. Выпускает высокопроизводительные ЭВМ, программно-совместимые с машинами IBM.

amend изменять; редактировать

amendment 1. исправленная версия, редакция ? изменение, поправка

amendment record запись файла изменений

amendments file файл изменений. *См.* change file

American National Standards Institute (ANSI) Американский национальный институт стандартов

Amiga ☐ Персональная ЭВМ фирмы Commodore на базе микропроцессора 68000. Имеет 512 Кбайт ОЗУ и 192 Кбайт ПЗУ, в котором находится операционная система Intuition. Графический адаптер поддерживает несколько графических режимов, в том числе режим 640 на 400 точек с 16 цветами из 4096; имеет также четырёхканальный звуковой выход, последовательный и параллельный интерфейсы, средства сопряжения с жёстким диском, «мышью» и интерфейс MIDI.

ampersand символ &

analog computer аналоговая вычислительная машина, АВМ ☐ Устройство, решающее задачу или класс задач методом физического моделирования. Функционирование АВМ описывается теми же уравнениями, что и решаемая задача. Пользователь получает решение, задавая параметры АВМ, соответствующие исходным данным задачи, и измеряя параметры, соответствующие результатам.

analog machine аналоговая вычислительная машина, АВМ. *См.* analog computer

analog-to-digital converter аналого-цифровой преобразователь, АЦП. *Ср.* digital-to-analog converter

analyst аналитик ☐ Специалист по системному анализу.

analytical аналитический, символьный ☐ О методе решения математической задачи с помощью преобразований формул. *Ср.* numerical

Analytical Engine «Аналитическая машина» ☐ Первая в истории вычислительная машина, спроектированная в 1833 г.

Чарльзом Бебиджем. Машина должна была иметь память объёмом 1000 десятичных чисел и выполнять над ними арифметические операции по программе, вводимой с перфокарт.

analyzer анализатор □ Устройство или программа, выделяющие признаки или составные части обрабатываемых данных. (lexical analyzer, logic analyzer, syntax analyzer)

ancestor предок □ Вершина дерева, расположенная выше данной вершины.

ancillary control processor (ACP) вспомогательный управляющий процессор □ В операционной системе RSX — часть операционной системы, выполняющая файловые операции для группы устройств.

AND И, конъюнкция, логическое умножение □ Логическая операция: A AND B истинно тогда и только тогда, когда истинно A и истинно B.

and/or tree И/ИЛИ дерево □ Дерево, вершины которого представляют утверждения и делятся на два класса: утверждение, соответствующее вершине первого класса (в е р ш и н е т и п а И) истинно, если истинны утверждения, соответствующие всем дочерним вершинам; утверждение, соответствующее вершине второго класса (в е р ш и н е т и п а И Л И) истинно, если истинно хотя бы одно из утверждений, соответствующих дочерним вершинам.

animation мультипликация

annex memory буферная память, буферное запоминающее устройство □ Собственная память контроллера или адаптера ввода-вывода, используемая для буферизации при обмене.

ANSI *см.* American National Standards Institute

answer ответ, реакция

answerback ответ *(в протоколе передачи данных)*

antecedent 1. условие, антецедент, посылка □ Левая часть (A) правила вида «A влечёт B». *Ср.* consequent 2. антецедент □ Слово или именная группа, заменённая местоимением.

antecedent interpretation интерпретация «от фактов», вывод снизу вверх. *См.* belief-invoked interpretation

antialiasing сглаживание □ В растровой графике — средства, компенсирующие дефекты изображения, вызванные дискретностью растра.

anticipation mode режим с упреждением □ Режим обмена или подкачки, при котором данные загружаются в рабочую память до фактического обращения к ним.

anticipatory paging подкачка с упреждением □ В системах с виртуальной памятью — организация п о д к а ч к и, при которой операционная система определяет, к каким страницам или сегментам наиболее вероятны обращения в ближайшее время, и подкачивает их. *Ср.* demand paging

anticipatory staging упреждающее перемещение □ Перемещение данных в и е р а р х и ч е с к о й п а м я т и, выполняемое до запроса программы. *Ср.* demand staging

APL (A Programming Language) АПЛ □ Язык программирования, первоначально разработанный как новая универсальная математическая нотация и впоследствии реализованный как диалоговый язык программирования. Отличается развитыми средствами работы с регулярными структурами данных: векторами, матрицами, массивами, богатым набором базовых операций и компактностью записи.

apparent variable связанная переменная. *См.* bound variable 2.

append добавлять в конец; конкатенировать. *См.* concatenate

appl *см.* application

Apple □ Американская фирма по производству персональных ЭВМ, ориентированных на массового пользователя и отличающихся экономичностью и простотой использования. 8-разрядная ЭВМ Apple — наиболее распространённая ПЭВМ начала 80-х годов, а новые ПЭВМ Lisa и Macintosh определили стандарт организации взаимодействия с пользователем для середины 80-х годов.

application 1. прикладная программа; программа. *См.* application program 2. приложение, применение

application call вызов из прикладной программы

application domain прикладная область, предметная область □ Совокупность понятий и объектов, информация о которых хранится в базе данных или обрабатывается программой.

application-oriented проблемно-ориентированный

application package пакет прикладных программ, ППП □ Набор программ и средств обращения к ним для решения определённого класса задач.

application program прикладная программа □ 1. Программа, использующая средства, предоставляемые системной программой; одна и та же программа может считаться как системной, так и прикладной в зависимости от того, какой уровень программных средств считается базовым. 2. Программа для решения определённой задачи.

application programmer прикладной программист, разработчик прикладного программного обеспечения

application (layer) protocol протокол прикладной программы, прикладной протокол □ Уровень протокола сети передачи данных, определяемый конкретным приложением. *См. тж.* open systems interconnection

applications software прикладное программное обеспечение, прикладные программы □ Программное обеспечение, предназначенное для решения определённой задачи или класса задач или для предоставления пользователю определённых услуг. *См. тж.* system software

application system прикладная система

applicative language функциональный язык, язык функционального программирования. *См.* functional language

apply применять □ Операция с N+1 аргументами, первый из которых задаёт функцию, а остальные являются выражениями, определяющими значения параметров для этой функции.

APSE (Ada Programming Support Environment) среда программирования на Аде □ Стандартная с р е д а п р о г р а м м ир о в а н и я, поддерживаемая вычислительной системой для разработки программ на языке Ада и обеспечивающая п е р ен о с и м о с т ь программ на уровне исходных текстов, и единообразие пользовательского интерфейса, облегчающее переход программиста с одной ЭВМ на другую *См. тж.* Ada, KAPSE, MAPSE

arbitrary access произвольный доступ □ Доступ, при котором время обращения не зависит от адреса.

arc дуга, ориентированное ребро □ Ориентированная связь между двумя вершинами графа; стрелка, ведущая от одной вершины графа к другой.

arcade game □ Общее название видеоигр на персональных ЭВМ и игровых автоматах, в которых играющий в реальном времени управляет объектом, атакующим и защищающимся от объектов, управляемых программой.

architecture архитектура □ Обобщённое определение системы с точки зрения существующих в ней информационных потоков и способа их обработки. (bus architecture, capability architecture, computer architecture, MIMD architecture, MISD architecture, network architecture, non von Neumann architecture, object-oriented architecture, open systems architecture, RISC architecture, SIMD architecture, SISD architecture, stack architecture, systems network architecture, tagged architecture, von Neumann architecture)

archive 1. архив □ Средства хранения редко используемых данных: резервных копий, журналов, старых версий программ и данных. 2. помещать в архив

archived file файл, помещённый в архив

arg см. argument

argument 1. фактический параметр. См. actual parameter 2. параметр 3. аргумент 4. доказательство (actual argument, dummy argument, exhausted argument)

argument field поле операнда □ Часть машинной команды или предложения языка ассемблера, содержащая операнд.

argument list список параметров

argument passing передача параметров. См. parameter passing

argument solicitation запрос параметра, запрос аргумента

argument type list список типов (формальных) параметров

arithmetic 1. арифметика □ Выполнение операций над числами. 2. арифметический процессор □ Сопроцессор для выполнения арифметических операций. (address arithmetic, BCD arithmetic, binary arithmetic, decimal arithmetic, double-precision arithmetic, external arithmetic, floating-point arithmetic, modular arithmetic, modulo N arithmetic, pointer arithmetic)

arithmetic and logical unit (ALU) арифметико-логическое устройство, АЛУ, арифметическое устройство, АУ □ Часть процессора ЭВМ, выполняющая операции над данными в отличие от операций управления и взаимодействия с памятью и внешними устройствами.

arithmetic expression арифметическое выражение

arithmetic function арифметическая функция

arithmetic operation арифметическая операция □ Операция, аргументы и результат которой являются числами.

arithmetic operator знак арифметической операции

arithmetic shift арифметический сдвиг □ Операция сдвига двоичного слова, при которой при сдвиге влево знаковый разряд не изменяется, а при сдвиге вправо в освобождающиеся разряды заносится значение знакового разряда. Ср. logical shift

arithmetic unit арифметическое устройство, АУ, арифметико-логическое устройство, АЛУ. См. arithmetic and logical unit arity число операндов, число аргументов, арность

armed interrupt разрешённое прерывание, немаскированное прерывание. *Ср.* disabled interrupt

ARPA (Advanced Research Projects Agency) Управление перспективных исследований Министерства обороны США □ Новое название — DARPA.

Arpanet Арпанет □ С е т ь к о м м у т а ц и и п а к е т о в, разработанная Управлением перспективных исследований Министерства обороны США (DARPA). Основой Арпанет служит сеть интерфейсных процессоров сообщений (IMP), к которым подсоединены остальные узлы. Эти процессоры образуют сеть коммутации пакетов с распределённой адаптивной маршрутизацией. Арпанет является прототипом многих сетей коммутации пакетов.

array 1. массив □ Структура данных для представления упорядоченного множества элементов одного типа. Элемент массива идентифицируется набором индексов. 2. вектор; матрица (adjustable array, conformant arrays, data array, disperse array, dynamic array, flexible array, memory array, multidimensional array, N-dimensional array, one-dimensional array, pointer array, programmable logic array, ragged array, two-dimensional array)

array cell элемент массива

array component элемент массива

array descriptor дескриптор массива, паспорт массива □ Внутренняя структура данных исполняющей системы, указывающая размерность массива, диапазон изменения индексов и положение элементов массива в памяти.

array element элемент массива

array identifier идентификатор массива

array processor векторный процессор; матричный процессор □ ЭВМ или спецпроцессор, обеспечивающие параллельное выполнение операций над массивами чисел: векторами или матрицами. Обычно состоит из набора арифметических процессоров, выполняющих одинаковые операции над различными элементами массива, с общим устройством управления. *См. тж.* SIMD architecture

array representation представление в виде массива

array variable массив, переменная типа массив

arrival rate частота поступления *(сообщений, запросов)*

artificial intelligence искусственный интеллект □ Часть информатики, занимающаяся разработкой методов решения задач, для которых отсутствуют формальные алгоритмы: понимание естественного языка, обучение, доказательство теорем, распознавание изображений.

artificial language искусственный язык

artificial perception распознавание образов. *См.* pattern recognition

ARU *см.* audio response unit

ascender надстрочный элемент *(литеры)*. *Ср.* descender

ascending sort сортировка по возрастанию □ С о р т и р о в к а, при которой записи упорядочиваются по возрастанию значений ключевых полей. *Ср.* descending sort

ASCII (American Standard Code for Information Interchange) Американский стандартный код для обмена информацией □

Семиразрядный код для представления текстовой информации, используемый с отдельными модификациями в большинстве вычислительных систем. *См. тж.* extended ASCII

ASCII format текстовый формат □ Представление текстовой информации в коде ASCII.

ASCII keyboard клавиатура, выдающая коды нажимаемых клавиш в коде ASCII

ASCII terminal текстовый (ASCII-) терминал □ Терминал, обменивающийся с ЭВМ последовательностями символов в коде ASCII. Обычно такой терминал «понимает» управляющие последовательности стандарта ANSI или его подмножества.

asg, asgn *см.* assign

askable запрашиваемый □ В э к с п е р т н ы х с и с т е м а х — факт или параметр правила, значение которых может быть запрошено у пользователя.

asm *см.* assembler

aspect ratio 1. коэффициент сжатия □ В машинной графике — отношение изменений вертикального и горизонтального масштабов. 2. Для растровых дисплеев — отношение числа точек растра на единичном вертикальном и единичном горизонтальном отрезках.

assemble транслировать (с языка ассемблера)

assembler 1. ассемблер, транслятор (с языка ассемблера) 2. ассемблер, язык ассемблера. *См.* assembly language (absolute assembler, cross assembler, macro assembler, one-to-one assembler, reverse assembler)

assembler directive директива ассемблера. *См. тж.* compiler **directive**

assembly трансляция (с языка ассемблера)

assembly language ассемблер, язык ассемблера □ Язык программирования, понятия которого отражают архитектуру ЭВМ. Обеспечивает доступ к регистрам, указание методов адресации и описание операций в терминах команд процессора. Ассемблер может содержать средства более высокого уровня: встроенные и определяемые макрокоманды, соответствующие нескольким машинным командам, автоматический выбор команды в зависимости от типов операндов, средства описания структур данных.

assert 1. утверждать, предполагать. *См. тж.* assertion 1. **2.** добавлять, заносить □ В логическом программировании — добавлять факт или утверждение в базу данных.

assertion 1. утверждение, условие □ Логическое выражение, которое предполагается истинным. 2. оператор контроля. *См.* **assert statement**

assertion checker программа верификации, верификатор условий □ Программа, анализирующая текст программы, снабжённой условиями и о п е р а т о р а м и к о н т р о л я, которые должны выполняться в определённых её точках, и доказывающая их истинность или ложность при заданных п р е д у с л о в и я х.

assertion operator оператор контроля. *См.* assert statement

assert statement оператор контроля □ Оператор языка программирования, указывающий условие, которое должно выполняться в данной точке программы. Оператор контроля обраба-

ASSIGN

тывается статически при трансляции или верификации либо динамически, вызывая **особую ситуацию** во время работы программы.

assign 1. присваивать 2. назначать. *См. тж.* assignment

assignable object изменяемый объект □ Переменная, элемент массива, поле записи или доступный по ссылке элемент данных, значение которых можно изменять оператором присвавания. *См. тж.* lvalue

assignment 1. присваивание □ Операция изменения значения переменной, регистра, элемента массива, поля записи или другого элемента данных. 2. назначение □ Приписывание устройству или другому ресурсу имени, по которому к нему могут обращаться программы. (multiple assignment)

assignment-free language язык программирования без присвавания. *См. тж.* functional language

assignment statement оператор присвавания

assisted panel окно комментариев, вспомогательное окно □ В экранных интерактивных системах — часть экрана, в которую программа выводит **подсказку** о возможных в данный момент действиях пользователя.

association list ассоциативный список □ Список пар вида (имя свойства, значение)

associative addressing ассоциативная адресация □ Способ адресации, при котором не указывается точное местоположение данных, а задаётся значение определённого поля данных, идентифицирующее их.

associative memory ассоциативная память □ Запоминающее устройство, в котором доступ к данным осуществляется указанием значения одного его поля. Используется для реализации **сверхоперативной памяти** и в спецпроцессорах баз данных.

associative operation ассоциативная операция □ Бинарная операция, результат которой не зависит от расстановки скобок и порядка вычисления.

assumed decimal point подразумеваемая запятая □ О способе представления чисел, при котором не разделяются целая и дробная части и арифметические операции выполняются как над целыми числами. Фактическое положение запятой определяется программой, выполняющей арифметические операции. *Ср.* actual decimal point

AST *см.* asynchronous system trap

asterisk символ *; звёздочка

AST routine программа реакции на асинхронное прерывание

asynchronous communication асинхронная передача данных; асинхронная связь

asynchronous system trap асинхронное прерывание □ Прерывание, возникновение которого не привязано к определённой точке программы: внешнее прерывание или прерывание, связанное с работой другого процесса (например, поступление сигнала, завершение обмена). *Ср.* synchronous system trap

asynchronous transmission асинхронная передача данных. *Ср.* synchronous transmission

AT *см.* automatic translation

Atari 1040ST □ Персональная ЭВМ фирмы Atari на базе

микропроцессора 68000. Имеет 1 Мбайт ОЗУ и 192 Кбайт ПЗУ, в котором находится операционная система. Графический адаптер поддерживает несколько графических режимов, в том числе режим 320 на 200 точек с 16 цветами и режим 640 на 200 точек с 4 цветами; имеет также трёхканальный звуковой выход, флоппи-диск, последовательный и параллельный интерфейсы, средства сопряжения с жёстким диском, «мышью» и интерфейс MIDI.

at clause декларация положения (*в языке Ада*)

A-test лабораторные испытания

Atlas Атлас □ Первая ЭВМ второго поколения. Обладала виртуальной памятью с использованием магнитных барабанов для подкачки, аппаратными средствами поддержки операционной системы (экстракоды) и другими чертами современных ЭВМ.

ATN *см.* augmented transition network

ATN-grammar ATN-грамматика □ Грамматика, заданная в виде р а с ш и р е н н о й с е т и п е р е х о д о в.

atom атом □ Основное понятие языка Лисп для представления элементарных объектов: имён и чисел; с атомом может быть связан с п и с о к с в о й с т в.

attach подключать □ Сделать устройство доступным вычислительной системе или программе. Это может подразумевать как физическое подключение, так и загрузку и инициализацию соответствующих программ и структур данных.

attached procedure присоединённая процедура □ Процедура, связанная с объектом или типом данных и автоматически вызываемая при определённых операциях над объектом или при выполнении определённого условия.

attached task присоединённая задача

attraction mode демонстрационный режим □ Режим работы диалоговой программы (обычно игровой программы), при котором имитируется работа пользователя автоматическим вводом заранее подготовленных или генерируемых команд и запросов.

attribute 1. атрибут, свойство □ Признак, характеризующий объект. 2. атрибут □ 1. В реляционных базах данных — поименованный домен, столбец таблицы. *См. тж.* data element 2. В машинной графике — свойство примитива вывода или сегмента изображения, определяющее цвет, вид линии, фактуру поверхности, шрифт текста. (bundled attributes, character attribute, composite attribute, data attribute, display attribute, file attribute, fill-area attribute, line attribute, null attribute, prime attribute, primitive attribute, search attribute, security attribute, unbundled attribute)

attribute grammar атрибутная грамматика □ Контекстно-свободная грамматика, с каждым нетерминальным символом которой связан набор атрибутов и для каждого правила которой указан способ вычисления атрибутов символа в левой части по атрибутам компонент правой части. Атрибуты используются для задания контекстных условий или для описания семантики языка.

attribute-value list список свойств □ Структура данных, представляющая собой список пар вида (имя свойства, значение) и предоставляющая доступ к значению по имени свойства.

attribute-value table список свойств.. *См.* attribute-value list

AU *см.* arithmetic and logical unit

audio response unit устройство речевого вывода

audit ревизия, проверка

audit log контрольный журнал. *См.* audit trail

audit trail контрольный журнал □ Журнал, в котором фиксируются обращения к защищённым данным.

augend слагаемое, увеличиваемое □ Операнд двухадресной команды сложения, которому присваивается сумма. *Ср.* addend

augment 1. приращение, шаг □ Величина, на которую увеличивается другая величина. 2. увеличивать

augmented addressing адресация с расширяемым адресом, расширенная адресация. *См.* extensible addressing

augmented transition network (ATN) расширенная сеть переходов □ Обобщение к о н е ч н о г о а в т о м а т а, связывающее с каждым переходом из состояния в состояние некоторое действие, изменяющее значения переменных или вызывающее переход на подсеть.

authentification code код аутентификации □ Контрольное поле добавляемое к блоку данных для аутентификации сообщений.

authentification of message аутентификация сообщений □ Защита сообщений от случайных или намеренных искажений при передаче по сети ЭВМ путём добавления к блоку данных контрольного поля. При вычислении контрольного поля используется ключ, известный приёмнику.

authentification of user аутентификация пользователя □ Проверка соответствия пользователя терминала в сети ЭВМ предъявленному идентификатору. Применяется для защиты от несанкционированного доступа и выбора соответствующего режима обслуживания.

authorization 1. санкционирование, разрешение 2. проверка полномочий

authorization matrix матрица прав доступа □ Используемая при у п р а в л е н и и д о с т у п о м таблица, столбцы которой соответствуют ресурсам вычислительной системы, а строки — пользователям; значения элементов таблицы определяют права доступа пользователя к ресурсу.

authorized 1. санкционированный 2. привилегированный, имеющий полномочия □ О пользователе или программе, имеющих права или полномочия для выполнения определённых действий.

authorized access санкционированный доступ

authorized user 1. зарегистрированный пользователь 2. привилегированный пользователь

autocode автокод □ Транслятор (обычно с языка низкого уровня).

autodecremental addressing автодекрементная адресация □ Способ адресации, при котором и с п о л н и т е л ь н ы й а д р е с равен содержимому указанного в команде слова; при вычислении исполнительного адреса содержимое этого слова (обычно регистра) уменьшается на длину элемента адресации. *Ср.* autoincremental addressing

autodump авторазгрузка □ Автоматическая запись содержимого области памяти на внешнее устройство.

autoincremental addressing автоинкрементная адресация □ Способ адресации, при котором и с п о л н и т е л ь н ы й а д-р е с равен содержимому указанного в команде слова; при вычислении исполнительного адреса содержимое этого слова (обычно регистра) увеличивается на длину элемента адресации. *Ср.* autodecremental addressing

autoload автозагрузка □ 1. Автоматическая заправка магнитной ленты в лентопротяжном устройстве. 2. Автоматическая загрузка программы или операционной системы.

automata theory теория автоматов

automated data processing (ADP) автоматическая обработка данных, применение ЭВМ

automatic abstracting автоматическое реферирование □ В информационно-документальных системах — автоматическое составление кратких описаний хранимых документов.

automatical cognition распознавание образов

automatic variable динамическая локальная переменная □ В языках ПЛ/1 и Си — переменная, для которой память автоматически выделяется при входе в блок, в котором она описана, и освобождается при выходе из него.

automaton автомат □ Абстрактная машина, обрабатывающая входную последовательность и определяющая её принадлежность некоторому формальному языку или выдающая некоторую выходную последовательность. (finite-state automaton, linear-bounded automaton, push-down automaton)

automorphism автоморфизм □ Взаимно однозначное отображение (изоморфизм) множества на себя.

autothread автозагрузка. *См.* autoload 1.

AUX (auxiliary) □ В операционных системах на микроЭВМ — логическое имя файла, соответствующего последовательному каналу связи.

auxiliary key вторичный ключ. *См.* secondary key

auxiliary memory внешняя память, внешнее запоминающее устройство. *См.* backing storage

availability коэффициент готовности

AVL tree (Adelson-Velsky and Landis tree) AVL-дерево, сбалансированное (по высоте) дерево □ Двоичное дерево, в котором для любой вершины высота левого поддерева отличается от высоты правого поддерева не более, чем на единицу. При вставке и удалении производится реорганизация дерева для сохранения сбалансированности *См. тж.* balanced tree

axiomatic semantics аксиоматическая семантика □ Способ описания семантики языков программирования посредством задания для каждой элементарной конструкции языка предусловий и аксиом, определяющих соответственно условия, необходимые для её применения, и условия, которые становятся истинными после её применения.

axiom scheme схема аксиом

AZERTY keyboard □ Клавиатура с расположением текстовых клавиш, принятым в ряде европейских стран. Название происходит от литер, расположенных слева в первом ряду. *Ср.* Dvorak keyboard, QWERTY keyboard

B

backbone network базовая сеть □ Компоненты сети ЭВМ, обеспечивающие передачу данных.

back-end внутренний; выходной □ О компоненте модульной системы, выполняющем действия по запросам более внешнего компонента. *Ср.* front-end

back-end interface внутренний интерфейс □ Интерфейс с внутренним компонентом системы (например, коммуникационного процессора с главной ЭВМ, ЭВМ со спецпроцессором, первого прохода транслятора со вторым). *Ср.* front-end interface

back-end processor 1. спецпроцессор, дополнительный процессор *(обычно подразумевается спецпроцессор базы данных)* 2. постпроцессор

back face невидимая поверхность □ Часть поверхности трёхмерного объекта, ориентированная в сторону, противоположную точке наблюдения. *См. тж.* hidden surface

back-face removal удаление невидимых поверхностей. *См.* hidden-surface removal

background 1. фон программы. *См.* program background 2. фон, задний план 3. фоновый □ О задаче, программе или процессе, выполняемых на фоне других задач, программ или процессов. *Ср.* foreground

background color цвет фона

backgrounding фоновая обработка, фоновое выполнение. *См.* background processing

background job фоновое задание

background printing фоновая печать □ Вывод информации на печать одновременно с выполнением других программ.

background process фоновый процесс □ Процесс с меньшим приоритетом, выполняющийся в периоды, когда процесс с большим приоритетом находится в с о с т о я н и и о ж и д а н и я. *Ср.* foreground process

background processing фоновая обработка, фоновое выполнение □ Выполнение менее приоритетных (фоновых) задач в периоды, когда процессор не занят более приоритетной задачей. Фоновые задачи выполняются в пакетном режиме.

background program фоновая программа

background queue очередь фоновых задач

background region фоновый раздел □ Область памяти (раздел), в которую загружаются фоновые программы.

background task фоновая задача, фоновая программа

backing storage внешняя память, внешнее запоминающее устройство □ Память, информация в которой недоступна для непосредственной адресации командами программы; доступ к ней осуществляется операциями ввода-вывода. *Ср.* main storage

back out отменять *(изменения)*; восстанавливать *(предыдущее состояние)*

backslant начертание шрифта с наклоном влево

backslash символ \ ; наклонная черта влево

backspace 1. возврат □ Управляющий символ или клавиша,

вызывающие возврат на один символ с удалением предыдущего символа или без удаления символа. В коде ASCII представлен числом 8. 2. реверс (*магнитной ленты*) 3. возвращать(ся) (destructive backspace, nondestructive backspace)

backtrace след □ Последовательность вызовов подпрограмм, которая привела к данной точке программы.

backtracking перебор с возвратами □ Способ поиска (например, по дереву решений), при котором при возврате после рассмотрения варианта все переменные программы восстанавливают свои значения.

backup 1. резервная копия, резервный экземпляр; резервный ресурс 2. резервирование 3. создавать резервную копию 4. резервный (cold backup, warm backup)

backup copy резервная копия, резервный экземпляр

backup file резервный файл, резервная копия файла

backup version резервная копия

Backus-Naur form нормальная форма Бекуса — Наура. *См.* Backus normal form

Backus normal form (BNF) нормальная форма Бекуса — Наура, БНФ □ Способ описания грамматик для определения синтаксиса языков программирования.

Backus notation нормальная форма Бекуса — Наура. *См.* Backus normal form

backward-chaining вывод «от цели к фактам» □ В экспертных системах и автоматическом доказательстве теорем — способ рассуждений, при котором для доказательства истинности утверждения делается попытка доказать истинность утверждений, из которых оно непосредственно следует; процесс продолжается до тех пор, пока рассуждение не дойдёт до известных фактов или не будет получено утверждение, для вывода которого нет правил. *Ср.* forward-chaining. *См. тж.* goal-invoked interpretation

backward read чтение в обратном направлении □ Чтение при обратной перемотке магнитной ленты.

backward reference ссылка назад □ Использование идентификатора, определённого выше. *Ср.* forward reference

badge reader устройство чтения идентификационных карточек

bag мультимножество □ 1. Неупорядоченная совокупность, допускающая повторение элементов. *Ср.* set. 2. Структура данных для представления мультимножества.

BAK *см.* backup

balanced merge sort сбалансированная сортировка слиянием □ Разновидность с о р т и р о в к и с л и я н и е м, при которой упорядоченные на первом этапе подмножества размещаются на (N—2) лентах из имеющихся N таким образом, чтобы минимизировать время обратной перемотки.

balanced multiway search tree Б-дерево, В-дерево. *См.* B-tree

balanced sample уравновешенная выборка

balanced tree сбалансированное дерево □ Дерево, в котором разность расстояний от корня до любых двух листьев не превышает 1. Хранение данных в виде сбалансированного дерева обеспечивает равнодоступность элементов данных. *См. тж.* AVL-tree, B-tree

BAND

band matrix ленточная матрица □ Матрица, все ненулевые элементы которой расположены на нескольких диагоналях, близких к главной диагонали.

band printer ленточное печатающее устройство □ Построчно-печатающее устройство с шрифтоносителем в виде вращающейся металлической ленты.

bank switching коммутация банков □ Способ управления памятью, при котором физическая память разбита на несколько сегментов (банков) длиной, равной размеру а д р е с н о г о п р о с т р а н с т в а процессора. В каждый момент процессор работает с одним банком. Применяется в ЭВМ с процессором, имеющим малое адресное пространство и не имеющим собственных средств у п р а в л е н и я п а м я т ь ю.

banner заголовок □ Первое слово файла или сообщения, содержащее управляющую информацию.

banner page титульный лист □ Первая страница распечатки, содержащая имя задания, имя пользователя и другую учётную информацию.

bar code штриховой код □ Способ маркировки, при котором код или номер представляются в виде последовательности параллельных линий разной ширины.

bar code scanner устройство чтения штрихового кода

bare board пустая плата, несмонтированная плата, «пустышка»

bare machine «голая» машина □ Вычислительная машина без программного обеспечения.

bar graph столбцовая диаграмма

barrel printer барабанное печатающее устройство □ Построчно-печатающее устройство с шрифтоносителем в виде вращающегося барабана.

base 1. база; базовый адрес □ Значение или адрес, относительно которого представляются другие значения или адреса. 2. базовый регистр *См.* base register 3. основание системы счисления 4. основание логарифма

base address базовый адрес □ Адрес, относительно которого указываются другие адреса. Число, равное базовому адресу, автоматически прибавляется к с м е щ е н и ю для получения исполнительного адреса.

base and displacement база-смещение □ Способ представления адреса в виде пары чисел; при этом фактический адрес равняется их сумме. *См. тж.* segment and offset

baseband LAN локальная сеть с немодулированной передачей □ Локальная сеть, в которой сигналы передаются непосредственно, без модуляции и несущей. *Ср.* broadband LAN

base-bound registers регистры защиты памяти □ В системах с виртуальной памятью — пара регистров, указывающая адрес начала и длину сегмента памяти, доступного задаче.

based integer 1. число с основанием □ Запись числового значения с указанием системы счисления. 2. смещённое целое □ Целая переменная, представленная смещением относительно некоторого базового значения (например, числа от 1917 до 1999 могут представляться числами от 0 до 82).

base-limit registers регистры защиты памяти. *См.* base-bound registers

baseline 1. базовый, минимальный □ Включающий минимальный набор функций или оборудования. 2. нижняя линия (*очертания символа*)

base page базовая страница □ В некоторых архитектурах ЭВМ — первая страница оперативной памяти, обращение к которой из другой страницы проще, чем к остальным.

base register базовый регистр □ Регистр, в котором хранится б а з о в ы й   а д р е с.

base type исходный тип □ Тип, уточнением которого является данный тип.

BASIC (beginner's all purpose symbolic instruction code) БЕЙСИК □ Простой для изучения и применения язык программирования, ориентированный на диалоговую работу. Наиболее распространённый язык, используемый на ПЭВМ.

basic access method базисный метод доступа □ В операционных системах IBM — группа м е т о д о в   д о с т у п а, не поддерживающих буферизации и очередей. *Ср.* queued access method

basic direct access method (BDAM) базисный прямой метод доступа □ Метод доступа низкого уровня, при котором запись идентифицируется номером записи внутри файла или физическим адресом на устройстве.

basic indexed sequential access method (BISAM) базисный индексно-последовательный метод доступа □ Метод доступа, позволяющий обращаться к записям файла как последовательно, так и по ключу. Преобразование ключа в адрес осуществляется с помощью индекса, являющегося частью файла.

basic partitioned access method (BPAM) базисный библиотечный метод доступа □ Метод доступа, обеспечивающий работу с большими записями переменной длины с использованием символических имён

basic sequential access method (BSAM) базисный последовательный метод доступа □ Метод доступа низкого уровня, позволяющий последовательно обрабатывать записи физического файла.

basic telecommunication access method (BTAM) базисный телекоммуникационный метод доступа □ Метод доступа низкого уровня, обеспечивающий минимальные средства для работы с терминалом.

BAT *см.* batch file

batch пакет □ Совокупность данных или программ, обрабатываемых или передаваемых как единое целое; группа программ, выполняемая в пакетном режиме.

batch entry пакетный ввод (*данных*)

batch file командный файл. *См.* command file

batch header заголовок пакета □ Первый элемент пакета, содержащий информацию о его структуре.

batch job пакетное задание □ Задание, выполняемое в пакетном режиме.

batch mode пакетный режим, режим пакетной обработки. *См. тж.* batch processing

batch-oriented пакетный, пакетно-ориентированный □ Предназначенный для обработки п а к е т а или обработки в п а к е т н о м   р е ж и м е.

batch processing пакетная обработка □ Обработка данных

или выполнение программ, при которых элементы пакета обрабатываются или выполняются последовательно без вмешательства оператора.

batch trailer завершитель пакета ☐ Последний элемент пакета, указывающий на его окончание.

baud бод ☐ Единица измерения скорости передачи информации, определяемая числом элементов сигнала (изменений состояния канала) в секунду. Для последовательного канала 1 бод=1 бит в секунду; при других способах передачи элемент сигнала может соответствовать более чем одному биту.

Baudot code код Бодо, пятиразрядный телеграфный код

baud rate скорость передачи информации в бодах

BCC *см.* **block check character**

BCD (binary-coded decimal) двоично-десятичный код ☐ Представление чисел, при котором каждая десятичная цифра записывается четырёхбитным двоичным эквивалентом. Используется для операций над целыми числами большой разрядности.

BCD arithmetic операции над числами в двоично-десятичном представлении

BCPL машинно-независимый язык системного программирования ☐ Основными особенностями являются отсутствие типов данных, развитый набор управляющих конструкций для структурного программирования, переносимость программ между ЭВМ с различной архитектурой. BCPL является предшественником языка Си, практически вытеснившего его.

BCS *см.* **British Computer Society**

BDAM *см.* **basic direct access method**

BDOS (Basic Disk Operating System) БДОС, базовая дисковая операционная система ☐ Часть операционной системы микро- или персональной ЭВМ, обеспечивающая обмен с дисками и другими внешними устройствами. Как правило, в БДОС входят все машинно-зависимые части операционной системы. *См. тж.* **BIOS**

bed in полностью отладить

before-look journal журнал откатки ☐ Ж у р н а л, в который заносятся старые значения изменяемых записей. Использование журнала откатки позволяет восстановить исходное состояние файла по его изменённой версии. *Ср.* **after-look journal**

beginning-of-file label метка начала файла; метка файла. *См. тж.* **file label**

beginning-of-information marker (BIM) маркер начала информации ☐ Физическая метка, указывающая начало доступной для записи поверхности магнитной ленты.

beginning-of-tape marker маркер начала ленты. *См.* **beginning-of-information marker**

beginning-of-volume label метка тома ☐ Первая запись тома, содержащая управляющую информацию о его содержимом и структуре.

BEL (bell) символ оповещения, «звонок» ☐ Управляющий символ, вызывающий звуковой сигнал. В коде ASCII представлен числом 7.

belief факт, знания ☐ Элемент или группа элементов б а з ы з н а н и й или модели мира интеллектуальной системы.

belief-invoked interpretation интерпретация «от фактов», вывод снизу вверх □ В логическом программировании и продукционных системах — процедурная интерпретация правила вида «если A то B», при которой добавление в **б а з е з н ан и й** факта A вызывает добавление в неё факта B. *Ср.* goal-invoked interpretation

Bell Laboratories (Bell Labs) □ Американская исследовательская фирма (часть корпорации AT&T), занимающаяся телефонной связью, электроникой и вычислительной техникой. В Bell Labs были разработаны транзистор и операционная система UNIX.

belt printer ленточное печатающее устройство. *См.* band printer

benchmark эталонный тест. *См. тж.* benchmarking

benchmarking эталонное тестирование □ Определение эффективности системы (ЭВМ или программного обеспечения) посредством выполнения эталонных программ или обработки эталонных наборов данных.

benchmark package тестовый пакет

benchmark problem эталонная тестовая задача

benchmark program эталонная тестовая программа □ Программа, предназначенная для анализа эффективности системы.

benchmark test эталонный тест. *См. тж.* benchmarking

Besier curve кривая Безье □ В машинной графике — полиномиальная кривая для аппроксимации кривой по заданным опорным точкам. Особенность кривых Безье в том, что они целиком лежат внутри **в ы п у к л о й о б о л о ч к и** опорных точек.

best fit метод наилучшего приближения □ Метод распределения памяти, при котором по запросу на блок памяти осуществляется поиск свободного блока с размером, наиболее близким к запрошенному. *Ср.* first fit

beta-node бета-вершина, вершина типа И. *См. тж.* and/or tree

beta test опытная эксплуатация; испытания в производственных условиях

biased data неравномерно-распределённые данные, смещённые данные □ Данные, имеющие неоднородное распределение по отношению к критерию сортировки.

biased exponent смещённый порядок, характеристика □ Способ представления чисел с плавающей запятой, при котором к порядку числа прибавляется некоторая константа, что делает диапазон представимых чисел более удобным для конкретных математических вычислений.

biased sample смещённая выборка □ Выборка, для которой среднее значение некоторого признака не равно среднему значению этого признака для всего множества.

bidirectional printer двунаправленное печатающее устройство □ Посимвольное печатающее устройство, выполняющее печать как при прямом, так и при обратном ходе печатающей головки.

bifurcation 1. бифуркация □ Разветвление решения нелинейного дифференциального уравнения. 2. сечение □ Построение дерева решений по таблице решений.

Big Blue ироническое название фирмы IBM

BIM *см.* beginning-of-information marker

binary двоичный □ 1. Представленный в виде последовательности нулей и единиц; записанный в двоичной системе счисления. 2. Состоящий из двух компонент или разделяющий на две части.

binary adder двоичный сумматор □ Устройство, вычисляющее сумму двух двоичных цифр.

binary arithmetic двоичная арифметика □ Операции над числами в двоичном представлении.

binary card двоичная карта □ Перфокарта с нетекстовой информацией.

binary chop двоичный поиск, поиск делением пополам. *См.* binary search

binary code 1. двоичный код □ Представление в виде последовательности нулей и единиц. 2. программа в двоичном коде □ Программный модуль в пригодном для выполнения виде, содержащий только машинные команды и константы.

binary-coded decimal notation двоично-десятичная запись. *См.* BCD

binary-coded representation представление в двоичном коде, двоичное представление

binary counter двоичный счётчик □ Счётчик с двумя состояниями.

binary dump двоичный дамп □ Распечатка содержимого памяти в двоичном представлении.

binary format двоичный формат □ Формат с представлением данных в двоичной форме.

binary image двухуровневое изображение □ Растровое изображение с двумя уровнями яркости.

binary loader абсолютный загрузчик. *См.* absolute loader

binary logic двузначная логика □ Логика, оперирующая значениями «истина» и «ложь». *Ср.* fuzzy logic, ternary logic

binary notation двоичная запись □ 1. Запись в виде последовательности нулей и единиц. 2. Представление числа в двоичной системе счисления.

binary number двоичное число □ Число, представленное в двоичной системе счисления.

binary numeral 1. двоичная цифра 2. двоичное число. *См.* binary number

binary operation 1. бинарная операция □ Операция над двумя аргументами. 2. двоичная операция □ Операция над числами в двоичном представлении.

binary relation бинарное отношение □ Отношение между двумя множествами.

binary search двоичный поиск, поиск делением пополам □ Метод поиска в упорядоченном множестве, на каждом шаге которого средний элемент множества сравнивается с искомым и в зависимости от результата сравнения выбирается половина множества для обработки на следующем шаге.

binary search tree двоичное дерево (поиска) □ Д в о и ч н о е д е р е в о , с каждой вершиной которого связано некоторое значение ключа поиска таким образом, что все ключи в её левом поддереве меньше, а в правом — больше.

binary semaphore двоичный семафор □ Семафор, принимающий значения 0 и 1. Операция «занять», применённая к семафору, имеющему значение 1, равносильна пустой операции.

binary synchronous communications (BSC) двоичная синхронная (познаковая) передача □ Протокол фирмы IBM, используемый для связи удалённых терминалов с центральной ЭВМ.

binary-to-decimal conversion преобразование из двоичного (представления) в десятичное

binary tree двоичное дерево □ Дерево, каждая вершина которого имеет не более двух потомков.

bind 1. связывать □ Устанавливать связь имени и значения. 2. компоновать, связывать. *См.* **link** 1.

binding of modules компоновка модулей Построение загрузочного модуля из объектных модулей.

binding of names связывание имён □ Присваивание значений именам.

binding of variable связывание переменной □ Присваивание значения переменной.

BIOS (Basic Input Output System) базовая система ввода-вывода □ Часть программного обеспечения микроЭВМ, поддерживающая управление адаптерами внешних устройств, экранные операции, тестирование и начальную загрузку. Предоставляет стандартный интерфейс, обеспечивающий переносимость операционных систем между ЭВМ с одинаковым процессором. BIOS, как правило, разрабатывается изготовителем ЭВМ, хранится в ПЗУ и рассматривается как часть ЭВМ. *См. тж.* **BDOS**

biquinary двоично-пятиричный □ О представлении чисел, при котором каждая десятичная цифра записывается четырёхразрядным двоично-пятиричным кодом: 0—0000, 1—0001, 2—0010, 3—0011, 4—0100, 5—1000, 6—1001, 7—1010, 8—1011, 9—1100.

BISAM *см.* **basic indexed sequential access method**

bisection algorithm алгоритм двоичного поиска. *См. тж.* **binary search**

BISYNC *см.* **binary synchronous communications**

bit (binary digit) бит, (двоичный) разряд (carry bit, change bit, check bits, control bit, flag bit, guard bit, high bit, information bit, least significant bit, low bit, most significant bit, off-bit, on-bit, parity bit, presence bit, qualifying bit, service bit, sign bit, use bit, zero bit)

bit-BLT (bit block transfer) пересылка строки битов □ Операция пересылки последовательности разрядов произвольной длины с адресацией с точностью до бита.

bit-by-bit поразрядный

bit cell одноразрядный регистр

bit density плотность записи □ Число битов, записываемых на единицу длины носителя.

bit flipping 1. поразрядные операции, операции над разрядами 2. «жонглирование битами» □ О системном программировании или об изощрённых приёмах программирования.

bit handling поразрядные операции, операции над разрядами

bit image двоичный образ, битовый образ □ Представление в виде двоичного массива.

BIT-INTERLEAVED

bit-interleaved бит-мультиплексный ☐ О передаче данных, при которой по одному физическому каналу последовательно передаются биты разных сообщений. *Ср.* byte-interleaved

bit interleaving чередование битов

bit manipulation поразрядные операции, операции над разрядами.

bit map 1. битовый массив; растр ☐ Представление данных (обычно графического изображения), при котором каждому элементу данных (точке изображения) соответствует один или несколько разрядов памяти, адрес которых определяется номером элемента, а значение описывает состояние элемента данных, например, цвет точки изображения, состояние блока памяти. 2. буфер изображения. *См.* frame buffer

bit-map(ped) display (растровый) дисплей с поточечной адресацией, дисплей с общей памятью ☐ Организация взаимодействия растрового дисплея с процессором, при которой каждой точке изображения соответствует один или несколько разрядов памяти в адресном пространстве ЭВМ; изменяя содержимое ячеек памяти, программа изменяет изображение на экране.

bit-mapped graphics растровая графика. *См. тж.* bit map, bit-mapped display

bit pattern двоичный код; маска, комбинация разрядов

bit rate скорость передачи информации в бит/сек

bit-serial поразрядный ☐ О передаче или обработке данных, при которой последовательно передаются или обрабатываются отдельные разряды.

bit-slice processor секционированный процессор, разрядно-модульный процессор, процессорная секция

bits per inch бит на дюйм ☐ Единица измерения плотности записи информации на магнитном носителе.

bits per second бит в секунду, бит/сек. ☐ Единица измерения скорости передачи информации.

bit slot время передачи бита; такт передачи

bit string строка битов. ☐ Тип данных в языках программирования, обеспечивающий работу с последовательностями двоичных разрядов как со строками.

bit stuffing вставка битов, подстановка битов ☐ В протоколах передачи данных X.25, SDLC и HDLC после каждых пяти последовательных единичных разрядов сообщения вставляется нулевой разряд, так как последовательность 01111110 используется в качестве р а з д е л и т е л я к а д р о в.

bit time время передачи бита; такт передачи

bitwise addition поразрядное сложение ☐ Операция над двоичными числами, при которой каждый разряд результата равен сумме по модулю 2 соответствующих разрядов операндов. Для двух операндов поразрядное сложение совпадает с XOR.

bitwise operation поразрядная операция

black-and-white display чёрно-белый дисплей; монохромный дисплей

blackboard рабочая область ☐ В экспертных системах — часть базы данных, содержащая факты, полученные в процессе логического вывода, доступная всем компонентам вывода и используемая для взаимодействия между ними.

blank 1. пробел; символ «пробел» 2. пустой (leading blanks, trailing blanks)

blank common непомеченный общий блок. *См. тж.* common block

blank diskette пустая дискета; неразмеченная дискета

blanking гашение ☐ В машинной графике — уничтожение изображения одного или нескольких э л е м е н т о в о т о б-р а ж е н и я или сегментов в некоторой области экрана.

blank instruction пустая команда, НОП

blast 1. освобождать ☐ В системе динамического распределения памяти — освобождать группу ранее выделенных блоков. 2. программировать ППЗУ, записывать информацию в ППЗУ

blaster программатор ППЗУ. *См.* PROM burner

blending function стыковочная функция ☐ В машинной графике при аппроксимации линий отрезками кривых — функция, обеспечивающая гладкую стыковку отрезков.

blind keyboard «слепая» клавиатура ☐ Клавиатура, используемая для ввода данных без одновременного их отражения на экране дисплея или бумаге.

blinking мигание ☐ Преднамеренное периодическое изменение цвета или яркости одного или нескольких элементов изображения для их визуального выделения.

block 1. блок ☐ 1. Несколько последовательных логических записей, объединённых в одну физическую. 2. Единица доступа к диску или магнитной ленте. 3. В языках программирования — группа операторов и описаний, объединённых в одно целое. 4. В системах подготовки текстов — выделенный фрагмент, который можно удалить, переместить или выполнить над ним некоторое преобразование. 2. блокировать ☐ 1. Объединять записи в блоки. 2. Создавать условия, делающие невозможным продолжение. (bootstrap block, common block, control block, data control block, file description block, file identification block, home block, label block, line control block, physical block)

block buffer буфер блоков ☐ Буфер ввода-вывода при обмене блоками.

block cancel character символ отмены блока ☐ Управляющий символ, указывающий, что предшествующая часть блока должна быть проигнорирована.

block chaining сцепление блоков ☐ Объединение блоков в одну последовательность при передаче с б л о ч н ы м ш и ф-р о в а н и е м. Невозможность выделить порцию шифрования затрудняет расшифровку.

block check character символ контроля блока ☐ Служебный символ, добавляемый к передаваемому блоку данных и содержащий контрольную сумму.

block encryption блочное шифрование ☐ Способ шифрования, при котором каждый передаваемый блок шифруется независимо.

block gap межблочный промежуток ☐ Часть поверхности носителя (диска или магнитной ленты) между последовательными блоками.

blocking factor коэффициент блокирования ☐ Число записей в блоке.

BLOCK

block length длина блока ☐ Число байтов (иногда слов) в блоке.

blockmark маркер блока, блок-маркер ☐ Маркер, указывающий конец информационной части блока диска.

block multiplexer channel блок-мультиплексный канал ☐ Мультиплексный канал с поблочной передачей данных.

block number номер блока ☐ Число, идентифицирующее блок устройства (обычно диска) или файла. Физический номер задаёт адрес (номер дорожки и номер на дорожке). Логический номер обозначает порядковый номер блока на устройстве и отображается драйвером устройства в физический номер. Виртуальный номер задаёт номер блока внутри файла и отображается файловой системой в логический номер. В более простых системах понятия «логический номер блока» и «виртуальный номер блока» совпадают.

block-oriented device блочно-ориентированное устройство, устройство с поблочным доступом ☐ Внешнее запоминающее устройство, обмен с которым производится блоками (например, диск). *Ср.* record-oriented device, stream-oriented device

block parity поблочный контроль чётности

block retrieval считывание блока (*в системе управления памятью*)

block sort блочная сортировка ☐ Метод с о р т и р о в к и, при котором всё множество разбивается на подмножества с близкими значениями ключа, каждое из которых затем сортируется отдельно.

block-structured language язык с блочной структурой ☐ Язык высокого уровня, в котором описание одного действия может включать описание объекта того же класса (например, вложенные процедуры или вложенные блоки).

block transfer 1. поблочная передача 2. пересылка блока, блочная пересылка

blow программировать ППЗУ, записывать информацию в ППЗУ

BNF *см.* Backus normal form

board плата (bare board, interface board, memory board, multifunction board, prototyping board)

body тело ☐ Внутренняя часть информационного объекта, содержащая сообщение или описание некоторого действия. *Ср.* header (cycle body, iteration body, loop body, package body, procedure body, program body)

body stub остаток тела ☐ В языке Ада — часть блока программы без описаний.

boilerplate шаблон ☐ В системах подготовки текстов — стандартный текст с выделенными позициями для заполнения изменяемым текстом (например, текст письма, предназначенного для отправления нескольким адресатам).

bold полужирный (шрифт)

book книга ☐ 1. Единица организации файлов в языке Алгол-68. 2. Фрагмент программы на языке Кобол.

bookmark закладка ☐ В системах подготовки текстов — средство, позволяющее отметить позицию в тексте и вернуться к ней впоследствии.

Boolean булев, логический ☐ Принимающий значения «истина» и «ложь» или обрабатывающий значения «истина» и «ложь».

Boolean algebra булева алгебра, алгебра логики □ Алгебра, в которой переменные принимают значения «истина» и «ложь». Основные операции булевой алгебры — конъюнкция (операция И), дизъюнкция (операция ИЛИ) и отрицание (операция НЕ).

Boolean expression булево выражение, логическое выражение □ Выражение, составленное из условий, л о г и ч е с к и х п е р е м е н н ы х и логических операций.

Boolean operation логическая операция, булева операция

Boolean operator знак логической операции, знак булевой операции

Boolean value булево значение, логическое значение □ Значения, которые может принимать переменная или выражение в булевой алгебре: «истина» и «ложь». Значение «истина» представляется как 1, true, Т. Значение «ложь» представляется как 0, false, NIL.

Boolean variable булева переменная, логическая переменная

boot 1. начальная загрузка. *См.* bootstrap 1. 2. загружать(ся), запускать(ся) (cold boot, warm boot)

bootstrap 1. начальная загрузка □ Считывание с внешнего носителя в память и выполнение программы, которая считывает, настраивает и запускает остальную часть системы. 2. раскрутка □ Способ разработки программного обеспечения, при котором сначала разрабатывается простой вариант программы, используемый для реализации более сложных. Применяется при разработке трансляторов и переносе программного обеспечения на другую ЭВМ. 3. загружать, запускать 4. раскручивать

bootstrap block блок начальной загрузки □ Блок диска, автоматически считываемый при запуске системы и содержащий программу загрузки остальной части системы с этого диска.

bootstrap loader начальный загрузчик, программа начальной загрузки *(обычно расположенная в ПЗУ)*

bootstrap loading начальная загрузка. *См.* bootstrap 1.

bootstrap memory память начального загрузчика □ ПЗУ, в котором записана программа начальной загрузки.

borrow отрицательный перенос, заём □ Вычитание единицы из старшего разряда при получении отрицательной разности цифр младшего разряда. *Ср.* carry (end-around borrow)

BOT *см.* beginning-of-tape marker

BOT (beginning-of-transmition) управляющий символ «начало передачи»

both-way circuit дуплексный канал. *См.* duplex circuit

bottom of stack дно стека, нижняя граница стека. *Ср.* top of stack

bottom-of-stack pointer указатель дна стека. *Ср.* top-of-stack pointer

bottom-up analysis восходящий анализ. *См.* bottom-up parsing

bottom-up design восходящее проектирование. *См. тж.* bottom-up development

bottom-up development восходящая разработка, разработка снизу вверх □ Способ разработки программного обеспечения, при котором сначала проектируются и отлаживаются программы для выполнения простых операций, из которых затем строятся более сложные. *Ср.* top-down development

bottom-up parsing восходящий анализ □ Способ синтаксического анализа, при котором д е р е в о р а з б о р а строится начиная с листьев. *Ср.* top-down parsing

bottom-up reasoning индуктивный (логический) вывод; вывод «от фактов к цели»

boundary alignment выравнивание адреса. *См.* address alignment

boundary fill закрашивание замкнутой области. *См.* fill 2.

boundary protection защита памяти □ Механизм з а щ и т ы п а м я т и, использующий регистры защиты памяти.

boundary register регистр границы. *См. тж.* base-bound register

bound check проверка принадлежности к диапазону, контроль границ. *См.* range check

bounded-context grammar грамматика с ограниченным контекстом □ Контекстно-свободная грамматика, в которой применимость правила вывода к заданной подцепочке определяется её контекстом ограниченной длины.

bounds registers регистры защиты памяти □ В системах с виртуальной памятью — пара регистров, указывающая адреса нижней и верхней границ сегмента памяти, доступного задаче. *Ср.* base-bound registers

bounds violation выход за пределы (допустимого) диапазона, выход за границы массива

bound variable связанная переменная □ 1. Переменная, имеющая значение. *Ср.* unbound variable 2. Переменная, снабжённая квантором или являющаяся формальным параметром. *Ср.* free variable

box 1. прямоугольник, рамка □ Изображение прямоугольника на блок-схеме, графике или экране дисплея. 2. блок

BPAM *см.* basic partitioned access method

BPI *см.* bits per inch

BPS *см.* bits per second

braces фигурные скобки

brackets 1. скобки 2. квадратные скобки. *Ср.* parentheses

branch 1. ветвь (*дерева, программы*) 2. переход, операция перехода 3. переходить, выполнять переход, передавать управление

branch and bound algorithm метод ветвей и границ □ Алгоритм поиска оптимального выбора на игровом дереве.

branching переход, передача. управления

branch instruction команда перехода

branchpoint точка ветвления □ Точка программы, в которой возможны два или более продолжения в зависимости от некоторого условия.

breadboard макет, макетная плата

breadth-first search поиск в ширину, перебор в ширину □ Способ обхода д е р е в а п о и с к а, при котором сначала анализируются все вершины одного уровня, а затем вершины следующих уровней. *Ср.* depth-first search

break key клавиша прерывания □ Управляющая клавиша, вызывающая прерывание работы программы.

B

breakpoint 1. контрольная точка □ Точка программы, в которой её выполнение прерывается и управление передаётся отладчику. 2. точка прерывания □ Адрес команды, выполнявшейся в момент п р е р ы в а н и я. После завершения обработки прерывания выполнение программы продолжается с этого адреса.

breakpoint instruction команда останова

bridge мост; шлюз □ Средства, обеспечивающие связь территориально удалённых локальных сетей. Мост является разновидностью ш л ю з а, но обеспечивает более простое взаимодействие.

bridgeware средства переноса □ Программные и аппаратные средства для переноса программного обеспечения на другую ЭВМ.

British Computer Society Британское общество вычислительной техники

brittle program непереносимая программа; машинно-зависимая программа. *См. тж.* machine-dependent

broadband LAN локальная сеть с модулированной передачей, широкополосная локальная сеть □ Локальная сеть, в которой сигналы передаются с помощью модуляции несущей; при этом в одной среде передачи может передаваться несколько сигналов одновременно. *Ср.* baseband LAN

broadcast передавать сообщение (*всем узлам сети, терминалам, задачам, ждущим события*)

broadcast address «широковещательный» адрес □ В локальных сетях — адрес, указывающий, что сообщение адресовано всем станциям данной сети.

broadcast network широковещательная сеть □ Сеть ЭВМ (обычно локальная сеть), в которой сигнал, передаваемый одной станцией сети, может быть воспринят всеми другими её станциями.

brother node □ Вершина дерева, имеющая ту же родительскую вершину, что и данная вершина.

browse просматривать. *См. тж.* browser

browser 1. окно просмотра 2. программа просмотра □ В системах программирования с многооконным доступом — средства, позволяющие просматривать в группе выделенных окон текстовые представления программ и данных.

brush кисть □ В интерактивных графических системах — шаблон определённого цвета, фактуры и формы, используемый для рисования или закрашивания. *См. тж.* paintbrush program

BS *см.* backspace

BSAM *см.* basic sequential access method

BSC *см.* binary synchronous communications

BSI (British Standards Institution) Британский институт стандартов

BTAM *см.* basic telecommunication access method

B-test опытная эксплуатация.

B-tree Б-дерево, В-дерево □ Дерево, для которого выполнены следующие условия: число рёбер, выходящих из любой внутренней вершины не больше N, где N — фиксированное число, называемое степенью Б-дерева; в каждый момент расстояние от корня до любого листа равно некоторому фиксированному числу

BUBBLE

D. Используется для организации индексного метода доступа с эффективным поиском, вставкой и удалением ключей. *См. тж.* balanced tree

bubble sort пузырьковая сортировка, сортировка методом пузырька □ Способ с о р т и р о в к и, заключающийся в последовательной перестановке соседних элементов сортируемого массива.

bucket 1. блок, участок □ Участок оперативной или внешней памяти, способный содержать несколько записей и адресуемый как единое целое. 2. ячейка хеш-таблицы

buddy system метод близнецов □ Способ динамического распределения памяти, при котором выделяются блоки размером, равным степени 2; соседние свободные блоки равной длины сливаются.

buffer 1. буфер □ Область памяти для временного хранения информации 2. буфер, буферное запоминающее устройство 3. буферизовать (block buffer, circular buffer, frame buffer, output buffer, paste buffer, refresh buffer, sector buffer, typeahead buffer, video buffer)

buffered input-output ввод-вывод с буферизацией

buffer pool область буферов, пул буферов □ Динамически распределяемая область памяти, из которой выделяются блоки для использования в качестве буферов.

buffer register буферный регистр □ Регистр, через который происходит обмен между о п е р а т и в н о й   п а м я т ь ю и внешним устройством.

buffer storage буферная память, буферное запоминающее устройство, буфер

buffer thrashing переполнение буферов □ Ситуация, когда частота запросов на обмен больше скорости освобождения буферов ввода-вывода.

buffer write-through сброс при каждом обращении

bug ошибка *(в программе или устройстве)*

bug patch «заплата». *См.* patch

built-in 1. встроенный, предопределённый □ О программном объекте, который является частью языка или системы программирования и может быть использован без описания в программе пользователя. 2. встроенный □ Являющийся конструктивной частью.

built-in check 1. встроенный контроль, встроенная проверка □ Операции проверки значений переменных, вставляемые транслятором в тело программы. 2. встроенные средства проверки □ Аппаратура проверки обрабатываемых или передаваемых значений.

built-in macro instruction встроенная макрокоманда □ Команда ассемблера, транслируемая в несколько машинных команд.

built-in type предопределённый тип, встроенный тип □ В языках программирования с развитой системой типов — тип данных, определение которого является частью языка (например, «целое», «логическое», «строка»).

bulk sampling выборка из «кучи»

bulk storage 1. внешняя память, внешнее запоминающее устройство. *См.* backing storage 2. массовая память. *См.* mass storage

bundled attributes условный атрибут □ В машинной графике — поименованный атрибут элемента изображения, преобразуемый в совокупность конкретных атрибутов в зависимости от используемого устройства вывода.

bundled software стандартное программное обеспечение □ Программное обеспечение, поставляемое вместе с ЭВМ без дополнительной оплаты.

bundle table таблица условных атрибутов, групповая таблица □ Таблица, определяющая преобразование у с л о в н ы х а т р и б у т о в в конкретные атрибуты при выводе изображения.

burn программировать ППЗУ, записывать информацию в ППЗУ □ Первоначально термин относился к ППЗУ с однократной записью, производимой пережиганием плавких перемычек, но затем стал использоваться и для других типов ППЗУ. *См. тж.* PROM burner

burner программатор ППЗУ. *См.* PROM burner

Burroughs □ Американская фирма, выпускающая средства обработки данных от кассовых аппаратов до мощных ЭВМ (B5000, B7700). Архитектура ЭВМ Burroughs отличается аппаратными средствами, поддерживающими развитые системы программирования и языки высокого уровня.

burst 1. пакет. *См. тж.* burst mode 2. разрывать □ Разделять распечатку на фальцованной бумаге на страницы.

burster устройство для разделения распечатки на фальцованной бумаге на страницы

burst mode монопольный режим, пакетный режим □ Режим работы мультиплексного канала, при котором канал временно выделяется одному устройству для пересылки блока информации (п а к е т а).

burst performance максимальная производительность (*при обработке специально подобранной задачи*)

bus шина, магистраль □ Группа линий электрических соединений, обеспечивающих передачу данных и управляющих сигналов между компонентами ЭВМ. (address bus, control bus, data bus, expansion bus, multiplexed bus)

bus arbitrator арбитр шины

bus architecture 1. шинная архитектура □ Способ организации ЭВМ, при котором все её компоненты взаимодействуют через единую шину; такая архитектура упрощает подключение дополнительных устройств. 2. шинная топология. *См.* bus topology

bus extender расширитель шины □ Устройство, позволяющее подключать к шине дополнительные платы.

business graphics деловая графика □ Средства графического представления информации в виде, принятом в деловой практике (например, линейные графики и столбцовые диаграммы с поясняющими текстами, круговые диаграммы, совмещение графиков и таблиц).

business software программное обеспечение для административных и экономических приложений

bus topology шинная топология, топология типа «шина» □ Архитектура сети ЭВМ, при которой все узлы подключены к общему линейному информационному каналу.

busy wait ждущий цикл, активное ожидание □ Пустой цикл, выполняемый во время ожидания прерывания.

BW-display *см.* black-and-white display
bypass 1. обход 2. обходить
byte байт ☐ Группа из восьми битов, обрабатываемая как единое целое. Байт может представлять символ (литеру), команду или являться частью машинного слова, состоящего из нескольких байтов. Байт обычно является наименьшей адресуемой единицей памяти ЭВМ.
byte instruction байтовая команда ☐ 1. Команда операции над байтами. 2. Команда, занимающая один байт.
byte-interleaved байт-мультиплексный ☐ О передаче данных, при которой по одному физическому каналу последовательно передаются байты (символы) разных сообщений. *Ср.* bit-interleaved
byte-multiplexer channel байт-мультиплексный канал ☐ Мультиплексный канал с посимвольной (побайтовой) передачей данных.
byte multiplexing побайтовое мультиплексирование ☐ Временное мультиплексирование, при котором каналу периодически выделяется время для передачи одного байта.
byte-organized memory память с побайтовой организацией ☐ Память, данные в которой записываются и считываются по одному байту.
byte-serial посимвольный, побайтовый ☐ О передаче или обработке данных, при которой последовательно передаются или обрабатываются отдельные символы (байты), при этом все разряды каждого символа передаются или обрабатываются параллельно.

C

C Си ☐ Универсальный язык программирования. Первоначально разработан как язык системного программирования для операционной системы UNIX. Простота, эффективность и переносимость сделали Си одним из наиболее распространённых языков.
cache 1. сверхоперативная память, кеш. *См.* cache memory 2. буфер. *См. тж.* disk cache
cache memory сверхоперативная память, кеш ☐ Запоминающее устройство с малым временем доступа (в несколько раз меньшим, чем время доступа к основной оперативной памяти), используемое для временного хранения промежуточных результатов и содержимого часто используемых ячеек.
CAD *см.* computer-aided design
CAD/CAM (computer-aided design / computer-aided manufacturing) система автоматизированного проектирования и производства
CAI *см.* computer-aided instruction
calculator калькулятор
call 1. вызов (*подпрограммы*), обращение (*к подпрограмме*) ☐ Передача параметров и управления подпрограмме или функ-

ции, которые выполняют необходимые действия и возвращают управление вызвавшей программе. 2. вызов, соединение ☐ Установление логической или физической связи между двумя узлами сети передачи данных. 3. вызывать (*подпрограмму*), обращаться (*к подпрограмме*) (application call, function call, intrinsic call, macro call, procedure call, recursive call, subroutine call, supervisor call, system call, virtual call)

call address адрес вызова (*подпрограммы*)

call by name вызов по имени ☐ Вызов, в котором явно указывается имя подпрограммы.

call by pattern вызов по образцу ☐ Вызов посредством задания образца, состоящего из условия и цели. При таком вызове управляющая система запускает все подпрограммы с удовлетворяющим образцу заголовком.

call by reference передача параметра по ссылке. *См.* parameter passing by reference

call by value передача параметра по значению. *См.* parameter passing by value

calligraphic display векторный дисплей. *См.* vector-mode display

calling sequence соглашения о связях ☐ Последовательность команд, используемая в данной системе программирования для обращения к процедурам и передачи параметров и результатов.

CAM *см.* 1. computer-aided manufacturing 2. content-addressable memory

CAMAC (Computer Automated Measurement And Control) система КАМАК ☐ Стандартный мультиплексный промежуточный интерфейс для подключения измерительного, управляющего и другого оборудования к ЭВМ.

camera ready copy оригинал-макет; оттиск полиграфического качества. *См. тж.* printing quality

CAN (cancel) символ отмены ☐ Управляющий символ, отменяющий предыдущий принятый символ или группу символов. В коде ASCII представлен числом 24.

cancel 1. отмена 2. отменять 3. прерывать (*выполнение программы или операции*)

cancel character символ отмены. *См.* CAN

cancellation потеря точности ☐ Уменьшение числа значащих разрядов при вычитании близких по величине чисел.

candidate key возможный ключ ☐ В реляционной модели данных — отличное от п е р в и ч н о г о к л ю ч а подмножество атрибутов отношения, совокупность значений которых однозначно идентифицирует к о р т е ж этого отношения.

canned software стандартное программное обеспечение

canonical schema каноническая схема ☐ С х е м а, описывающая структуру базы данных независимо от использующих её прикладных программ и используемых устройств. Каноническая схема представляет собой более строгое описание, чем к о н ц е п т у а л ь н а я с х е м а. *См. тж.* schema 2.

capa *см.* capability

capability мандат ☐ Разновидность указателя; указывает путь доступа к объекту и определяет разрешённые над ним операции.

CAPABILITY

capability architecture архитектура с мандатной адресацией □ Архитектура ЭВМ, при которой каждое слово памяти относится к одному из двух типов: данные, включая код программ, и мандаты. Мандат указывает на сегмент памяти, содержащий элементы обоих типов. Программа может работать только с теми данными, на которые она имеет мандаты. Такая архитектура обеспечивает высокую надёжность, так как операции над мандатами отличаются от операций над данными, и программа не может случайно или намеренно построить мандат на недоступный ей сегмент.

capacity 1. объём, (информационная) ёмкость □ Максимальное количество единиц данных, которое может храниться в запоминающем устройстве. 2. разрядность *(слова или регистра)* 3. пропускная способность *(канала связи)* (channel capacity, display capacity, formatted capacity, memory capacity, register capacity, unformatted capacity, word capacity)

capline верхняя линия *(очертания символа)*

caps lock «Загл» □ Клавиша фиксации верхнего регистра.

CAR □ Элементарная функция языка Лисп, возвращающая первый элемент списка.

card 1. перфорационная карта, перфокарта 2. плата *(обычно в персональных ЭВМ и микроЭВМ)* (binary card, Hollerith card, magnetic card, memory expansion card, piggyback card, plug-in card, punched card, unpopulated memory card)

card deck пакет перфокарт

card feed подача перфокарт

card image образ перфокарты □ Представление перфокарты в оперативной памяти в виде массива битов, в котором дырке соответствует единичный бит, а отсутствию дырки — нулевой бит.

cardinality мощность, кардинальное число

caret символ

carriage return возврат каретки; символ «возврат каретки» □ Управляющий символ, указывающий конец строки текстового файла. При выводе на печать вызывает перемещение текущей позиции в начало строки с переходом на новую строку или без него. В коде ASCII представлен числом 13.

carry 1. перенос, разряд переноса □ Цифра, прибавляемая к старшему разряду суммы, когда сумма младших разрядов больше основания системы счисления. 2. перенос. *Ср.* borrow (cascaded carry, complete carry, end-around carry, high-speed carry)

carry bit разряд переноса, перенос. *См.* carry

carry clear «нет переноса». *См. тж.* carry flag

carry digit разряд переноса, перенос. *См.* carry

carry flag признак переноса □ Одноразрядный регистр или разряд слова состояния процессора, принимающий значение 1 («есть перенос»), если при выполнении команды произошёл перенос из старшего разряда, и значение 0 («нет переноса»), в противном случае. Признак переноса используется командами условного перехода.

carry set «есть перенос». *См. тж.* carry flag

Cartesian product декартово произведение, прямое произведение □ Декартовым произведением множеств A и B является

46

множество всех пар, первый элемент которых принадлежит A, а второй — B.

cartridge кассета

cartridge disk кассетный диск, дисковый пакет

cartridge tape кассетная лента, накопитель на кассетной ленте □ Кассетная лента формата, специально разработанного для применения во внешних устройствах ЭВМ. Обычно используется для создания р е з е р в н ы х к о п и й содержимого диска микро- и мини-ЭВМ. *Ср.* cassette tape

cascaded carry покаскадный перенос □ При параллельном сложении — обработка переноса, при которой на каждом шаге первое слагаемое заменяется на частичную сумму, а второе — на переносы. Суммирование повторяется, пока возникают переносы.

case 1. регистр клавиатуры **2.** оператор выбора. *См.* case statement (lower-case, upper-case)

case frame модель управления, падежная рамка □ Описание грамматических и, возможно, семантических, связей между глаголом или отглагольным именем и зависимыми именными группами.

case-insensitive search поиск без учёта регистра □ В системах подготовки текстов и редакторах — режим поиска подстроки, при котором заглавные и строчные буквы не различаются. *Ср.* case-sensitive search

case-sensitive search поиск с учётом регистра □ В системах подготовки текстов и редакторах — режим поиска подстроки, при котором различаются заглавные и строчные буквы. *Ср.* case-insensitive search

case statement оператор выбора □ Управляющая конструкция языков программирования, позволяющая выбрать одно из нескольких действий в зависимости от значения указанного выражения.

cash dispensing bank teller автоматический кассир

cassette tape кассетная лента □ Кассетная лента, совместимая по формату с магнитными лентами, применяемыми в бытовых магнитофонах. *Ср.* cartridge tape

cast 1. приведение (типов); ядро *(в языке Алгол-68). См. тж.* cast operator **2.** приводить. *См. тж.* type coercion

cast operator приведение (типов) □ В языке Си — явное указание типа значения выражения. *См. тж.* type coercion

casual user случайный пользователь □ Пользователь, работающий с системой нерегулярно. Для такого пользователя необходимы [самые простые и понятные средства взаимодействия.

catalog 1. каталог □ Структура данных, обеспечивающая поиск объекта по текстовому имени. *См. тж.* directory **2.** каталогизировать, заносить в каталог

cataloged data set каталогизированный набор данных

cataloged procedure каталогизированная процедура, библиотечная процедура □ Процедура языка управления заданиями JCL, вызываемая по имени из библиотеки.

catalogue каталог. *См.* catalog

catenation конкатенация. *См.* concatenation

CCITT (Comite Consultatif International de Telegraphique et

CCU

Telephonique) Международный консультативный комитет по телеграфии и телефонии, МККТТ.

CCU см. communications control unit

CDC (Control Data Corporation) □ Американская фирма, выпускающая большие быстродействующие ЭВМ для научных расчётов. Архитектура ЭВМ CDC отличается наличием нескольких периферийных процессоров для ввода-вывода и сверхбыстродействующего вычислительного процессора. Супер-ЭВМ серии Cyber 205 имеют быстродействие 50 млн. скалярных и 400 млн. векторных операций в секунду.

CDL (Computer Description Language) язык описания архитектуры ЭВМ на уровне межрегистровых пересылок

CDR □ Элементарная функция языка Лисп, возвращающая хвост списка без первого элемента.

cell ячейка памяти □ Элементарная адресуемая единица запоминающего устройства или регистр. (array cell, bit cell, memory cell, storage cell)

cell array массив клеток □ Графический примитив, состоящий из прямоугольного массива клеток разных цветов.

centralized routing централизованная маршрутизация □ Метод маршрутизации пакетов или сообщений сети передачи данных, при котором решения о выборе маршрута принимаются в едином центре. Ср. distributed routing

central processing unit (CPU) центральный процессор, ЦПУ □ Процессор, выполняющий в данной вычислительной системе основные функции по обработке данных и управлению работой других частей этой системы.

central processor 1. центральный процессор, ЦПУ. См. central processing unit 2. центральный процессор, главная ЭВМ. См. host computer

certainty value вероятность

CGM см. computer graphics metafile

chain 1. цепочка, последовательность 2. простой список 3. последовательность операций или вызовов программ; оператор вызова программы

chain code цепной код □ Код, состоящий из n-разрядных слов. Следующее слово кода получается из предыдущего сдвигом на один разряд влево с отбрасыванием первого разряда и добавлением нуля или единицы в конец. Например: 000 001 010 101 011 111 110 100.

chained file цепочечный файл □ Способ организации файла, при котором каждый его элемент (запись или блок) содержит адрес следующего элемента.

chained list список с использованием указателей. См. linked list

chain printer цепное печатающее устройство □ Разновидность печатающего устройства со шрифтоносителем в виде вращающейся ленты, составленной из металлических полос.

change bit разряд изменений, бит изменений □ В системах с виртуальной памятью — разряд дескриптора сегмента памяти, указывающий на наличие изменений его ячеек.

change dump дамп изменений □ Распечатка изменённых ячеек памяти.

48

change file файл изменений ☐ При ведении файла — файл, описывающий изменения, вносимые в основной файл.

change record запись файла изменений

channel 1. канал ввода-вывода. *См.* input-output channel 2. (односторонний) канал связи. *Ср.* circuit 3. дорожка *(перфоленты или магнитной ленты)* (block multiplexer channel, byte-multiplexer channel, communication channel, DMA channel, input-output channel, multiplex channel, selector channel)

channel capacity пропускная способность канала связи

channel director процессор управления каналами ☐ В больших вычислительных системах — специализированный процессор, обеспечивающий взаимодействие центрального процессора с каналами ввода-вывода.

channel program канальная программа ☐ Программа канала ввода-вывода, которая размещается в памяти ЭВМ и адрес которой передаётся каналу для выполнения операции обмена.

channel status word слово состояния канала. *См. тж.* status word

channel switching коммутация каналов. *См.* circuit switching

channel-to-channel adapter адаптер «канал-канал»

char *см.* character

character символ, знак; символ, литера (alpha character, alphanumeric character, block cancel character, block check character, cancel character, code extension character, command character, control character, editing character, enquiry character, erase character, escape character, face-change character, fill character, font-change character, format character, function character, graphic character, idle character, illegal character, information character, layout character, newline character, nonprinting character, numeric character, pad character, polling character, shift character, shift-in character, shift-out character, space character, unprintable character)

character assembly сборка символа. *Ср.* character disassembly

character attribute атрибут символа, атрибут литеры ☐ В машинной графике — цвет, шрифт, ориентация и размер литеры.

character disassembly разложение символа ☐ Разложение символа на двоичные разряды при передаче по бит-мультиплексному каналу; при приёме выполняется сборка символа.

character display текстовый дисплей

character field символьное поле, текстовое поле

character fill 1. заполнение памяти, роспись памяти ☐ Заполнение участка памяти указанным символом. 2. заполнять память, расписывать память

character generator генератор символов, знакогенератор ☐ Функциональное устройство для преобразования кода символа в его графическое изображение на экране дисплея.

character graphics символьная графика, псевдографика ☐ Построение графических изображений на экране дисплея или бумаге из текстовых литер или литер «графического набора».

character-interleaved байт-мультиплексный. *См.* byte-interleaved

characteristic характеристика, **смещённый порядок** *См.* biased exponent

character literal текстовая константа, символьная константа □ Константа, значением которой является символ (литера).

character mode текстовый режим, символьный режим □ Режим работы видеотерминала, при котором на него выводятся только текстовые изображения.

character printer посимвольное печатающее устройство

character recognition распознавание символов

character set набор символов; алфавит □ 1. Множество символов (литер), которые способно обрабатывать и отображать печатающее устройство или видеотерминал. 2. Множество символов, используемых в языке программирования.

character spacing интервал между символами

character string строка (символов)

character terminal текстовый терминал

CHDL (Computer Hardware Description Language) язык описания архитектуры ЭВМ

check 1. контроль, проверка 2. ошибка *(обнаруженная автоматической проверкой)* 3. контролировать, проверять (bound check, built-in check, compile-time check, cyclic redundancy check, desk check, horizontal redundancy check, in-line check, longitudinal redundancy check, parity check, range check, redundancy check, run-time check, static check, validity check, vertical redundancy check)

check bits контрольные разряды □ Разряды слова или сообщения, являющиеся функцией от информационных разрядов и используемые для обнаружения ошибок при передаче или хранении данных.

check digit контрольный разряд. *См. тж.* check bits

checkout отладка. *См.* debugging

checkpoint 1. контрольная точка □ Точка выполнения процесса, в которой сохраняется информация, необходимая для его повторного запуска с этой точки. 2. выгружать, откачивать □ Сохранять состояние процесса или задачи во внешней памяти.

checkpointable task выгружаемая задача

checkpoint data set набор данных контрольной точки □ Набор данных (файл), содержащий состояние системы или задачи, сохранённое в контрольной точке.

checkpointing 1. сохранение состояния процесса в контрольной точке *(для возобновления в случае сбоя)* 2. подкачка □ В мультипрограммных системах — сохранение состояния менее приоритетной или ждущей задачи для освобождения места для более приоритетной задачи.

checkpoint restart перезапуск с контрольной точки, рестарт с контрольной точки □ Возобновление выполнения сохранённого процесса или задачи после сбоя.

checkpoint space область сохранения □ Область диска для сохранения состояния выгруженных задач

check read контрольное считывание □ Считывание, выполняемое непосредственно после записи для проверки.

checksum контрольная сумма □ Сумма всех слов или байтов порции данных (файла, блока, записи).

check total контрольная сумма. *См.* checksum

chief programmer главный программист ☐ Руководитель работ при разработке программ методом «бригады главного программиста». *См. тж.* chief programmer team

chief programmer team бригада главного программиста ☐ Способ разработки программного обеспечения, при котором основной объём кода пишет главный программист, а остальные члены группы выполняют вспомогательные функции. В бригаду главного программиста входят главный программист, второй программист, библиотекарь, администратор и секретарь.

child порождённый

child node дочерняя вершина ☐ Вершина дерева, в которую ведёт дуга из данной. *Ср.* parent node

CHILL ☐ Язык программирования для телекоммуникационных систем, предложенный МККТТ. CHILL является языком высокого уровня со средствами программирования задач реального времени.

chip микросхема; интегральная схема, ИС

chip set микропроцессорный набор

choice 1. альтернатива, пункт меню 2. выбор

choice device устройство выбора альтернативы ☐ В интерактивной графике — логическое устройство ввода, обеспечивающее выбор одного значения из предложенного списка альтернатив (м е н ю).

chord keyboard аккордовая клавиатура ☐ Клавиатура, позволяющая при одновременном нажатии нескольких клавиш определить, в каком порядке они нажимались и отпускались, и какие клавиши нажаты в данный момент.

cine-oriented image вертикальное изображение, правильно ориентированное изображение *(на микроплёнке)*

CIOCS (Communications I/O Control System) система управления каналами связи

cipher 1. шифр 2. шифровать. *Ср.* decipher

CIR *см.* current instruction register

circuit 1. линия связи 2. (двухсторонний) канал связи. *Ср.* channel 3. (электронная) схема

circuit switching коммутация каналов ☐ Коммутация в сети передачи данных, при которой для связи абонентов устанавливается физическое соединение на всё время сеанса связи.

circular buffer циклический буфер ☐ Организация буфера в виде массива с указателями начала и конца свободного пространства, перемещаемыми, соответственно, при записи и считывании; при достижении конца массива указатель перескакивает на начало.

circular reference циклическая зависимость

circular shift циклический сдвиг ☐ Операция сдвига, при которой разряды, выдвигаемые из одного конца регистра, поступают в другой.

circulating register сдвиговый регистр

CIS-COBOL (Compact Interactive Standard COBOL) вариант языка КОБОЛ для диалогового применения на микроЭВМ

Clascal объектно-ориентированный язык программирования, разработанный фирмой Apple

clause предложение *(программы на языке КОБОЛ)*; фраза

CLEAR

clear заносить нуль, очищать (*регистр, ячейку памяти*); сбрасывать (*счётчик*)

clear screen очищать экран □ Операция стирания всего изображения на экране дисплея.

click нажать и отпустить (*клавишу*)

client пользователь □ Модуль программы, использующий описание данного модуля.

client of abstraction пользователь абстракции. *См.* user of abstraction

clip 1. отсекать; отбрасывать *См. тж.* clipping 2. удалять, вырезать □ Удалять выделенную часть изображения на экране дисплея и помещать её в специальный буфер. *См. тж.* clipboard

clipboard буфер вырезанного изображения □ В системах непосредственного взаимодействия — буфер для вырезанного изображения, которое может быть преобразовано и вставлено в то же окно или окно, управляемое другой прикладной программой. *Ср.* paste buffer

clipping 1. отсечение □ В машинной графике — удаление частей изображения, лежащих вне заданной границы. *См. тж.* scissoring 2. вырезка. *См. тж.* clipboard

clobber затирать □ Записывать данные в участок файла, в котором расположена полезная информация.

clock interrupt прерывание по таймеру. *См.* timer interrupt

clock rate тактовая частота

clone имитация; аналог □ Программа или вычислительная машина, реализующие возможности прототипа в упрощённом варианте. *См. тж.* look-alike

close a file закрывать файл □ Операция завершения работы программы с файлом. При её выполнении все связанные с файлом буфера сбрасываются и информация о произведённых изменениях заносится на диск. *Ср.* open a file

close-down завершение работы (*вычислительной системы*) (disorderly close-down, orderly close-down)

closed routine (замкнутая) подпрограмма. *См.* subroutine

closed shop вычислительный центр без доступа пользователей □ Организация работы вычислительного центра, при которой программы разрабатываются штатными программистами, а не заказчиками, ЭВМ обслуживаются операторами и пользователи не имеют доступа к ней. *Ср.* open shop

closed subroutine (замкнутая) подпрограмма. *См.* subroutine

closed system замкнутая система □ Система, не допускающая расширений. *Ср.* open system

closed user group замкнутая группа пользователей □ Группа пользователей сети передачи данных, которые не могут быть вызваны извне этой группы.

closely-coupled interface сильная связь □ Способ связи между компонентами системы, при котором изменения в устройстве и функционировании одного компонента влекут соответствующие изменения в другом.

closure клауза, замкнутое выражение □ Выражение, не содержащее свободных переменных.

CLR *см.* clear

CLS *см.* clear screen

cluster кластер □ 1. Группа внешних устройств (обычно

терминалов) с общим контроллером. 2. Описатель абстрактного типа данных. 3. Группа блоков диска, распределяемая как единое целое. 4. В распознавании образов — группа объектов с общими признаками.

cluster analysis кластерный анализ □ Статистический метод выделения кластеров.

clustering кластеризация, группировка □ Размещение записей с близкими значениями ключа в смежных блоках внешнего запоминающего устройства.

clusterization кластеризация □ Выделение групп объектов с общими признаками.

cluster sampling групповая выборка

clusters topology иерархическая топология, кластерная топология □ Архитектура сети ЭВМ, при которой узлы объединяются в группы (кластеры), причём правила взаимодействия между узлами внутри одного кластера и между узлами разных кластеров различны.

CMI см. computer-managed instruction

CMS (Conversational Monitor System) □ Операционная система, работающая под управлением VM/370 и обеспечивающая диалоговое взаимодействие с пользователем. CMS является прототипом диалоговых систем на мини- и микроЭВМ.

CNF см. conjunctive normal form

coalesce объединять (в произвольном порядке). Ср. collate

COBOL (Common Business-Oriented Language) КОБОЛ □ Язык программирования, разработанный КОДАСИЛ для экономических задач. КОБОЛ отличается развитыми средствами работы с файлами и формой записи, приближённой к английскому языку.

CODASYL (Conference on Data System Languages) КОДАСИЛ □ 1. Американская организация, занимающаяся разработкой стандартных средств для обработки экономической информации. 2. Разработанный КОДАСИЛ стандарт на архитектуру и языковой интерфейс сетевых систем управления базами данных.

code 1. код, система кодирования □ Способ преобразования информации, записанной в некотором алфавите (например, русском алфавите), в другой (например, двоичный). 2. код, кодировка □ Набор символов, используемый для кодирования. 3. программа, текст программы, код 4. код □ Число, которому приписан некоторый смысл. 5. код, шифр 6. кодировать; программировать, составлять программы (absolute code, authentification code, bar code, Baudot code, binary code, chain code, compiled code, completion code, condition code, cyclic code, destination code, error-checking code, error code, error-correcting code, escape code, Gray code, Hamming code, Hollerith code, Huffman code, ISO code, linear code, machine code, M-code, minimum-access code, object code, optimized code, P-code, polynomial code, prefix code, pure code, reserved code, return code, self-checking code, severity code, skeletal code, skip code, source code, spaghetti code, termination code, threaded code, user identification code, variable-length code)

code audit ревизия программы, проверка соответствия программы спецификациям

code-dependent system система, зависящая от данных, кодозависимая система. *См.* code-sensitive system

coded image закодированное изображение ▢ Представление изображения в форме, удобной для хранения и обработки.

code extension character символ расширения кода ▢ Управляющий символ, указывающий переход к другой схеме кодирования, например, к другому алфавиту.

code generation генерация команд, генерация объектного кода. *См. тж.* code generator

code generator генератор команд, генератор объектного кода ▢ Часть транслятора, порождающая последовательность машинных команд, соответствующих транслируемой программе.

code-independent system система, не зависящая от данных, кодонезависимая система. *См. тж.* data transparency

code-insensitive system система, не зависящая от данных, кодонезависимая система. *См. тж.* data transparency

code inspection коллективный формальный анализ программы без участия автора (*приём технологии разработки программного обеспечения*)

code line строка (текста) программы

coder 1. программист, кодировщик ▢ Программист, составляющий программы по готовым детальным спецификациям. 2. шифратор

code removal удаление кода ▢ При оптимизации программы — удаление фрагментов программы, которые не выполняют никаких действий или не могут получить управление.

code-sensitive system система, зависящая от данных, кодозависимая система ▢ Система передачи данных, допускающая передачу сообщений из ограниченного набора символов.

code-transparent system система, не зависящая от данных, кодонезависимая система. *См. тж.* data transparency

code-transparent transmission кодонезависимая передача данных. *См. тж.* data transparency

code walkthrough разбор программы ▢ При коллективной разработке программ — анализ текста программы группой программистов для проверки её правильности.

coding 1. кодирование ▢ Запись информации с использованием некоторого кода. 2. программирование, составление программ, кодирование ▢ Запись (ранее спроектированной) программы на языке программирования. (absolute coding, direct coding, dual coding, symbolic coding)

coding scheme система кодирования, код; схема кодирования

coding sheet бланк для записи программ

coercion приведение (типов) *См.* type coercion

cognitive science когнитивистика, наука о мышлении ▢ Наука, изучающая и моделирующая принципы организации и работы естественных и искусственных интеллектуальных систем.

cohesion связность. *См.* connectivity

col *см.* column

cold backup «холодное» резервирование ▢ Способ резервирования, при котором резервная система должна быть приведена в готовность и запущена вручную. *Ср.* hot backup, warm backup

COMMAND   C

cold boot «холодная» перезагрузка, «холодный» перезапуск
Ср. warm boot. *См.* cold restart

cold restart «холодный» перезапуск ☐ 1. Перезапуск системы,
требующий перезапуска всех подключённых устройств и выполнения процедур н а ч а л ь н о й з а г р у з к и. 2. Для микроЭВМ — перезапуск системы, при котором отключается (электро)питание и содержимое оперативной памяти теряется. *Ср.*
warm restart

cold standby «холодное» резервирование. *См.* cold backup

collate объединять, сливать ☐ Объединять два или несколько
упорядоченных набора в один с сохранением упорядоченности.
Ср. coalesce

collateral execution совместное выполнение

collateral statement совместное предложение ☐ В языке
Алгол-68 — составной оператор, подоператоры которого выполняются в неопределённом порядке.

collating sequence сортирующая последовательность; схема
упорядочения ☐ Последовательность символов алфавита, задающая способ упорядочения строк этого алфавита.

collision коллизия; конфликт

colon двоеточие

color gamut цветовая гамма, цветовой круг ☐ Множество
цветов, которые можно получить смешением основных цветов.
Изображается в виде круга, на окружности которого симметрично расположены три точки, окрашенные в основные цвета; остальные точки круга окрашены цветами, получающимися смешением основных цветов в пропорции соответственно расстоянию
до трёх основных точек. В центре круга расположен белый цвет.

color plane цветовая плоскость ☐ Часть в и д е о п а м ят и, содержащая по одному биту на каждую точку изображения.

column столбец *(матрицы, таблицы, экрана)*

COMAL (Common Algorithmic Language) ☐ Язык программирования, используемый в ряде европейских стран для обучения программированию.

combined station комбинированная станция ☐ Узел сети,
реализующий сбалансированную процедуру HDLC, т. е. способный принимать и передавать как команды, так и ответы. *Ср.*
primary station, secondary station

comic-strip oriented image горизонтальное изображение, повёрнутое изображение *(на микроплёнке)*

comm *см.* communications

comma запятая

command команда ☐ 1. Предложение языка управления заданиями. 2. Вводимая с терминала команда диалогового монитора и программа, выполняющая её. 3. Управляющий сигнал.
4. Оператор программы. (absolute command, display command,
guarded commands, intrinsic command, macro command, modeless
command, operator command, relative command, single-keystroke
command, transient command)

command character управляющий символ

command control program процессор командного языка,
командный процессор. *См.* command processor

command environment командная среда ☐ В операционных
системах типа UNIX — совокупность строковых переменных,

которые определяются в командных процедурах и доступны в программах.

command file командный файл □ 1. Файл, содержащий команды диалогового монитора, выполняемые в пакетном режиме; процедура на к о м а н д н о м я з ы к е. 2. Файл, содержащий последовательность команд (процедуру) на входном языке прикладной программы.

command interpreter процессор командного языка, командный процессор. *См.* command processor

command language 1. командный язык; язык управления заданиями □ Язык, операторы (команды) которого запускают программы и задают им обрабатываемые файлы и другие параметры. Развитый командный язык может включать переменные, выражения и управляющие конструкции. 2. командный язык, входной язык □ Входной язык прикладной программы.

command line командная строка □ Набранная на терминале или прочитанная из командного файла команда, содержащая имя вызываемой программы и её параметры.

command line parameter параметр командной строки □ Параметр программы, задаваемый в к о м а н д н о й с т р о к е.

command mode командный режим □ Режим работы экранной диалоговой системы, при котором операции задаются текстовыми командами, а не меню или непосредственным воздействием.

command procedure процедура на командном языке, командная процедура. *См. тж.* command file

command processor процессор командного языка, командный процессор; диалоговый монитор □ Часть операционной системы, обрабатывающая команды (предложения командного языка), вводимые с терминала или из командного файла, и запускающая задачи для их выполнения.

command qualifier управляющий параметр команды, ключ команды □ В командных языках операционных систем фирмы DEC — параметр командной строки, указывающий способ или режим выполнения команды. *См. тж.* file qualifier, parameter qualifier

command word имя команды, команда (*командного языка*)

comment комментарий □ Часть текста программы, не влияющая на её выполнение и служащая только для документирования и облегчения чтения человеком.

comment-out превращать в комментарий □ Превращать часть текста программы в комментарий. При этом соответствующая часть программы не транслируется и не выполняется, но остаётся на месте и может быть использована в дальнейшем.

comment statement оператор комментария; комментарий. *См. тж.* comment

COMMON *см.* common block

common block общий блок □ В языке ФОРТРАН — область памяти, в которой располагаются общие переменные нескольких подпрограмм. (blank common, labeled common)

common error ошибка в описании общего блока

Common Lisp □ Диалект языка Лисп, разработанный ведущими специалистами по Лиспу и искусственному интеллекту и предложенный в качестве стандарта. Common Lisp основан на языках Maclisp, Лисп для Лисп-машин и Interlisp.

common software стандартное программное обеспечение

common subexpression общее подвыражение □ Выражение, входящее в два или более. других выражений при тех же значениях переменных. Общие подвыражения обнаруживаются о п- т и м и з и р у ю щ и м   т р а н с л я т о р о м   и вычисляются в оптимизированной программе только один раз.

comms *см*. data communications

communication 1. (*обычно pl*) связь; передача данных 2. взаимодействие; общение (asynchronous communication, binary synchronous communications, data communications, duplex communication, host communications, intercomputer communication, interprocess communication, intertask communication, task-to-task communication)

communication channel канал связи

communication port коммуникационный порт □ Порт, к которому подключён адаптер канала связи.

communication theory теория связи ·

compacting garbage collection чистка памяти с уплотнением □ Способ   ч и с т к и   п а м я т и,   при котором неиспользуемые программой блоки памяти перемещаются таким образом, что после завершения чистки памяти они занимают непрерывный участок памяти.

comparand word признак. *См.* search word

comparator компаратор

comparison operator знак операции сравнения; операция сравнения

compatibility mode режим эмуляции □ Режим работы процессора, при котором он выполняет команды другой модели ЭВМ. Архитектура с режимом эмуляции обеспечивает частичную совместимость новой ЭВМ со старыми моделями.

compatible совместимый □ 1. О различных ЭВМ, перенос программ между которыми не требует никаких модификаций. 2. О различных программах, обрабатывающих данные в одном формате. (forward-compatible, hardware-compatible, IBM-compatible, plug-compatible, software-compatible)

competition конкуренция □ Ситуация, когда один неразделяемый ресурс требуется одновременно нескольким процессам.

compilation трансляция, компиляция □ Преобразование программы из описания на входном языке (языке программирования) в её представление на выходном языке (в машинных командах). *См. тж.* translation (conditional compilation, consistent compilation, inconsistent compilation, separate compilation)

compilation order порядок трансляции, порядок компиляции □ Порядок, в котором должны транслироваться модули программы. В языках с развитой модульной структурой (например, Ада, Модула) трансляция модуля не может быть выполнена раньше трансляции всех используемых им м о д у л е й определений.

compilation unit единица трансляции, единица компиляции □ Фрагмент текста программы (модуль, пакет, программа), который может быть оттранслирован независимо от других, возможно, с учётом п о р я д к а   т р а н с л я ц и и.

compile транслировать, компилировать. *См. тж.* compilation

compiled code оттранслированная программа, объектный код

compiler транслятор, компилятор □ Программа, переводящая текст программы на языке программирования высокого уровня в эквивалентную программу на машинном языке. (conversational compiler, cross compiler, document compiler, error-correcting compiler, incremental compiler, native-mode compiler, one-pass compiler, optimizing compiler, resident compiler, self-compiling compiler, silicon compiler, syntax-directed compiler)

compiler-compiler компилятор компиляторов, система построения трансляторов □ Транслятор, на входном языке которого задаются синтаксис и семантика другого языка; выходом является транслятор для описанного языка. *Ср.* syntax-directed compiler

compiler diagnostics сообщения транслятора □ Файл или распечатка указаний на ошибки, обнаруженные в транслируемом тексте.

compiler directive директива транслятора, указание транслятору □ Конструкция входного языка, не меняющая смысл программы, но управляющая работой транслятора или задающая ему какие-либо параметры (например, вид оптимизации, формат распечатки).

compiler generator генератор компиляторов, система построения трансляторов. *См.* compiler-compiler

compiler options параметры трансляции, параметры компиляции □ Параметры, задаваемые транслятору в к о м а н д н о й с т р о к е при запуске или в у к а з а н и я х т р а н с л я т о р у в тексте программы и управляющие его работой.

compiler toggles параметры трансляции, параметры компиляции. *См.* compiler options

compile time время трансляции *(программы)*

compile-time статический □ Выполняемый или обрабатываемый во время трансляции программы. *Ср.* run-time

compile-time check статический контроль, статическая проверка □ Проверка, выполняемая во время трансляции программы. *Ср.* run-time check

compile-time constant статическая константа □ Константа, значение которой определяется при трансляции программы. *Ср.* run-time constant

compile-time elaboration обработка во время трансляции

compile-time error ошибка при трансляции □ Ошибка в тексте программы, обнаруживаемая транслятором.

compile-time statement оператор периода трансляции □ В языке ПЛ/1 — оператор или макрос, интерпретируемые во время трансляции программы

compile-time variable переменная периода трансляции □ Переменная, используемая в макроопределениях и указаниях транслятору.

complement дополнение (diminished radix complement, eight's complement, nine's complement, noughts complement, one's complement, radix complement, radix-minus-one complement, ten's complement, true complement, two's complement, zero complement)

complete carry полный перенос □ При параллельном сложении — обработка переноса, при которой перенос распространяется в старшие разряды.

completion code код завершения □ Число, возвращаемое вызванной программой вызвавшей программе и указывающее способ завершения (0 — нормальное завершение, 1 — несущественные ошибки, 2 — ошибки, 3 — фатальная ошибка).

composite attribute составной атрибут □ Атрибут, состоящий из нескольких простых атрибутов.

compound domain составной домен

compound statement составной оператор □ Оператор, в состав которого входят другие операторы. *Ср.* simple statement

computable вычислимый

computation вычисление

computational linguistics вычислительная лингвистика □ *Дисциплина на стыке лингвистики и искусственного интеллекта, занимающаяся изучением формальных свойств естественных языков с помощью ЭВМ и моделированием процессов анализа, синтеза и понимания естественно-языковых текстов на ЭВМ.*

computational psychology вычислительная психология

compute вычислять

computer (вычислительная) машина, ЭВМ, компьютер □ Устройство преобразования информации посредством выполнения задаваемой программой последовательности операций. (analog computer, control computer, coupled computers, dataflow computer, desktop computer, embedded computer, fifth-generation computer, first-generation computer, fourth-generation computer, home computer, host computer, interface computer, laptop computer, node computer, non von Neumann computer, object computer, parallel computer, personal computer, portable computer, satellite computer, scientific computer, second-generation computer, sensor-base computer, sequential computer, single-board computer, slave computer, source computer, stored-program computer, target computer, third-generation computer, vector computer)

computer-aided design (CAD) система автоматизированного проектирования, САПР; автоматизация проектирования □ Применение ЭВМ для проектирования технических изделий: разработка чертежей и схем на базе интерактивной графики, моделирование проектируемого объекта и подготовка технической документации.

computer-aided engineering (CAE) машинное моделирование □ Компоненты САПР, связанные с моделированием функционирования проектируемого объекта на ЭВМ.

computer-aided instruction (CAI) машинное обучение

computer-aided manufacturing (CAM) автоматизация производства, автоматизированная система управления производством, АСУП □ Применение ЭВМ для управления производственными процессами: управления оборудованием, учёта и распределением материальных ресурсов, оперативного планирования.

computer architecture архитектура вычислительной системы. *См.* architecture

computer-assisted instruction (CAI) машинное обучение. *См.* computer-aided instruction

computer center вычислительный центр

computer conference телеконференция □ Способ группового общения абонентов сети ЭВМ. Программные средства сети обеспечивают ведение протокола, пересылку сообщений указанному участнику или всем участникам, сохранение сообщений при паузах.

computer configuration конфигурация вычислительной системы, конфигурация ЭВМ

computer-dependent машинно-зависимый. *См. machine-dependent*

computer-dependent language машинно-зависимый язык □ Язык программирования, который использует особенности конкретной ЭВМ и программы на котором не могут быть перенесены на ЭВМ другого типа.

computer facility вычислительный центр *(внутри организации)*

. **computer family** семейство ЭВМ □ Группа типов ЭВМ с одинаковой или близкой а р х и т е к т у р о й, но с различным техническим исполнением и различной производительностью.

computer game машинная игра, игровая программа

computer generation поколение ЭВМ □ В развитии вычислительной техники выделяют пять поколений, характеризующихся архитектурой, элементной базой и способом применения ЭВМ. Первое поколение ЭВМ (1940—1955 гг.)— примитивная архитектура, электронные лампы, программирование в машинном коде для научных расчётов. Второе поколение ЭВМ (с 1955 г.) — транзисторы и запоминающие устройства на магнитных сердечниках, перфокарты и перфоленты, появление языков программирования. Третье поколение ЭВМ (с начала 60-х годов) — разнообразная элементная база, применение спецпроцессоров ввода-вывода, мощные внешние запоминающие устройства, семейства ЭВМ, мультипрограммирование и системы разделения времени. Четвёртое поколение ЭВМ (с начала 70-х годов) — интегральные схемы (БИС), память, измеряемая мегабайтами, сети ЭВМ, интегрированные базы данных. Пятое поколение — ЭВМ будущего, основанные на СБИС и искусственном интеллекте.

computer graphics машинная графика □ Ввод, вывод, отображение, преобразование и редактирование графических объектов под управлением ЭВМ.

computer graphics metafile метафайл машинной графики □ Стандарт на формат хранения и передачи изображений.

computer hardware аппаратные средства вычислительной системы

computer-independent машинно-независимый. *См. machine-independent*

Computerland □ Американская фирма, управляющая сетью магазинов по продаже персональных ЭВМ и сопутствующих товаров.

computer language машинный язык, язык машины □ Система команд ЭВМ.

computer literacy компьютерная грамотность, вторая грамотность □ Комплекс знаний и навыков, необходимый для повседневного применения ЭВМ в профессиональной деятельности и быту.

computer mail электронная почта. *См. electronic mail*

computer-managed instruction машинное обучение. *См. computer-aided instruction*

computer micrographics машинная микрография ☐ Совокупность методов и технических приёмов для отображения графических данных на микрофильм или микрофиши с помощью ЭВМ.

computer network сеть ЭВМ, вычислительная сеть ☐ Совокупность связного и коммутационного оборудования, протоколов и программных средств, объединяющих несколько вычислительных машин и терминалов в единую вычислительную систему.

computer-oriented language машинно-ориентированный язык ☐ Язык программирования низкого уровня, обеспечивающий явный доступ к архитектурным элементам ЭВМ: регистрам, абсолютным адресам, портам ввода-вывода.

computer power производительность ЭВМ ☐ Параметры оценки производительности ЭВМ включают тактовую частоту процессора, время выполнения операции типа сложения, время выполнения регистровой операции, время обработки эталонных тестов.

computer run запуск программы на ЭВМ; выполнение программы на ЭВМ; счёт, работа ЭВМ

computer science информатика ☐ Общее название для группы дисциплин, занимающихся различными аспектами применения и разработки ЭВМ: программирование, прикладная математика, языки программирования и операционные системы, искусственный интеллект, архитектура ЭВМ.

computer-sensitive language машинно-зависимый язык. *См.* computer-dependent language

computer store ☐ Магазин по продаже ПЭВМ и микроЭВМ, внешних устройств, дополнительных плат и программного обеспечения для них, машинных игр и игровых программ.

computer system вычислительная система, ЭВМ ☐ Собственно вычислительная машина с подключёнными к ней внешними устройствами и системным программным обеспечением.

computer user пользователь вычислительной системы. *См.* user

computer vision машинное зрение ☐ Средства ввода и распознавания изображений.

computer word машинное слово. *См.* word

computing 1. вычисление 2. применение ЭВМ 3. вычислительная техника

computing machinery вычислительная техника

concatenate конкатенировать. *См. тж.* concatenation

concatenation конкатенация ☐ Операция объединения двух последовательностей (строк, файлов) в одну, при этом первая последовательность становится началом результирующей, а вторая — хвостом.

concentrator концентратор

conceptual design концептуальное проектирование ☐ Анализ формально определённых и независимых от обработки требований к представимой информации и проектирование информационной структуры. Применительно к базам данных — построение концептуальной схемы.

conceptual model концептуальная модель ☐ Общее описание логической структуры базы данных в терминах представляемых объектов и связей между ними, не зависящее от конкретной системы управления базами данных.

conceptual schema концептуальная схема □ С х е м а базы данных, отражающая концептуальную модель.

concordance конкорданс □ Алфавитный список всех слов заданного текста с указателями на контексты использования.

concurrency параллелизм. *См. тж.* concurrent

concurrent параллельный □ О программах или процессах, выполняемых одновременно и использующих общие ресурсы. *Ср.* parallel 1.

concurrent execution параллельное выполнение

concurrent processes параллельные процессы □ Два или несколько процессов, каждый из которых описывается последовательной программой и взаимодействует с другими.

concurrent processing параллельная обработка; параллельное выполнение

concurrent programming параллельное программирование □ Программирование с использованием взаимодействующих параллельных процессов.

COND *см.* condition

condition условие □ Логическое выражение, от истинности которого зависит выполнение или невыполнение некоторых действий. (entry conditions, error condition, exception condition, exit conditions, test condition)

conditional условное выражение □ Логическое выражение вида «если A то B».

conditional branch условный переход. *См.* conditional jump

conditional branch instruction команда условного перехода.

conditional compilation условная трансляция □ Средство языка программирования, позволяющее включать или выключать трансляцию части текста программы в зависимости от значения некоторой константы.

conditional jump условный переход, операция условного перехода □ Передача управления по указанному адресу в зависимости от результата выполнения предыдущей команды или значений управляющих регистров процессора.

conditional jump instruction команда условного перехода

conditional statement условный оператор □ Управляющая конструкция, описывающая условие и действия, выполняемые в зависимости от истинности условия.

condition code 1. код завершения. *См.* completion code 2. код ошибки, код ситуации. *См. тж.* exception

condition handler программа реакции на особую ситуацию, обработчик особой ситуации. *См.* exception handler

confidence interval доверительный интервал □ Числовой диапазон, вероятность принадлежности к которому истинного значения переменной больше заданной величины.

configuration конфигурация (вычислительной системы) □ Совокупность функциональных частей вычислительной системы и связей между ними, обусловленная основными техническими характеристиками этих функциональных частей, а также характеристиками решаемых задач обработки данных.

confinement сужение □ В языке Ада — способ определения производного типа данных.

confirmation подтверждение. *См.* acknowledgement

conflict resolution разрешение противоречий, разрешение

конфликтов ☐ В экспертных системах — действия, выполняемые механизмом логического вывода, при возникновении в процессе вывода противоречащих друг другу заключений.

conformant arrays совместимые массивы ☐ Расширение стандарта языка Паскаль для описания процедур, допускающих в качестве фактических параметров массивы различной длины.

congestion перегрузка *(сети передачи данных)*

conjugate complex number сопряжённое комплексное число ☐ Число, отличающееся от данного знаком мнимой части.

conjunct конъюнкт. ☐ Операнд операции И.

conjunction 1. конъюнкция, логическое умножение. *См.* AND 2. конъюнкции ☐ Логическое выражение, состоящее из термов, объединённых операцией конъюнкции.

conjunctive normal form конъюнктивная нормальная форма, КНФ ☐ Представление логического выражения в виде конъюнкции дизъюнкций переменных.

conjunctive search конъюнктивный поиск ☐ Поиск, при котором выбираются элементы данных, удовлетворяющие всем указанным критериям. *Ср.* disjunctive search

connected graph связный граф ☐ Граф, в котором существует путь между любыми двумя вершинами. *Ср.* disconnect graph

connectionless operation связь без установления логического соединения ☐ В сетях передачи данных — организация взаимодействия, при которой к а н а л ь н ы й у р о в е н ь обеспечивает только посылку кадра одной или нескольким станциям сети. Проверка правильности и обеспечение целостности передачи данных осуществляется на более высоком уровне. *Ср.* acknowledged connectionless operation, connection-oriented operation

connection-oriented operation связь с установлением логического соединения ☐ В сетях передачи данных — организация взаимодействия, при которой к а н а л ь н ы й у р о в е н ь может устанавливать логическое соединение между взаимодействующими станциями сети, передавать и принимать кадры с регистрацией их последовательности, разрывать соединение, а также управлять потоком кадров и организовывать передачу неправильно переданных кадров. *Ср.* connectionless operation

connective связка ☐ Символ языка, объединяющий два выражения в одно более сложное (например, знак операции).

connectivity связность ☐ Минимальное число рёбер или вершин графа, удаление которых приводит к несвязному графу.

connectivity matrix матрица смежности. *См.* adjacency matrix

connect time продолжительность сеанса связи

consequent следствие ☐ Правая часть правила вида «А влечёт В». *Ср.* antecedent

consequent interpretation интерпретация «от цели». *См.* goal-invoked interpretation

consistency непротиворечивость, согласованность; целостность ☐ Использование во всех местах сложной информационной структуры (например, базы данных, многомодульной программы) одинаковых версий для каждой составляющей. *Ср.* inconsistency

consistent непротиворечивый, согласованный

consistent compilation согласованная трансляция ☐ Трансляция нескольких программных модулей с общими описаниями, при которой все единицы трансляции используют одинаковые версии описаний. *Ср.* inconsistent compilation

console 1. пульт оператора, операторский терминал □ Устройство взаимодействия оператора и вычислительной системы. Обычно представляет собой терминал, но может иметь дополнительные средства индикации и управления. 2. консоль, пульт 3. клавиатура (display console, remote console, virtual console)

console command processor диалоговый монитор. *См. тж.* command processor

console debugger диалоговый отладчик. *См.* interactive debugger

console log протокол □ Распечатка сообщений о событиях операционной системы и сбоях, выдаваемая на операторский терминал.

console terminal операторский терминал

constant константа □ Выражение, значение которого не изменяется в течение выполнения программы. (compile-time constant, deferred constant, Hollerith constant, manifest constant, real constant, run-time constant, string constant, system constant, typed constant, zero constant)

constant area область констант □ Область памяти, где расположены значения констант программы.

constant declaration описание константы

constant expression константное выражение □ Выражение, в которое входят только константы.

constituent grammar грамматика (непосредственных) составляющих, НС-грамматика. *Ср.* dependency grammar

constraints ограничения целостности □ В базах данных — определяемые **м о д е л ь ю д а н н ы х** или задаваемые **с х е м о й** базы данных ограничения, обеспечивающие внутреннюю непротиворечивость (**ц е л о с т н о с т ь**) хранимой информации.

consulting model программа-консультант; экспертная система. *См.* expert system

consulting program программа-консультант; экспертная система. *См.* expert system

content-addressable memory ассоциативная память. *См.* associative memory

contention 1. конкуренция, соперничество □ Одновременное обращение нескольких процессов системы к одному неразделяемому ресурсу. 2. соперничество □ В широковещательных сетях передачи данных — способ доступа к среде передачи, при котором каждая станция перед началом передачи делает попытку захватить среду передачи. *См. тж.* CSMA

context-dependent контекстно-зависимый, контекстный. *См.* context-sensitive

context editor контекстный (строковый) редактор □ Текстовый редактор, выполняющий операции в соответствии с текстовыми командами над текстом в текущей позиции.

context-free grammar контекстно-свободная грамматика, КС-грамматика, бесконтекстная грамматика □ Грамматика, во всех правилах которой левая часть состоит из одного **н е т е р м и н а л ь н о г о с и м в о л а.**

context-free language контекстно-свободный язык □ Язык,

синтаксис которого описывается к о н т е к с т н о - с в о б о д-
н о й г р а м м а т и к о й.

context-sensitive контекстно-зависимый, контекстный (*о грамматике, правиле, преобразовании*)

context-sensitive constraint контекстное ограничение

context-sensitive grammar контекстно-зависимая грамматика,
контекстная грамматика

context switching переключение контекста ☐ Сохранение регистров процессора и загрузка их новым содержимым при пере-
ключении на другой процесс или при обращении прикладной
программы к операционной системе.

contextual coercion контекстное приведение (типов). *См. тж.*
type coercion

contiguous 1. непрерывный, состоящий из смежных элементов
2. смежный

contiguous area непрерывная область ☐ Область памяти,
состоящая из смежных элементов (например, область диска,
состоящая из последовательных блоков).

contiguous file непрерывный файл ☐ Файл, физически зани-
мающий непрерывную область на диске.

continuous processing непрерывная обработка

continuous simulation непрерывное моделирование ☐ Моделирование, при котором учитывается непрерывный характер
исследуемого процесса. *Ср.* discrete simulation

continuous stationery фальцованная бумага для печатающего
устройства

control управление (access control, flow control, job control, medium-access control)

control bit управляющий разряд; служебный разряд

control block управляющий блок ☐ Структура данных, содержащая параметры некоторого устройства или объекта. (data
control block, line control block, unit control block)

control bus шина управления ☐ Часть шины, по которой
передаются управляющие сигналы.

control character управляющий символ

control computer управляющая ЭВМ

control flow поток управления ☐ Последовательность выполняемых команд.

controller контроллер ☐ Специализированный процессор
управления обменом с внешними устройствами. *См. тж.* device
controller (device controller, disk controller, display controller,
DMA controller, input-output controller, intelligent controller,
peripheral controller)

control panel панель управления

control pen световое перо. *См.* light pen

control point опорная точка ☐ В машинной графике — точка
заданной линии или поверхности, на основании которой строится аппроксимирующая линия или поверхность.

control program управляющая программа ☐ 1. Операционная
система. 2. Часть операционной системы, занимающаяся диспетчеризацией.

control storage управляющая память ☐ Запоминающее устройство, содержащее управляющие программы или микропро-

граммы. Обычно реализуется как постоянное запоминающее устройство.

control structure управляющая структура, управляющая конструкция □ Конструкция языка программирования для задания последовательности выполнения действий: операторы цикла, условный оператор.

control terminal операторский терминал

control total контрольная сумма. *См.* checksum

control transfer передача управления, переход

control unit 1. устройство управления 2. центральный процессор

convergence сходимость □ Процесс приближения к предельному состоянию.

conversational диалоговый. *См. тж.* interactive

conversational compiler диалоговый транслятор

conversational mode диалоговый режим. *См. тж.* interactive

conversational processing диалоговая обработка

conversational program диалоговая программа

conversion 1. преобразование 2. формат □ В языке ФОРТРАН — спецификация формата. (binary-to-decimal conversion, i/o conversion, target conversion, type conversion)

conversion table таблица преобразования. *См.* look-up table

convex hull выпуклая оболочка □ Минимальный выпуклый многоугольник, внутри которого лежат все точки заданного множества.

convolution свёртка □ Преобразование последовательности A в последовательность B, при котором что B_i является линейной комбинацией чисел $A_i \ldots A_{i-1}$.

coordinate graphics координатная графика □ Машинная графика, в которой изображение генерируется из команд отображения и координатных данных.

coprocessor сопроцессор □ Специализированный процессор, выполняющий операции параллельно с основным.

copy 1. экземпляр 2. копия 3. копировать (backup copy, camera-ready copy, hard copy, screen hard copy, soft copy)

copyprotected disk защищённый диск. *См. тж.* copyprotection

copyprotected software защищённая программа. *См.* copyprotection

copyprotection защита (от копирования) □ В коммерческом программном обеспечении для ПЭВМ — программно-аппаратные средства для предотвращения использования одного экземпляра программы на нескольких ЭВМ одновременно. Диск с защищённой программой содержит закодированную информацию (ключ), теряющуюся при копировании стандартными средствами. При запуске защищённая программа проверяет наличие «ключа» и отказывается работать, не найдя его.

CORAL (Computer On-line Real-time Applications Language) □ Алголоподобный язык программирования, разработанный и применяемый в организациях Министерства обороны Великобритании.

core 1. запоминающее устройство на магнитных сердечниках 2. оперативная память. *См.* main memory 3. ядро. *См.* kernel

core memory запоминающее устройство на магнитных сердечниках

co-resident одновременно находящиеся в памяти

coroutine сопрограмма □ Структурная единица программы, используемая для описания логически параллельных действий и вызываемая подобно подпрограмме. В отличие от подпрограммы каждый вызов сопрограммы возобновляет её выполнение с точки последнего возврата.

correctness proof доказательство правильности программы. *См.* program verification

correspondence-quality printer устройство качественной печати. *См. тж.* letter-quality printer

correspondence quality printing качественная печать. *См. тж.* letter-quality printing

cost per bit стоимость за бит □ 1. Стоимость хранения одного бита. 2. Стоимость передачи одного бита.

counter счётчик (binary counter, instruction counter, loop counter, P-counter, program counter)

coupled computers двухмашинный комплекс; спаренные ЭВМ

CP *см.* 1. central processor 2. command processor 3. control program

CPF (Control Program Facility) □ Операционная система для ЭВМ System/38 фирмы IBM

CP/M □ Операционная система для ПЭВМ на базе 8-разрядных микропроцессоров типа Intel 8080 и Z80.

CP/M-86 □ Операционная система для ПЭВМ на базе 16-разрядных процессоров типа Intel 8086, частично совместимая с CP/M.

cps (characters per second) символов в секунду □ Единица измерения скорости вывода на печать или экран дисплея или скорости передачи данных.

CPU *см.* central processing unit

CPU-bound task счётная задача. *См.* processor-bound task

CPU cycle цикл центрального процессора □ Время выборки и выполнения простейшей команды.

CPU time время счёта, время центрального процессора, процессорное время □ В многозадачных системах и системах разделения времени — время, в течение которого процессор выполнял команды данной задачи. *Ср.* elapsed time

CR символ возврата каретки. *См. тж.* carriage return

crash крах, фатальный сбой □ Аварийное завершение работы системы. Данные процессов, выполнявшихся в момент краха, могут находиться в неопределённом состоянии, и их с о г л а с о в а н н о с т ь может быть нарушена.

Cray Research □ Американская фирма, основанная в 1972 году ведущим разработчиком CDC Симором Креем; разрабатывает и выпускает семейство супер-ЭВМ для научных расчётов: Cray 1 с быстродействием 37 млн. скалярных и 80 млн. векторных операций в секунду, Cray X-MP соответственно 475 и 755 млн. операций в секунду и Cray 2 соответственно 200 и 1200 млн. операций в секунду.

CRC *см.* cyclic redundancy check

criterion function оценочная функция. *См.* evaluation function

CRITICAL

critical region критическая секция, критический интервал. *См.* critical section

critical section критическая секция, критический интервал ☐ При параллельном программировании — отрезок программы, который должен выполняться без прерываний со стороны других процессов.

cross assembler кросс-ассемблер ☐ Транслятор с языка ассемблера, выполняющийся на ЭВМ одного типа и порождающий программу в командах ЭВМ другого типа.

crosscheck двойная проверка ☐ Решение задачи двумя различными методами или применение двух методов контроля.

cross compiler кросс-транслятор, кросс-компилятор ☐ Транслятор, выполняющийся на ЭВМ одного типа и порождающий программу в командах ЭВМ другого типа.

cross development кросс-разработка ☐ Способ разработки программного обеспечения для ЭВМ одного типа (ц е л е в о й Э В М) с использованием ЭВМ другого типа (и н с т р у м е н т а л ь н о й Э В М). Применяется, когда объектная ЭВМ не имеет систем разработки программ (например, при разработке программ для встроенных микропроцессоров) или при одновременной разработке аппаратуры и программного обеспечения.

crosshair перекрестие ☐ Форма курсора в интерактивных графических системах.

crossjumping объединение ветвей ☐ В оптимизирующих трансляторах — объединение одинаковых концов ветвей условного оператора или оператора выбора.

cross-reference table таблица перекрёстных ссылок ☐ Таблица, выдаваемая транслятором, ассемблером или компоновщиком и указывающая для каждого идентификатора тип, адрес, место определения и список мест использования.

cross software кросс-средства ☐ Программное обеспечение для кросс-разработки.

cross system кросс-система ☐ Совокупность программных средств для кросс-разработки программного обеспечения. Включает кросс-трансляторы, кросс-ассемблер, интерпретатор команд объектной ЭВМ и средства переноса на объектную ЭВМ.

CRT display дисплей (на ЭЛТ)

CRT terminal видеотерминал

crude sampling необработанная выборка

crunch 1. уплотнять ☐ Перераспределять дисковое пространство для обеспечения более эффективного доступа к файлам и более удобного распределения свободной памяти. После уплотнения всё свободное пространство собрано в непрерывную область. 2. «перемалывать», выполнять численные расчёты

cryptography криптография

CSECT (control section) программная секция ☐ В языке ассемблера — группа команд, которые должны быть расположены в непрерывной области памяти.

CSMA (carrier-sense multiple access) множественный доступ с опросом несущей, метод доступа с опросом состояния канала ☐ В сети ЭВМ или сети передачи данных — способ у п р а в л е н и я д о с т у п о м к с р е д е п е р е д а ч и, при котором все узлы подключены к общему каналу передачи данных и каждый узел может принимать каждое сообщение; для передачи

68

сообщения узел провер яет состояние канала, ждёт его освобождения и затем начинает передачу сообщения. *См. тж.* CSMA/CD
protocol

CSMA/CD protocol (carrier-sense multiple access and collision
detection) метод доступа CSMA/CD ☐ Множественный доступ
с опросом состояния канала и разрешением конфликтов. Вариант метода доступа CSMA, при котором, если два узла пыта-
ются начать передачу одновременно, то оба ждут и возобновляют
опрос состояния канала через случайный интервал времени.
См. тж. CSMA

CTRL (control) «спец» ☐ Регистровая клавиша, используемая
для ввода управляющих кодов.

current 1. текущий 2. текущая (запись) ☐ Указатель позиции
в базе данных.

current address register счётчик команд. *См.* program
counter

current directory текущий каталог

current instruction register регистр команды. *См.* instruction
register

current of realm текущая (запись) области

current of record type текущая (запись) типа записи

current of run-unit текущая (запись) процесса

current of set текущая (запись) набора

current task текущая задача. *См.* active task

cursor 1. курсор ☐ Метка на экране видеотерминала, указывающая место, где производятся действия, или изображение
объекта, над которым производятся действия. 2. устройство
управления курсором

cursor arrow клавиша управления курсором. *См.* cursor control keys

cursor control keys клавиши управления курсором ☐ Управляющие клавиши видеотерминала или ПЭВМ, используемые
для задания перемещений курсора программе: четыре клавиши
со стрелками вверх, вниз, влево и вправо, а также клавиши
"Home" (начало), "End" (конец), "PageUp" (страницу вверх),
"PageDown" (страницу вниз).

cursor update перемещение курсора

curve generator генератор кривых ☐ Функциональное устройство, преобразующее кодированное представление кривых в их
графическое изображение.

customer engineer наладчик. *См.* field engineer

customizable настраиваемый, допускающий настройку. *См.
тж.* customize

customize настраивать, приспосабливать ☐ Производить
изменения в системе для её максимального соответствия конкретному применению.

custom software заказное программное обеспечение ☐ Программное обеспечение, разработанное специально для данного
приложения.

cut удалять, вырезать ☐ В экранных редакторах и машинной графике — удалять выделенный фрагмент текста или изображения с запоминанием его в буфере для последующей вставк-
и в другом месте. *См. тж.* paste, select

cut form 1. страница 2. листовая бумага ☐ Бумага, состоящая

CUT

из отдельных страниц (в отличие от рулонной и фальцованной бумаги).

cut form feed автоподача страниц □ Механизм автоматической заправки страниц бумаги в печатающее устройство.

cutset сечение □ Множество рёбер или вершин графа, удаление которых приводит к несвязному графу. *См. тж.* connectivity

cut sheet feed автоподача страниц. *См.* cut form feed

cycle 1. цикл; шаг цикла. *См. тж.* loop 2. такт □ Время выполнения элементарной внутренней операции процессора. (access cycle, CPU cycle, fetch cycle, memory cycle, software life-cycle, write cycle)

cycle body тело цикла. *См.* loop body

cycle index параметр цикла

cycle shift циклический сдвиг. *См.* circular shift

cycle stealing занятие цикла памяти. *См.* memory cycle stealing

cyclic code циклический код □ Код, обладающий следующим свойством: если слово A является элементом кода, то все циклические сдвиги A также являются элементами кода.

cyclic redundancy check контроль циклическим избыточным кодом □ Способ контроля с использованием разновидности полиномиального кода.

cyclic shift циклический сдвиг. *См.* circular shift

cylinder цилиндр □ Группа дорожек разных поверхностей дискового пакета с одинаковыми номерами; переход от одной дорожки цилиндра к другой не требует перемещения головок.

cylinder number номер цилиндра

D

DAC *см.* digital-to-analog converter

dagger operator штрих Шеффера, ИЛИ-НЕ *См.* NOR

daisy chain шлейфовое подключение, последовательная цепочка

daisy-chain-topology топология типа «цепочка» □ Архитектура сети ЭВМ, при которой её узлы связаны в цепочку двухточечными соединениями.

daisy wheel «ромашка». *См. тж.* daisy-wheel printer

daisy-wheel printer лепестковое печатающее устройство □ Печатающее устройство с шрифтоносителем в виде вращающегося колеса с лепестками («ромашки»), на концах которого расположены формы литер. Лепестковое печатающее устройство обеспечивает высокое качество печати и скорость 30—50 символов в секунду.

DAM *см.* data-addressed memory

dangling pointer повисший указатель □ Указатель, ссылающийся на удалённый объект или место в памяти, где нет никакого объекта.

dangling reference повисшая ссылка. *См.* dangling pointer

DARPA (Defense Advanced Research Projects Agency) Управление перспективных исследований и разработок Министерства обороны США

DASD *см.* direct-access storage device

data данные, информация □ Информация, представленная в виде, пригодном для обработки как автоматическими средствами, так и при участии человека. (aggregated data, biased data, immediate data, impure data, indicative data, input data, master data, on-line data, private data, public data, pure data, raw data, restricted data, shareable data, transaction data, transparent data)

data abstraction абстракция данных □ 1. Использование при работе с объектами только определённых над ними операций без учёта их внутреннего представления. 2. Методология программирования, при которой программа описывается как совокупность а б с т р а к т н ы х т и п о в д а н н ы х. Абстракция данных обеспечивает большую модульность, чем п р о ц е д у р- н а я а б с т р а к ц и я.

data acquisition сбор данных, сбор информации □ Выделение и первичная обработка параметров физического или информационного процесса для последующей обработки на ЭВМ. Обычно подразумевается ввод данных с терминалов. *См. тж.* data capture, data collection

data addressed memory ассоциативная память. *См.* associative memory

data administrator 1. администратор данных □ Человек, определяющий, какая информация хранится в базе данных и как она используется. 2. администратор базы данных. *См.* data-base administrator

data aggregate агрегат данных □ Поименованная группа логически связанных элементов данных (полей записи базы данных); составной элемент данных.

data area область данных

data array массив данных. *См.* array

data attribute атрибут (элемента) данных □ В базах данных — длина, формат, значение, ограничения доступа или другая характеристика э л е м е н т а д а н н ы х.

data bank банк данных □ Совокупность данных (например, файлов, баз данных) об одной предметной области.

data base база данных □ Совокупность взаимосвязанных данных, используемых несколькими приложениями под управлением с и с т е м ы у п р а в л е н и я б а з о й д а н н ы х. (distributed data base, enterprise data base, generalized data base, hierarchical data base, integrated data base, intelligent data base, loaded data base, logical data base, network data base, on-line data base, personal data base, physical data base, populated data base, private data base, public data base, relational data base, shareable data base)

data-base administrator администратор базы данных □ Человек или группа лиц, контролирующих проектирование и использование базы данных. В функции администратора базы данных входит определение и изменение схемы базы данных, обеспечение эффективной работы базы данных в данной организации, контроль за её целостностью и полномочиями пользователей. Для базы данных роль администратора аналогична роли системного программиста, сопровождающего операционную систему.

data-base key ключ базы данных, идентификатор объекта. *См. тж.* entity identifier data-base language язык базы данных. *См. тж.* data-description language, data-manipulation language, query language

data-base machine процессор базы данных, машина базы данных. *См.* data-base processor

data-base management system система управления базой данных, СУБД □ Программная система, обеспечивающая определение физической и логической структуры базы данных, ввод информации и доступ к ней.

data-base procedure процедура базы данных □ Процедура, автоматически вызываемая системой управления базой данных при выполнении условий, указанных для данной процедуры в схеме базы данных. *См. тж.* attached procedure

data-base processor процессор базы данных, (вычислительная) машина базы данных □ Специализированный процессор с собственной памятью, выполняющий функции базы данных и обрабатывающий запросы от главной ЭВМ.

data-base query запрос к базе данных

Data Base Task Group рабочая группа по базам данных, РГБД

data bus шина данных

data capture сбор данных, сбор информации □ Выделение и первичная обработка параметров физического или информационного процесса для последующей обработки на ЭВМ. Обычно подразумевается ввод данных измерительных приборов, подключённых к ЭВМ. *См. тж.* data acquisition, data collection

data collection сбор данных, сбор информации □ Выделение и первичная обработка параметров физического или информационного процесса для последующей обработки на ЭВМ. Обычно подразумевается ввод данных в пакетном режиме с предварительной ручной обработкой. *См. тж.* data acquisition, data capture

data communications передача данных.

data compaction уплотнение данных, сжатие данных. *См.* data compression

data compression сжатие данных, уплотнение данных □ Преобразование данных в более компактную форму для эффективного хранения или передачи.

data control block (DCB) блок управления данными □ В операционных системах для IBM/360 — структура данных, содержащая характеристики н а б о р а   д а н н ы х. Соответствует б л о к у   о п и с а н и я   ф а й л а в других системах программирования.

data corruption нарушение целостности данных

data definition language язык определения данных, язык описания данных, ЯОД. *См.* data description language

data definition name имя описания данных, имя определения данных □ В языке управления заданиями JCL — имя предложения описания набора данных, связывающее описанный набор данных (файл) с текстовым именем, используемым в программе.

data-definition statement предложение описания набора данных, предложение определения данных, DD-предложение □ В языке управления заданиями JCL — оператор, описывающий набор данных (файл) для шага задания.

data density плотность записи. *См.* bit density

data description language язык определения данных, язык

описания данных, ЯОД ☐ 1. Язык описания структуры базы данных. 2. Конкретный ЯОД, предложенный КОДАСИЛ для сетевых баз данных.

data dictionary словарь (базы) данных ☐ Информационная система, описывающая структуру и использование базы данных. Словарь базы данных включает имена и атрибуты элементов данных, описание схемы базы данных и определённых на ней подсхем, описание работающих с базой данных прикладных программ. Словарь базы данных может быть организован в виде отдельной базы данных.

data dictionary/directory словарь (базы) данных. *См.* data dictionary

data directory словарь (базы) данных. *См.* data dictionary

data division раздел данных ☐ В языке КОБОЛ — часть программы, содержащая описания данных.

data-driven управляемый данными ☐ О процессе или ЭВМ, порядок выполнения операций которых определяется текущим состоянием обрабатываемых данных. *См. тж.* dataflow machine

data element элемент данных ☐ В базах данных — элементарная единица информации; соответствует понятию а т р и б у т в реляционных базах данных и понятию п о л е з а п и с и в языках программирования. *См. тж.* data item

data entry 1. ввод данных 2. информационный элемент ☐ Элемент каталога, описывающий данные, в отличие от элементов, содержащих управляющую информацию.

data entry screen трафарет ввода данных ☐ Выводимое на экран (текстовое) изображение в виде таблицы или анкеты с позициями для ввода данных.

data error ошибка в данных

data field поле данных ☐ Часть записи или заполняемой формы, предназначенная для значения элемента данных.

data file файл данных ☐ Файл, не обладающий специальным смыслом для операционной системы или системы программирования, в отличие от командного, объектного, библиотечного файлов.

dataflow computer (вычислительная) машина, управляемая потоком данных. *См.* dataflow machine

dataflow graph граф потока данных ☐ Ориентированный граф, вершины которого соответствуют переменным и выражениям программы. Из вершины A ведёт дуга в вершину B тогда и только тогда, когда A непосредственно используется при вычислении B.

dataflow machine (вычислительная) машина, управляемая потоком данных ☐ Организация ЭВМ, при которой выполнение каждой операции инициируется наличием её операндов; заранее последовательность выполнения команд не задаётся. При управлении потоком данных в качестве операндов команды указываются не адреса ячеек памяти, а команды, результаты которых являются операндами данной команды. Такая организация ЭВМ соответствует языкам ф у н к ц и о н а л ь н о г о п р о г р а мм и р о в а н и я. *См. тж.* von Neumann architecture, non von Neumann architecture

data format формат данных. *См.* format 1.

DATA GENERAL

Data General ☐ Американская фирма, основанная бывшими сотрудниками фирмы DEC и выпускающая мини-ЭВМ (Nova, Eclipse) и периферийные устройства.

datagram дейтаграмма ☐ Пакет в сети передачи данных, передаваемый через сеть независимо от других пакетов без установки логического соединения и квитирования.

data independence независимость (от) данных ☐ Обеспечиваемая системой управления базой данных или операционной системой возможность одинаковой работы программ вне зависимости от изменений физического размещения и представления обрабатываемых данных.

data input ввод данных ☐ Операция чтения данных с носителя данных или клавиатуры и последующая запись их в основную память.

data integrity целостность данных. ☐ Отсутствие ошибок и нарушений с о г л а с о в а н н о с т и.

data item элемент данных ☐ Поименованная группа данных, обрабатываемая как единое целое: запись, поле записи, элемент массива. *См. тж.* data element (actual derived data item, actual result data item, derived data item, result data item, source data item, virtual derived data item, virtual result data item, virtual source data item)

data-limit registers регистры защиты памяти. *См.* base-bound registers

data link канал связи

data link layer канальный уровень ☐ Уровень взаимодействия в сети передачи данных, формирующий из данных, передаваемых ф и з и ч е с к и м у р о в н е м, к а д р ы или последовательности кадров, а также обеспечивающий управление доступом к среде передачи и обработку ошибок. Кадры используются для передачи п а к е т о в на сетевом уровне. *См. тж.* open systems interconnection

data link (layer) protocol канальный протокол, протокол канального уровня ☐ Уровень протокола сети передачи данных, регламентирующий установку, поддержание и разъединение логического информационного канала. *См. тж.* HDLC, open systems interconnection

data manipulation language язык манипулирования данными, ЯМД ☐ Язык для доступа, поиска и модификации данных базы данных. Различаются автономные ЯМД и ЯМД, включаемые в универсальные языки программирования. *См. тж.* host language

datamation вычислительная техника

data medium носитель данных ☐ Материальный объект, предназначенный для хранения данных (например, магнитная лента, диск, перфокарты).

data model модель данных ☐ Представление о типах объектов и связей, выделяемых в предметной области для хранения и обработки. Модель данных находит выражение в я з ы к е о п р е д е л е н и я д а н н ы х.

data module винчестерский диск. *См.* Winchester disk

data network сеть передачи данных. *См. тж.* computer network

data output вывод данных ☐ Операция чтения данных из

основной памяти и последующая запись на носитель или отображение на экране дисплея.

data packing упаковка данных □ Размещение структуры данных в памяти или при передаче по линии связи, при котором каждому её элементу выделяется минимальное необходимое число разрядов.

data plotter графопостроитель

data presentation layer уровень представления данных. *См.* presentation layer

data presentation protocol протокол уровня представления данных. *См.* presentation (layer) protocol

data processing обработка данных □ Обычно подразумеваются операции, связанные с хранением, поиском, сортировкой, переформатированием и воспроизведением текстовых или табличных данных.

data processing system система обработки данных □ Система, выполняющая автоматизированную обработку данных и включающая аппаратные средства, программное обеспечение и соответствующий персонал.

data protection защита данных □ Аппаратные и программные средства для предотвращения потери или нарушения целостности данных в результате несанкционированного доступа к ним.

data rate скорость передачи данных

data record запись данных

data representation представление данных □ Соответствие между логическими элементами данных и структурой представляющих их ячеек памяти, сигналов или элементов графического изображения.

data retrieval выборка данных, обращение к данным □ Процесс поиска и считывания данных из файла, внешнего устройства или базы данных.

data set 1. набор данных, файл □ Термин «набор данных» используется в терминологии, связанной с операционными системами IBM. *См.* file 2. модем. *См.* modem

data sink приёмник данных □ Узел сети передачи данных, принимающий сообщения.

data source источник данных □ Узел сети передачи данных, выдающий сообщения.

data specification описание данных

data station станция сети передачи данных □ Терминальное оборудование пользователя и средства его сопряжения с сетью. *См. тж.* data terminal equipment

data structure структура данных □ Способ объединения нескольких элементов данных в один: массив, файл, список.

data structure language язык описания физической структуры базы данных

data tablet (графический) планшет. *См.* graphic tablet

data terminal equipment (DTE) терминальное оборудование пользователя, оконечное оборудование данных, ООД □ Оборудование, подключаемое к сети передачи данных. Это может быть как простой терминал, так и большая ЭВМ.

data transfer пересылка данных □ Перемещение информации

в вычислительной системе; обычно подразумевается обмен с внешним устройством.

data translation конвертирование данных □ Преобразование физического (реже логического) представления данных для работы с ними в другой системе управления данными.

data transparency независимость от данных □ Способность сети передачи данных передавать сообщения, содержащие любые комбинации символов или любые последовательности битов.

data type тип (данных) □ В языках программирования — множество допустимых значений и применимых операций. В большинстве языков понятие типа данных включает также определение способа представления данных в памяти. (abstract data type, built-in type, derived type, encapsulated type, enumerated type, fundamental type, generic type, integral type, ordinal type, predefined type, primary type, primitive type, private type, restricted type, set type, user-defined type)

data validation проверка (правильности) данных □ Предварительная обработка входных данных для проверки их соответствия предъявляемым программой требованиям (диапазон значений, формат представления).

datum элемент данных. *См.* data item

datum-limit registers регистры защиты памяти. *См.* base-bound registers

daughter node дочерняя вершина. *См.* child node

DB *см.* data base

DBMS *см.* data base management system

DBP *см.* data base processor

DBTG *см.* Data Base Task Group

DC 1. (device control) символ управления устройством □ Управляющий символ, зарезервированный для задания команд, специфических для конкретных устройств. В коде ASCII для этого выделены коды 17, 18, 19 и 20. 2. *см.* data communications

DCB *см.* data control block

DCL 1. (DEC Command Language) □ Командный язык для операционных систем фирмы DEC: VAX/VMS, RT-11 и RSX-11. 2. *см.* declaration

DD *см.* 1. data definition 2. data directory 3. double-density (disk)

DD/D *см.* data dictionary/directory

DDL *см.* 1. data definition language 2. data description language

ddname *см.* data definition name

DD-statement *см.* data definition statement

DDT (Dialog Debug Technique) диалоговый отладчик □ Название одного из первых диалоговых отладчиков и других, разработанных на его основе.

deactivate 1. отключать (*об устройстве или узле сети*) 2. отменять, выключать (*о режиме или параметре режима*) 3. останавливать, выбрасывать (*из решения*); уничтожать (*о выполняемой задаче или процессе*)

dead file потерянный файл □ Файл, на который нет ссылок ни из каталогов, ни из программ, но который продолжает занимать пространство на диске.

deadlock тупик, тупиковая ситуация, взаимная блокировка □ Состояние системы, при котором два процесса, использующие ресурсы A и B, блокируют друг друга, так как первый захватил ресурс A и ожидает освобождения ресурса B, а второй захватил B и ожидает освобождения A.

deadly embrace тупик, тупиковая ситуация, взаимная блокировка. *См.* deadlock

deallocate освобождать □ Освобождать ранее выделенный процессу ресурс и делать его доступным для выделения другому.

debatable time время простоя по невыясненной причине

deblock распаковывать □ Разделять блок на отдельные записи.

debug отлаживать. *См. тж.* debugging

debug driver отладочная программа □ Программа, управляющая выполнением отлаживаемой подпрограммы: задающая её параметры и проверяющая условия.

debugger отладчик □ Программа для анализа поведения другой программы, обеспечивающая её трассировку, остановку в указанных точках или при выполнении указанных условий, просмотр и изменение ячеек памяти, регистров процессора и команд программы. (console debugger, interactive debugger, source debugger, symbolic debugger)

debugging отладка □ Поиск и исправление ошибок в разрабатываемой программе.

debugging statement отладочный оператор □ Оператор проверки некоторого условия или вывода значений переменных, включаемый в программу для её о т л а д к и.

debug monitor отладчик. *См.* debugger

debug tool отладчик. *См.* debugger

DEC *см.* 1. decimal 2. decrement 3. Digital Equipment Corporation

decentralized system децентрализованная система □ Многопроцессорная система или сеть ЭВМ, в которых управление рассредоточено по различным узлам.

decimal десятичный □ Записанный в десятичной системе счисления или использующий её. (external decimal, packed decimal, unpacked decimal)

decimal arithmetic десятичная арифметика □ Операции над числами в десятичной системе счисления.

decimal format десятичный формат

decimal point десятичная запятая (actual decimal point, assumed decimal point)

decipher расшифровывать. *Ср.* cipher

decision box блок (проверки) условия □ Элемент блок-схемы, соответствующий вычислению условного выражения.

decision instruction команда условного перехода.

decision space пространство решений □ Множество, из которого выбираются решения.

decision support system информационная модель, система поддержки принятия решений □ Программные средства для руководителей среднего звена и других работников, занимающихся управлением и планированием. Информационная модель обеспечивает описание параметров управляемого или исследуемого объекта и связей между ними, а также доступ к базе данных; позволяет анализировать взаимозависимость параметров и экспериментировать с различными их значениями. Примером простых информационных моделей являются **и н т е г р и р о в а нн ы е п а к е т ы**, более развитые могут включать возможности **э к с п е р т н ы х с и с т е м**. *См. тж.* management information system

decision table таблица решений □ Описание действий, которые должны быть выполнены при различных комбинациях условий, в виде матрицы со столбцами, соответствующими комбинациям условий, и строками, соответствующими действиям.

decision tree дерево решений □ Двоичное дерево, каждая внутренняя вершина которого представляет элементарное решение.

deck 1. лентопротяжное устройство 2. пакет перфокарт (card deck, job deck, tape deck)

declaration 1. описание, определение □ Конструкция языка программирования для задания типа или значения программного объекта (идентификатора, константы, переменной). 2. описание □ В языке программирования, в котором противопоставляются "declaration" и "definition",— описание типа объекта без задания его значения или представления. 3. определение □ В языке программирования, в котором противопоставляются "declaration" и "specification",— описание реализации объекта. (constant declaration, forward declaration, macro declaration, multiple declaration, procedure declaration, type declaration, variable declaration)

declaration part раздел описаний □ Часть процедуры или программы, содержащая описания далее используемых объектов.

declarative language декларативный язык, непроцедурный язык □ Язык программирования, программа на котором задаёт связи и отношения между объектами и величинами и не определяет последовательность выполнения действий. Степень «декларативности» языка является относительным понятием: Пролог является декларативным языком по сравнению с языком ассемблера, но его можно рассматривать как процедурный язык по сравнению с языками представления знаний. *См. тж.* procedure-oriented language

declarative representation декларативное представление □ Способ описания алгоритма или представления знаний, при котором порция описания является отдельным правилом. Порядок применения правил определяется независимо от самого описания. *Ср.* procedural representation

declarative statement 1. оператор описания. *См.тж.* declaration 2. декларативный оператор. *Ср.* imperative statement. *См. тж.* declarative representation

declarator описатель, спецификатор □ Идентификатор, ключевое слово или выражение, задающие тип или атрибут в описании.

declare описывать. *См. тж.* declaration

declared symbol описанный символ, описанный идентификатор. *Ср.* undeclared symbol

decode декодировать □ 1. Преобразовывать данные в форму, в которой они используются или обрабатываются. 2. Выполнять операцию, обратную операции «закодировать». *Ср.* encode

decollate разрывать. *См.* burst 2.

decompiler детранслятор, обратный транслятор ☐ Программа, получающая на вход программу в машинном коде и выдающая эквивалентную программу на языке программирования. *См. тж.* disassembler

decomposition декомпозиция ☐ 1. Разбиение задачи на подзадачи. 2. Представление сложного объекта в виде совокупности простых.

decrement 1. декремент, отрицательное приращение; вычитаемая величина 2. уменьшать

decrement operation операция декремента, операция уменьшения

decryption расшифровка. *Ср.* encryption

dedicated circuit закреплённый канал; выделенный канал ☐ В сетях передачи данных — канал, не требующий коммутации. *Ср.* switched circuit

dedicated word processor система подготовки текстов на базе специализированной микроЭВМ.

deep binding глубокое связывание ☐ В языке Лисп — способ представления связывания переменных с помощью а с с о ц и а т и в н о г о с п и с к а пар вида (переменная, значение). Текущее значение переменной определяется просмотром списка до первого вхождения. *Ср.* shallow binding

deep structure глубинная структура ☐ Структура, соответствующая смыслу текста.

default 1. (используемый) по умолчанию ☐ О значении или действии, используемом или выполняемом, если не указано иначе. 2. принимать значение по умолчанию.

default drive текущий диск ☐ Логическое устройство, к которому производится обращение, если в имени файла не указано имя устройства.

default library библиотека, используемая по умолчанию

default option 1. параметр, выбираемый по умолчанию 2. вариант, выбираемый по умолчанию

default parameter параметр, принимающий значение по умолчанию

default reaction реакция по умолчанию

default value значение по умолчанию; стандартное значение

deferred address косвенный адрес. *См.* indirect address

deferred addressing косвенная адресация. *См.* indirect addressing

deferred constant константа времени выполнения ☐ Константа, значение которой не определено во время трансляции, а определяется при компоновке или запуске программы. *См. тж.* runtime constant

define определять ☐ Придать объекту программы (идентификатору, константе, процедуре) значение или допустимое множество значений.

definition описание, определение. *См. тж.* declaration (ambiguous definition, job definition, macro definition, multiple definition, recursive definition)

definitional domain область определения.

definitional language язык с однократным присваиванием. *См.* single-assignment language

DEFINITIONS

definitions module модуль определений. □ В языках модульного программирования — часть описания модуля, описывающая компоненты модуля, доступные из других модулей. *См. тж.* interface specification

degradation снижение производительности

DEL (delete) символ стирания, символ отмены □ Управляющий символ, указывающий на отмену предыдущего символа. В коде ASCII представлен числом 127

delete исключать; стирать, удалять

delimiter разделитель, ограничитель □ 1. Символ языка программирования, разделяющий составляющие операторов и выражений (например, пробел, скобки, BEGIN, END). 2. Разряд или символ, разделяющий группы (входных) данных.

demand I/O ввод-вывод по запросу □ В операционных системах — режим обработки запросов на ввод-вывод, при котором фактическая операция обмена с внешним устройством производится по запросу программы. *См. тж.* anticipatory staging, disk cache

demand multiplexing динамическое мультиплексирование, мультиплексирование по требованию □ В р е м е н н о е м у л ь т и п л е к с и р о в а н и е, при котором логическому каналу выделяется время только при наличии в нём данных.

demand paging подкачка по обращению □ В системах с виртуальной памятью — организация п о д к а ч к и, при которой необходимая страница или сегмент подкачиваются, когда программа обращается к ним. *Ср.* anticipatory paging

demand processing обработка (данных) по мере поступления

demand staging перемещение по запросу □ Перемещение данных в иерархической памяти по запросу программы. *Ср.* anticipatory staging

demon демон, присоединённая процедура. *См.* attached procedure

demount снимать □ 1. Снимать сменный дисковый пакет с дисковода или магнитную ленту с лентопротяжного устройства. 2. Сообщать операционной системе, что данный том внешнего запоминающего устройства отключён.

denary десятичный. *См.* decimal

DENDRAL экспертная система для определения структурных формул молекул органических соединений

dense index плотный индекс □ В т о р и ч н ы й и н д е к с, содержащий ссылки на все индексируемые элементы. *Ср.* master index

departure возврат (*в операционную систему при завершении прикладной задачи*)

dependency grammar грамматика зависимостей □ Способ описания языка, при котором считается, что каждое слово предложения зависит ровно от одного другого слова этого предложения и имеется одно (главное) слово, не зависящее от других. *Ср.* constituent grammar

deprocedure «распроцедуривать» □ При приведении типов в языке Алгол-68 — выполнять процедуру, являющуюся значением некоторого выражения.

depth-balanced tree сбалансированное дерево. *См.* balanced tree

depth-first search поиск в глубину, перебор в глубину □ Способ обхода д е р е в а п о и с к а, при котором сначала анали- зируется поддерево, начинающееся в данной вершине, а затем — непроанализированные вершины того же уровня. *Ср.* breath-first search

depth sorting упорядочение по глубине □ Способ у д а л е- н и я н е в и д и м ы х п о в е р х н о с т е й, при котором ком- поненты изображаемого объекта рисуются в порядке приближе- ния к точке наблюдения, начиная от более дальних. При этом изображения близких компонентов перекрывают изображения дальних.

deque (double-ended queue) двухсторонняя очередь, «дек» □ Список, в котором элементы могут добавляться и удаляться с обоих концов.

dequeue убирать из очереди. *Ср.* enqueue

dereference разыменовывать □ Получать значение объекта, на который указывает данный указатель.

dereferencing разыменование; снятие косвенности

derivation 1. вывод □ В порождающей грамматике — по- следовательность правил, приводящая к данной цепочке. 2. словообразование

derivation step шаг вывода □ Применение одного правила порождающей грамматики.

derivation tree дерево вывода □ В порождающей грамматике — дерево, описывающее вывод цепочки. Корень дерева соот- ветствует начальному символу грамматики, листья — символам цепочки, а внутренние вершины — нетерминальным символам и правилам, применение которых породило их дочерние вершины.

derivative производная

derived data item производный элемент данных □ В сетевых базах данных — элемент данных, значение которого является копией или заданной функцией значения другого элемента дан- ных. (actual derived data item, virtual derived data item)

derived field производное поле, производный элемент дан- ных. *См.* derived data item

derived type производный тип □ Тип данных, определённый через другие (базовые или производные) типы.

descendant потомок □ Вершина дерева, расположенная ниже данной вершины.

descender подстрочный элемент *(литеры) Ср.* ascender

descending sort сортировка по убыванию □ С о р т и р о в к а, при которой записи упорядочиваются по убыванию значений ключевых полей. *Ср.* ascending sort.

descriptor 1. дескриптор, паспорт □ Программная или аппа- ратно-поддерживаемая структура данных, описывающая другую структуру данных или программу 2. дескриптор, ключевое слово □ В информационно-поисковых системах — одно из слов, иден- тифицирующих документ (array descriptor, segment descriptor, string descriptor, vector descriptor)

deselect отменять выделение. *См. тж.* select 2.

design 1. проект 2. разработка, проектирование 3. разраба- тывать, проектировать (bottom-up design, computer-aided design, conceptual design, detail design, functional design, preliminary design, program design, top-down design)

DESIGNATION

designation обозначение, запись; буквальная константа, литерал

designator 1. обозначение; именующее выражение 2. означающее

design review обсуждение проекта

desk check «домашний анализ» □ Проверка работы программы логическим анализом её текста без использования ЭВМ

desktop computer настольная (персональная) ЭВМ

desktop metaphore метафора рабочего стола. *См. тж.* desktop system

desktop system система непосредственного взаимодействия, система типа «рабочий стол» □ Интерактивная система (обычно на ПЭВМ), в которой доступные пользователю информационные объекты и операции изображаются на экране в текстовом или графическом виде (в виде п и к т о г р а м м). Используя средства управления курсором (например, «мышь»), пользователь выполняет операции над объектами, соответствующими изображениям.

despooling program (системная) программа буферизации выходных потоков □ Программа операционной системы, обеспечивающая временное хранение данных, предназначенных для вывода на печать или графопостроитель, и управление очередью к выводному устройству. *См. тж.* spooling

destination 1. адрес, пункт назначения; получатель □ Узел сети, которому адресовано сообщение. 2. место назначения □ Область или ячейка памяти, в которую пересылаются данные. *Ср.* source

destination code адрес, адрес назначения

destination field поле адреса □ Часть заголовка сообщения, в котором помещается адрес назначения.

destination file выходной файл

destination station адресат, пункт назначения

destructive backspace возврат с удалением □ В системах подготовки текстов — возврат на один символ с удалением (стиранием) предыдущего символа. *Ср.* nondestructive backspace

destructive read считывание с разрушением □ Способ организации или режим работы запоминающего устройства, при котором считывание данных вызывает их стирание. *Ср.* nondestructive read

detail design рабочий проект

detail file файл изменений. *См.* change file

detectable element обнаруживаемый элемент □ В машинной графике — элемент отображения, который может быть выделен у к а з к о й.

de-update восстанавливать (исходное состояние) □ Возвращать обрабатываемые данные (файл, базу данных, текст) в состояние до выполнения некоторой последовательности изменений.

development system система разработки программ. *См.* program development system

device 1. внешнее устройство. *См.* peripheral 2. устройство (block-oriented device, choice device, direct-access storage device, directory device, file device, input device, interface device, list device, locator device, logical device, multi-directory device, out device, output device, peripheral device, physical device, pick device, pointing device, positioning device, random-access device, raster-display device, record-oriented device, single-directory device, storage device, stream-oriented device, string device, stroke device, virtual device)

device adapter адаптер (внешнего) устройства ☐ Устройство сопряжения ЭВМ и внешнего устройства. *См. тж.* device controller

device allocation распределение устройств

device controller контроллер (внешнего) устройства ☐ Устройство сопряжения ЭВМ с внешним устройством и управления обменом. Между понятиями «адаптер» и «контроллер» отсутствует чёткая грань: «адаптер» подразумевает, в первую очередь, преобразование представления и скорости передачи информации, «контроллер» обычно выполняет более сложные функции управления устройством.

device control unit контроллер (внешнего) устройства. *См.* device controller

device coordinates координаты устройства ☐ В машинной графике — задание положения элементов изображения в координатной сетке конкретного устройства. *См. тж.* normalized device coordinates, world coordinates

device-dependent зависящий от устройств, привязанный к устройствам ☐ О программе, операции или представлении данных, использующих особенности конкретных физических устройств или обращающихся к ним в обход файловой системы.

device driver драйвер устройства ☐ Программа, обеспечивающая взаимодействие операционной системы с физическим устройством. Драйвер обрабатывает прерывания обслуживаемого устройства, поддерживает очередь запросов и преобразует запросы в команды управления устройством.

deviceindependence независимость от (внешних) устройств. *См. тж.* device-independent

device-independent не зависящий от (внешних) устройств ☐ 1. О программе, сохраняющей функциональные характеристики вне зависимости от внешних устройств, на которых располагаются обрабатываемые ею данные. 2. В машинной графике — о средствах или преобразованиях, применение которых не зависит от используемых устройств отображения.

device name имя устройства ☐ 1. Символ или последовательность символов, идентифицирующих внешнее устройство для операционной системы. 2. Часть имени файла, указывающая устройство, на котором он расположен.

device number номер устройства ☐ Числовой код, идентифицирующий внешнее устройство в группе однородных устройств, управляемых одним драйвером или одним контроллером.

device space пространство устройства ☐ В машинной графике — множество адресуемых точек устройства отображения.

device status word слово состояния устройства. ☐ Программно-доступный регистр, разряды которого описывают состояние внешнего устройства или нескольких внешних устройств.

diagnostic disk диск диагностики, тестовый диск ☐ Диск, содержащий тестовые программы для проверки правильности работы системы или отдельных устройств и поиска ошибок.

diagnostic program программа диагностики, тестовая программа, тест. *См. тж.* diagnostics

diagnostics 1. диагностика □ Средства проверки правильности работы системы или отдельных устройств и поиска ошибок. **2.** сообщения об ошибках (compiler diagnostics, error diagnostics, on-line diagnostics, run-time diagnostics, warning diagnostics)

diagonal microprogramming диагональное микропрограммирование □ Способ микропрограммирования, сочетающий свойства **в е р т и к а л ь н о г о и г о р и з о н т а л ь н о г о м и к р о-
п р о г р а м м и р о в а н и я**.

dial набирать номер; вызывать *(по телефону)*

dial line коммутируемая линия

dialog диалог □ Работа интерактивной системы, при которой пользователь и программа обмениваются вопросами и ответами; пользователь использует клавиатуру или микрофон, программа выводит информацию на экран дисплея или использует синтезатор речи. *См. тж.* interactive

dichotomizing search двоичный поиск, поиск делением пополам. *См.* binary search

dictionary словарь □ Структура данных или информационная система, обеспечивающие доступ к информации по текстовому имени. (data-dictionary, external symbol dictionary, relocation dictionary)

dif *см.* differential file

difference equation (конечно-)разностное уравнение, уравнение в конечных разностях □ Способ представления дифференциальных уравнений для решения численными методами.

differential file файл различий; файл изменений □ Файл, содержащий записи, которыми различаются два сравниваемых файла или две версии одного файла.

digit цифра; разряд (carry digit, check digit, guard digit, hexadecimal digit, high-order digit, least significant digit, low-order digit, most significant digit, nonsignificant digit, significant digit)

digital цифровой; численный

digital cassette «цифровая кассета». *См.* cassette tape

Digital Computers Limited □ Японская фирма, выпускающая мини- и микроЭВМ, совместимые с ЭВМ фирмы DEC, и периферийное оборудование для них.

Digital Equipment Corporation (DEC) □ Американская фирма, разработчик и изготовитель мини-ЭВМ и другого электронного оборудования. DEC выпускает семейство 16-разрядных мини-ЭВМ PDP-11, семейство 32-разрядных супер-мини VAX с быстродействием до 12 млн. операций в секунду, микроЭВМ и ПЭВМ.

digital-to-analog converter цифро-аналоговый преобразователь, ЦАП. *Ср.* analog-to-digital converter

digitize кодировать аналоговую информацию; «отцифровывать» □ Преобразовывать данные из аналоговой формы в числовую для ввода в ЭВМ. Обычно относится к вводу изображений и графической информации.

digitizer 1. устройство ввода графической информации. *См. тж.* graphics digitizer **2.** устройство ввода аналоговой информации с преобразованием в числовую форму; кодирующий преобразователь

digitizing pad (графический) планшет. *См.* **graphic tablet**

digit plane цифровая плоскость

digraph ориентированный граф, орграф

dimension размерность □ 1. Число индексов, определяющих элемент массива. 2. Диапазон значений индекса массива; для вектора — число элементов.

diminished radix complement поразрядное дополнение. *См.* **radix-minus-one complement**

DIR *см.* **directory**

direct access прямой доступ □ Способ доступа, при котором все элементы данных (слова, записи, блоки) равнодоступны и для доступа к указанному элементу данных не требуется просмотра других элементов данных. *Ср.* **sequential access**

direct-access file файл прямого доступа. *См.* **direct file**

direct-access hashing прямое хеширование □ Способ хеширования, при котором функция расстановки выдаёт различные значения для различных входных данных. *См. тж.* **hashing**

direct-access method (DAM) прямой метод доступа □ Метод доступа, при котором запись идентифицируется номером записи внутри файла или физическим адресом на устройстве.

direct-access storage device (DASD) запоминающее устройство прямого доступа, ЗУПД □ Запоминающее устройство, позволяющее эффективно организовать прямой доступ. Время доступа к элементам ЗУПД практически не зависит от их расположения. Как правило, подразумеваются запоминающие устройства на магнитных дисках. *См. тж.* **direct access**

direct address прямой адрес □ Адрес в машинной команде, указывающий на ячейку, где находится операнд, т. е. не требующий преобразований для получения исполнительного адреса.

direct addressing прямая адресация □ Способ адресации, при которой исполнительный адрес равен адресу, указанному в команде.

direct coding программирование на языке машины

direct data capture сбор данных под (непосредственным) управлением ЭВМ. *См. тж.* **data capture**

direct data set прямой набор данных, набор данных прямого доступа. *См.* **direct file**

directed-beam display векторный дисплей. *См.* **vector-mode display**

directed edge ориентированное ребро, дуга. *См.* **arc**

directed graph ориентированный граф, орграф

direct execution немедленное выполнение □ Выполнение команды непосредственно после её ввода.

direct file файл прямого доступа □ Файл, к записям которого можно обращаться в любом порядке; для доступа к записи указывается её номер или логический адрес. *Ср.* **sequential file**

direct-insert subroutine подставляемая подпрограмма, открытая подпрограмма. *См.* **in-line subroutine**

direction-finding problem задача принятия решения

directive директива; управляющая команда (assembler directive, compiler directive, executive directive)

direct memory access прямой доступ в память, ПДП □ Способ быстродействующего подключения внешнего устройства, при

DIRECTORY

котором оно обращается к оперативной памяти, не прерывая работы процессора.

directory каталог ☐ В файловой системе — структура данных (обычно файл), элементы которой описывают файлы и обеспечивают доступ к ним по текстовым именам. (current directory, data directory, file directory, root directory, routing directory, working directory)

directory device устройство с каталогом, устройство с файловой структурой ☐ Внешнее запоминающее устройство, данные на котором организованы в виде файлов, объединённых одним или несколькими каталогами. (multidirectory device, single-directory device)

directory file каталог ☐ Файл, содержащий каталог. *См.* directory

directory routing табличная маршрутизация ☐ Способ выбора маршрута пакетов или сообщений с использованием в каждом узле сети таблицы, указывающей оптимальный выходной канал для каждого адресата.

disable запрещать; (за)блокировать; отключать.

disabled interrupt заблокированное прерывание, маскированное прерывание ☐ Прерывание, не обрабатываемое процессором в результате установки соответствующего флага или разряда маски прерываний.

disarmed interrupt заблокированное прерывание, маскированное прерывание. *См.* disabled interrupt

disassembler дисассемблер ☐ Программа, получающая на вход программу в машинном коде либо объектный или загрузочный модуль и выдающая эквивалентную программу на языке ассемблера, устанавливая метки, точки входа в подпрограммы и различая области команд и области данных.

disc *см.* disk

discipline дисциплина ☐ Алгоритм реализации стратегии. *Ср.* strategy

disconnect graph несвязный граф. *Ср.* connected graph

discrete programming дискретное программирование. *См.* integer programming

discrete range дискретный диапазон ☐ Отрезок упорядоченного дискретного множества.

discrete simulation дискретное моделирование ☐ Моделирование, при котором исследуемый процесс представляется дискретной последовательностью событий. *Ср.* continuous simulation

discriminated union размеченное объединение ☐ В языке Алгол-68 — тип данных, переменные которого могут принимать значения нескольких типов; аналог **вариантной записи** в других языках программирования.

discrimination instruction команда условного перехода

disjoint непересекающиеся. ☐ О паре множеств, не содержащих общих элементов.

disjunction 1. дизъюнкция, логическое сложение. *См.* OR 2. дизъюнкция ☐ Логическое выражение, состоящее из термов, объединённых операцией дизъюнкции.

disjunctive search дизъюнктивный поиск ☐ Поиск данных, удовлетворяющих по крайней мере одному из указанных критериев. *Ср.* conjunctive search

disk диск ☐ 1. Носитель данных внешнего запоминающего устройства; как правило, подразумевается магнитный диск. 2. Дисковый пакет. 3. Дисковое запоминающее устройство. *См.* **disk unit** (cartridge disk, copyprotected disk, diagnostic disk, double-density disk, double-sided disk, exchangeable disk, fixed disk, fixed-head disk, flexible disk, flippy disk, floppy disk, hard disk, hard-sectored disk, magnetic disk, minifloppy disk, quad-density disk, RAM disk, removable disk, rigid disk, single-density disk, single-sided disk, soft-sectored disk, temporary disk, virtual disk, Winchester disk, write-protected disk)

disk cache буфер системы ввода-вывода, кеш диска ☐ Буферная область оперативной памяти, где операционная система сохраняет содержимое блоков (секторов) диска, к которым происходили обращения. При этом повторные обращения к одному блоку не требуют физического ввода-вывода.

disk cartridge дисковый пакет, кассетный диск

disk controller дисковый контроллер, контроллер диска. *См. тж.* **device controller**

disk drive 1. дисковод ☐ Устройство, вращающее диск и управляющее перемещением головок. 2. дисковое запоминающее устройство, накопитель на магнитных дисках. *См.* **disk unit**

disk dump дамп (содержимого) диска

diskette дискет(а), гибкий диск, флоппи-диск. *См.* **floppy disk**

disk file дисковый файл, файл на диске

disk format 1. разметка диска, формат диска. 2. формат записи. *См.* **format**

disk formatter форматер дисков ☐ Устройство разметки дисков. Форматеры используются для ЭВМ с дисковыми контроллерами, не позволяющими пользователю самому размечать диски.

disk handler дисковое запоминающее устройство, накопитель на магнитных дисках. *См.* **disk unit**

disk interleaving чередование секторов ☐ Расположение секторов на диске, при котором нумерация секторов не совпадает с их физическим порядком на дорожке. Такое расположение компенсирует задержку при работе контроллера и уменьшает время доступа к сектору.

disk operating system дисковая операционная система. *См.* **DOS**.

disk pack пакет дисков, дисковый пакет ☐ Съёмный том д и с к о в о г о з а п о м и н а ю щ е г о у с т р о й с т в а, состоящий из нескольких жёстко соединённых магнитных дисков.

disk quota выделенное дисковое пространство ☐ Объём пространства на дисках, выделенный пользователю или группе пользователей.

disk sorting дисковая сортировка ☐ Сортировка, при которой обрабатываемые или рабочие файлы размещены на дисках. *См. тж.* **external sort**

disk storage 1. память на дисках, дисковая память. 2. дисковое запоминающее устройство, запоминающее устройство на магнитных дисках, накопитель на магнитных дисках. *См. тж.* **disk unit**

disk unit дисковое запоминающее устройство, запоминающее устройство на магнитных дисках, накопитель на магнитных дисках, диск □ Внешнее устройство, состоящее из съёмных или фиксированных магнитных дисков и аппаратуры для их вращения и управления головками чтения-записи.

dismount см. demount

disorderly close-down аварийное завершение работы. *Ср.* orderly close-down

dispatcher диспетчер, планировщик нижнего уровня. *См. тж.* scheduler

disperse array разреженный массив; разреженная матрица □ Массив (обычно матрица), большинство элементов которого равно нулю. Для экономного хранения и обработки таких массивов необходимы специальные способы их представления.

disperse matrix разреженная матрица. *См.* disperse array

displacement смещение □ Адрес относительно некоторого базового адреса. *См. тж.* base and displacement

display 1. дисплей; экран дисплея □ Устройство отображения текстовой и графической информации. 2. отображение; изображение □ Визуальное представление данных. 3. таблица (внешних) контекстов □ При трансляции языков с блочной структурой — структура данных транслятора, указывающая на описания всех к о н т е к с т о в, в которые вложен текущий контекст. 4. отображать; изображать (alphanumeric display, bit-mapped display, black-and-white display, BW-display, calligraphic display, character display, CRT display, directed-beam display, dot-matrix display, gas-plasma display, graphic display, incremental display, LCD display, LED display, monochrome display, plasma-panel display, random-scan display, vector-mode display)

display attribute атрибут элемента изображения

display capacity ёмкость дисплея □ Число символов или элементов изображения (обычно точек), помещающихся на экране дисплея.

display command команда отображения □ Команда, управляющая состоянием или действием устройства отображения.

display console пульт отображения □ Устройство, включающее одну или несколько п о в е р х н о с т е й о т о б р а ж е н и я и, возможно, одно или несколько устройств ввода.

display controller дисплейный контроллер, контроллер дисплея □ Компонент д и с п л е й н о г о п р о ц е с с о р а, непосредственно управляющий выводом из б у ф е р а и з о б р а ж е н и я на экран дисплея.

display element элемент отображения, выходной примитив □ Базовый графический элемент, который может использоваться для вывода изображения (например, точка, отрезок прямой, последовательность литер). *См. тж.* graphical output primitive

display field поле экрана дисплея; окно. *См.* window

display file дисплейный файл □ Структура данных, подготовленная графической системой и передаваемая д и с п л е й н о м у п р о ц е с с о р у для формирования вывода отображаемого изображения.

display group сегмент отображения. *См.* display segment

display image выводимое изображение, отображение □ Совокупность сегментов и графических примитивов, представляющих обрабатываемое изображение на выводном устройстве. В простых системах понятия «изображение» и «отображаемое изображение» совпадают.

display list дисплейный файл. *См.* display file

display-oriented экранный

display processor дисплейный процессор ☐ Специализированный процессор обмена для управления дисплеем; обычно обеспечивает выполнение сложных графических операций вывода на экран дисплея параллельно с работой основного процессора.

display segment сегмент отображения ☐ В машинной графике — группа элементов изображения (графических примитивов или меньших сегментов), обрабатываемая как единое целое.

display surface поверхность отображения ☐ Носитель данных устройства отображения, на котором появляются изображения (например, экран дисплея, бумага в графопостроителе).

dispose освободить (*блок динамически распределяемой памяти*)

distributed array processor распределённый векторный процессор ☐ ЭВМ, с каждым элементом памяти которой связан процессор, выполняющий операции над ним.

distributed data base распределённая база данных ☐ База данных, данные которой физически расположены на различных носителях или в различных узлах сети.

distributed file system распределённая файловая система ☐ Файловая система, в которой файлы, расположенные на других узлах распределённой вычислительной системы (сети) доступны программе точно так же, как файлы ЭВМ, на которой она выполняется.

distributed intelligence распределённое управление; распределённые вычислительные средства ☐ Организация распределённой системы, при которой управление осуществляется группой программ, выполняющихся на различных узлах системы. *См. тж.* distributed logic

distributed logic распределённое управление ☐ Вычислительная или управляющая системы, имеющие несколько процессоров, управляющих их различными частями.

distributed processing распределённая обработка ☐ Обработка задания посредством нескольких процессов, выполняющихся на различных узлах распределённой системы и обменивающихся информацией по сети передачи данных.

distributed routing распределённая маршрутизация ☐ Метод маршрутизации пакетов или сообщений сети передачи данных, при котором решения о дальнейшем маршруте принимаются в узлах, через которые передаётся пакет или сообщение. *Ср.* centralized routing

distributed system распределённая (вычислительная) система ☐ Вычислительная система, состоящая из нескольких взаимосвязанных ЭВМ, работающих независимо и выполняющих общее задание.

distribution kit дистрибутивный комплект, дистрибутив ☐ Программное изделие в виде, поставляемом изготовителем.

distribution tape дистрибутивная лента, дистрибутив ☐

DIVISION

Лента, содержащая файлы с программным изделием в виде, поставляемом изготовителем.

division 1. деление □ 1. Арифметическая операция. 2. Операция реляционной алгебры, используемая для поиска. 2. раздел (data division, environment division, hardware division, identification division, procedure division)

division header заголовок раздела □ В языке КОБОЛ — предложение, указывающее начало нового раздела.

DMA см. direct memory access

DMA channel канал прямого доступа в память

DMA controller контроллер прямого доступа в память

DMCL (device media control language) язык описания физической организации □ Предложенный КОДАСИЛ язык описания физического размещения компонентов базы данных на внешних устройствах.

DML 1. см. data-manipulation language 2. □Язык манипулирования данными, предложенный КОДАСИЛ для работы с сетевыми базами данных из программ на языке КОБОЛ.

document документ; текст (*в системах подготовки текстов*). *См. тж.* electronic document

documentation документация программного продукта, руководство по программе □ Совокупность текстов, описывающих строение и применение программы или программного изделия. Документация предназначена для облегчения использования программы и включает руководства, справочники, учебники, краткие справочники, обучающие программы и средства диалоговой документации и подсказки.

document compiler пакетный форматер, программа форматирования □ Программа системы подготовки текстов, форматирующая текст в соответствии с включёнными в него командами без вмешательства пользователя.

domain 1. домен □ 1. В реляционных базах данных — область определения значений одного столбца отношения. 2. В сетях ЭВМ · группа ресурсов, управляемых одним узлом. 2. область 3. область определения функции. *Ср.* range (active domain, application domain, compound domain, definitional domain, mapping domain, search domain)

domain expert специалист по проблемной области

domain knowledge знания проблемной области □ Часть базы знаний экспертной системы, описывающая проблемную область.

domain-specific проблемно-зависимый

do-nothing instruction пустая команда, НОП.

dope vector дескриптор массива □ Структура данных для доступа к элементам многомерного массива, содержащая адрес начала массива, число размерностей и шаг вдоль каждой размерности.

dormant task остановленная задача. *См. тж.* suspended state

DOS (Disk Operating System) дисковая операционная система, ДОС □ 1. Операционная система, загружаемая с дисков и обеспечивающая работу с дисками для прикладных программ. 2. Официальное название (торговый знак) многих операционных систем

DO-statement оператор цикла (*в языке ФОРТРАН*)

dot-addressable с поточечной адресацией □ О растровом дисплее или матричном печатающем устройстве, для которых иожно независимо задать цвет или яркость каждой точки.

dot matrix растр, точечная матрица □ Представление изображения в виде двумерного массива точек.

dot-matrix character generator растровый генератор символов

dot-matrix display растровый дисплей. См. тж. bit-mapped display

dot-matrix printer матричное печатающее устройство. См. matrix printer

dot pattern растр, точечная матрица. См. dot matrix

dotted pair точечная пара □ В языке Лисп — элемент списочной структуры.

double-address instruction двухадресная команда □ Машинная команда, содержащая адреса двух операндов, один из которых обычно является также и адресом результата.

double-density disk диск для записи с удвоенной плотностью

double-level grammar двухуровневая грамматика, грамматика ван Вейнгардена □ Грамматика, правилами которой являются все предложения языка, порождаемые грамматикой первого уровня. Двухуровневая грамматика была разработана для формального описания языка Алгол-68.

double precision удвоенная точность, двойная точность

double-precision arithmetic арифметика с двойной точностью

double-precision number число с двойной точностью □ Число, для представления которого используются два машинных слова (обычно 64 бита).

double-sided disk двухсторонняя дискета. Ср. single-sided disk

double word двойное слово □ Два слова памяти, обрабатываемые как единое целое. На мини- и микроЭВМ двойное слово имеет 32 разряда, на больших ЭВМ — 64 разряда и более.

double-word instruction 1. команда операции над двойными словами 2. команда, занимающая два машинных слова

do-while loop цикл с условием продолжения, цикл «пока» □ Конструкция программирования, обеспечивающая повторение последовательности действий, пока истинно заданное условие, причём условие проверяется перед каждым выполнением цикла.

downline от главной ЭВМ (о передаче информации)

downline loading загрузка по линии связи □ Пересылка программ или данных из главной ЭВМ в подчинённую ЭВМ или терминальное оборудование.

download загружать, пересылать (по линии связи). См. тж. downline loading

down operation операция «занять», занятие (семафора). См. тж. semaphore

downtime время простоя, простой

DP см. data processing

draft-quality черновой. См. тж. printing quality

draft report предварительное сообщение

dragging перемещение, «буксировка» □ Перемещение одного или нескольких сегментов отображения на экране дисплея по линии, задаваемой устройством ввода координат.

DRIVE

drive 1. дисковод. *См.* disk drive **2.** лентопротяжное устройство

driver 1. драйвер. *См.* device driver **2.** управляющая программа □ Программа, вызывающая другую программу или программы и задающая им параметры. (debug driver, device driver, loadable driver, user-written driver)

drum plotter барабанный графопостроитель □ Графопостроитель, рисующий изображение на поверхности, смонтированной на вращающемся барабане.

drum printer барабанное печатающее устройство. *См.* barrel printer

DS *см.* double-sided disk

DSDL (Data Storage Description Language) язык описания хранения данных, язык описания физической структуры базы данных

DSW *см.* device status word

DTE *см.* data terminal equipment

dual coding программирование с дублированием □ Способ разработки программ, при котором две группы программистов независимо друг от друга пишут программы по одним и тем же спецификациям.

dual-processor configuration двухпроцессорная конфигурация

dumb terminal терминал ввода-вывода □ Терминал, позволяющий только посылать и принимать тексты под управлением ЭВМ и не имеющий собственных средств редактирования и управления экраном. *Ср.* intelligent terminal

dummy argument формальный параметр. *См.* formal parameter

dummy instruction пустая команда, НОП

dummy statement пустой оператор

dump 1. дамп □ Распечатка содержимого памяти или файла, обычно без учёта внутренней структуры данных. **2.** дамп, сброс □ Запись состояния памяти на внешний носитель. (binary dump, change dump, disk dump, dynamic dump, memory dump, post-mortem dump, rescue dump, selective dump, snapshot dump, storage dump)

dumping 1. выдача дампа. **2.** сброс, запись

duplex circuit дуплексный канал □ Канал, позволяющий передавать информацию в двух направлениях одновременно. *Ср.* half-duplex circuit, simplex circuit.

duplex communication дуплексная связь

Dvorak keyboard клавиатура Дворака □ Нетрадиционное расположение текстовых клавиш, учитывающее частотность и соседство букв в английском тексте. *Ср.* AZERTY keyboard, QWERTY keyboard

dyadic operation бинарная операция. *См.* binary operation 1.

dyadic processor двухпроцессорная ЭВМ

dynamic динамический □ Выполняемый или выделяемый во время работы системы. *Ср.* static

dynamic allocation динамическое распределение □ Способ распределения, при котором ресурсы выделяются процессу по мере необходимости и затем освобождаются для передачи другим процессам. *Ср.* static allocation

dynamic area динамическая область, динамически распределяемая область □ Область памяти, сегменты которой динамически распределяются для различного использования.

dynamic array динамический массив; массив с переменными границами

dynamic buffering динамическая буферизация □ Динамическое распределение памяти для буферов обмена.

dynamic dump динамический дамп, мгновенный дамп □ Дамп, выполняемый во время работы программы.

dynamic linking динамическая компоновка, динамическая загрузка □ Организация системы программирования, в которой отсутствует отдельная стадия компоновки и понятие загрузочного модуля; необходимые объектные модули подключаются при загрузке программы или по мере обращения к ним при выполнении. *Ср.* static linking

dynamic loading динамическая загрузка. *См.* dynamic program loading

dynamic memory динамическое запоминающее устройство □ Запоминающее устройство, в котором необходима периодическая регенерация хранимых данных.

dynamic memory allocation динамическое распределение памяти □ Способ распределения памяти, при котором память выделяется и освобождается по запросам программы. *Ср.* static memory allocation

dynamic multiplexing динамическое мультиплексирование. *См.* demand multiplexing

dynamic program loading динамическая загрузка □ Способ загрузки программ, при котором в оперативную память считывается не вся программа; модули, отсутствующие в памяти, подгружаются по мере обращения к ним.

dynamic programming динамическое программирование □ Метод оптимизации, предусматривающий уточнение стратегии поиска на каждом шаге оптимизации.

dynamic relocation динамическая настройка □ Настройка адресов команд программы на конкретное положение в памяти при загрузке или во время выполнения программы.

dynamic scope динамический контекст, контекст использования □ Соответствие между именами и переменными в некоторой точке программы, определяемое ходом выполнения программы. В динамический контекст вызванной процедуры или функции включаются переменные, описанные в вызвавшей процедуре; поэтому соответствие между именем и объектом может быть разным при вызове одной и той же процедуры из разных мест. Динамический контекст используется в интерпретируемых языках и языках функционального программирования; является основным способом организации контекста в языке Лисп. *Ср.* static scope

E

EA *см.* effective address

EBCDIC (extended binary-coded decimal interchange code) расширенный двоично-десятичный код обмена информацией □

EBNF

Восьмиразрядный код для представления текстовых данных, используемый в основном на ЭВМ серий IBM/360 и /370 и совместимых с ними.

EBNF см. extended Backus-Naur form

echo эхо □ Отображение нажимаемых на клавиатуре терминала клавиш соответствующими символами на экране дисплея.

ECMA (European Computer Manufacturers' Association) Европейская ассоциация производителей ЭВМ □ Ассоциация ECMA разрабатывает стандарты, соблюдаемые большинством фирм, выпускающих ЭВМ и программное обеспечение.

ED см. editor

edge ребро □ (Неориентированная) связь между двумя вершинами дерева. См. тж. arc (directed edge, multiple edges)

edit 1. редактировать. См. тж. editing 2. компоновать, связывать. См. link

editing редактирование □ 1. Редактирование текста — перемещение, удаление и изменение его фрагментов, ввод нового текста и изменение формата. 2. Преобразование данных к виду, требуемому для их дальнейшего использования — изменение формата представления, удаление и вставка разделителей и пр.

editing character символ управления форматом

editing key клавиша редактирования .□ 1. Управляющая клавиша, задающая команду редактирования экранному редактору. 2. Управляющая клавиша, используемая для исправления вводимой строки: отменить последнюю введённую литеру, отменить всю ранее введённую строку и пр.

editing statement 1. команда редактирования 2. оператор определения формата

editing terminal редакторский терминал, АРМ подготовки текстов □ Интеллектуальный терминал для систем подготовки текстов на базе большой ЭВМ, имеющий собственную память и встроенные функции для работы с текстами: перемещение по словам, предложениям и абзацам, выделение, удаление и перемещение фрагментов текста. Редакторский терминал может также иметь автономные средства для записи информации на гибкий диск и для черновой печати.

editor редактор, программа редактирования (context editor, full-screen editor, graphics editor, line editor, linkage editor, link editor, program editor, screen editor, source editor, syntax-oriented editor, text editor)

edit session сеанс редактирования □ Цикл работы пользователя с текстовым редактором от загрузки текстового файла до сохранения отредактированной версии.

EDP (Electronic Data Processing) обработка данных с помощью ЭВМ, применение ЭВМ

EDP center вычислительный центр

EDSAC (Electronic Delay Storage Automatic Calculator) ЭДСАК, автоматический вычислитель на электронных линиях задержки □ Вторая в истории реально работавшая ЭВМ с хранимой программой. См. тж. EDVAC, Mark I

EDT см. editor

EDVAC (Electronic Discrete Variable Automatic Calculator)

ELECTROSTATIC

E

ЭДВАК, автоматический электронный вычислитель дискретных величин □ ЭВМ, разработанная в 1944—1950 гг. под руководством фон Неймана. Третья в истории реально работавшая ЭВМ с х р а н и м о й п р о г р а м м о й, явившаяся прототипом всех разработанных в дальнейшем ЭВМ. *См. тж.* EDSAC, **Mark I**

EEPROM *см.* **electrically erasable programmable read-only memory**

effective address исполнительный адрес □ Адрес, вычисленный в соответствии с указанным в команде с п о с о б о м а д р е с а ц и и.

effective time полезное время. *См.* **productive time**

EGA (Enhanced Graphics Adapter) усовершенствованный графический адаптер □ Дисплейный адаптер для ПЭВМ, совместимых с IBM PC, обеспечивающий разрешение 640 на 350 точек с 16 цветами.

egoless programming безличное программирование □ Технология программирования, при которой все члены группы разработчиков знакомы с каждой подпрограммой разрабатываемой системы и отвечают за правильность работы каждого компонента системы вне зависимости от того, кто именно составлял и отлаживал соответствующий код.

eigenvalue собственное значение *(оператора, матрицы)*

eigenvector собственный вектор

eight's complement (точное) дополнение до восьми. *См. тж.* **radix complement**

either-way circuit полудуплексный канал. *См.* **half-duplex circuit**

elaboration 1. выполнение описаний □ В языке Ада — отведение памяти для переменных и присвоение им начальных значений при входе в процедуру или блок. 2. детальная разработка

elapsed time (астрономическое) время счёта □ Время от начала выполнения задачи до её завершения или до текущего момента. *Ср.* **CPU time**

electrically erasable programmable read-only memory (EEPROM) электрически стираемое программируемое постоянное запоминающее устройство, ЭСППЗУ □ Полупроводниковое ПЗУ, содержимое которого можно многократно изменять, стирая старые данные и записывая новые с помощью специального устройства — п р о г р а м м а т о р а.

electronic document электронный документ; электронный текст □ Совокупность данных в памяти вычислительной системы, предназначенная для восприятия человеком с помощью соответствующих программных и аппаратных средств. Электронный документ может включать текстовую, графическую и звуковую информацию, иметь нелинейную структуру; различные пользователи могут просматривать его в различной форме и изменять его.

electronic mail электронная почта □ Средства пересылки и хранения сообщений между пользователями сети ЭВМ.

electrostatic plotter электростатический графопостроитель □ Растровый графопостроитель, в котором изображение переносится на поверхность бумаги или прозрачной плёнки с помощью электростатического заряда, соответствующего выводимому изображению. Электростатические графопостроители обеспечивают разрешение до 150 точек на сантиметр и позволяют вывод цветных изображений.

electrostatic printer электростатическое печатающее устройство

electrothermal printer устройство термопечати, устройство термографической печати. *См.* thermal printer

eligible готовый продолжать. *См. тж.* ready(-to-run) task

elimination factor коэффициент неполноты поиска ☐ В информационно-поисковых системах — отношение числа не найденных записей к общему числу записей в файле.

elite face печать с плотностью 12 символов на дюйм. *Ср.* pica face

ellipsis эллипсис. ☐ Опущение подразумеваемого члена предложения.

embedded 1. вложенный ☐ О конструкции программы, являющейся частью другой конструкции. 2. встроенный ☐ Об оборудовании, используемом в составе другого оборудования.

embedded computer встроенная ЭВМ ☐ ЭВМ, используемая как узел устройства для управления или обработки измерений.

embedded interpreter встроенный интерпретатор

embedded loops вложенные циклы, кратные циклы

embedded pointer встроенный указатель ☐ Указатель, хранимый непосредственно в записи данных, а не в отдельном индексе или списке.

embedded procedures вложенные процедуры

embedded scopes вложенные контексты ☐ В языках с блочной структурой область видимости идентификатора, описанного в некотором блоке, включает все блоки, вложенные в данный. Таким образом, области видимости (контексты) образуют вложенную структуру. *См. тж.* scope

embedded software «встроенное» программное обеспечение ☐ Программное обеспечение (обычно в ПЗУ) для процессора, работающего в составе некоторого устройства

embedding объемлющий. *См.* enclosing

emergency аварийная ситуация, авария

empty loop пустой цикл ☐ Цикл, в котором не выполняется никаких действий.

empty set пустое множество ☐ Множество, не содержащее ни одного элемента.

empty string пустая строка ☐ Строка нулевой длины.

emulate эмулировать. *См. тж.* emulation

emulation эмуляция ☐ Выполнение вычислительной машиной программ, записанных в системе команд другой ЭВМ.

emulator эмулятор ☐ 1. Аппаратные или микропрограммные средства для выполнения программ, записанных в системе команд другой ЭВМ. 2. Программа, выполняющая функции, обычно реализуемые некоторым внешним устройством. (in-circuit emulator, terminal emulator)

enable разрешать; разблокировать; включать

enabled interrupt разрешённое прерывание, немаскированное прерывание. *Ср.* disabled interrupt

enabling a line включение линии связи

encapsulated type скрытый тип (данных) □ Тип данных, описание представления которого скрыто от пользователя.

encapsulation 1. инкапсуляция □ Скрытие описания реализации объекта (например, модуля программы, типа данных) от использующих его модулей. 2. оформление пакета □ При передаче между сетями, использующими разные протоколы,— добавление к пакету дополнительной управляющей информации.

encipher шифровать

enclosing объемлющий □ О программной конструкции, в состав которой входит данная.

enclosing scope объемлющий контекст

encode (за)кодировать □ 1. Преобразовывать данные в форму, в которой они хранятся или передаются. 2. Выполнять операцию, обратную операции декодировать. *Ср.* decode

encryption шифрование (block encryption, stream encryption)

encryption key ключ шифрования

end 1. конец □ Служебное слово, указывающее на конец программной конструкции (составного оператора или элемента описаний). 2. завершение, конец (*выполнения процесса*)

end-around borrow циклический отрицательный перенос, циклический заём. *См. тж.* borrow

end-around carry циклический перенос, круговой перенос □ При сложении отрицательных чисел в дополнительном коде — перенос из самого старшего разряда в самый младший.

end-around shift циклический сдвиг. *См.* circular shift

end of file конец файла; признак конца файла. *См. тж.* EOF

end-of-tape marker маркер конца ленты □ Физическая метка, указывающая конец доступной для записи поверхности магнитной ленты.

end of volume конец тома; признак конца тома

end user конечный пользователь □ Человек или организация, применяющие ЭВМ для решения собственных задач.

engineering разработка, проектирование (*как область знаний*) (computer-aided engineering, human engineering, knowledge engineering, software engineering)

engineering time 1. время технического обслуживания, инженерное время 2. цикл разработки (*вычислительной системы*)

enhanced улучшенный; усовершенствованный

enhancement 1. расширение □ Аппаратное или программное средство, обеспечивающее дополнительные возможности. 2. усовершенствование

ENQ *см.* enquiry character

enqueue ставить в очередь. *Ср.* dequeue

enquiry запрос □ Элементарное обращение к системе управления базой данных или информационно-поисковой системе.

enquiry character символ запроса □ Управляющий символ протокола связи. В кодировке ASCII представлен числом 5.

enter 1. вводить данные 2. входить □ Начинать выполнение программы или подпрограммы. 3. включать (*в список*)

enterprise data base 1. база данных предприятия 2. база данных предметной области

entity сущность, объект □ Логически целостный элемент предметной области, информация о котором хранится в базе данных. (regular entity, weak entity)

entity identifier идентификатор объекта □ Элемент данных, однозначно определяющий объект внутри системы. В сетевых базах данных соответствующее понятие называется ключ базы данных, в иерархических базах данных — ISN, в расширенной реляционной модели — внешний ключ или суррогат, в языках программирования — указатель.

entity relationship связь сущностей

entry 1. элемент (каталога, списка, таблицы); статья (словаря) 2. вход; точка входа □ Начало выполнения программы или процедуры. 3. ввод данных 4. статья □ Элемент описания структуры данных в программе на языке КОБОЛ. (batch entry, data entry, index entry, on-line entry, remote batch entry, remote job entry)

entry conditions начальные условия; предусловия □ Условия, которые выполняются или должны выполняться в момент начала выполнения (под)программы.

entry instruction точка входа □ Команда, с которой начинается выполнение программы или процедуры.

entry label имя (точки) входа. См. entry name

entry name имя (точки) входа □ Символическое имя, соответствующее адресу точки входа.

entry point точка входа, адрес (точки) входа □ Адрес команды или сама команда, с которой начинается выполнение программы или процедуры.

entry time момент входа

enumerated type перечислимый тип □ Тип данных, заданных списком принадлежащих ему значений.

enumeration 1. перечисление 2. перечислимый тип. См. enumerated type

envelope конверт □ При передаче данных — дополнительные управляющие биты, обрамляющие информационные биты кадра сообщения. (start-stop envelope, test envelope)

environment 1. среда, условия (работы) □ Программные средства, с которыми взаимодействует программа, и аппаратура, на которой она выполняется. 2. операционная среда. См. user environment 3. состояние, контекст □ Значения регистров и переменных программы, сохраняемые и восстанавливаемые при выполнении подпрограммы или при обработке прерывания. 4. условия эксплуатации 5. (командная) среда. См. command environment (command environment, execution environment, external environment, hardware environment, integrated environment, interactive environment, programming environment, real-time environment, run-time environment, software-development environment, software environment, user environment)

environment division раздел окружения □ В языке КОБОЛ — часть программы, описывающая соответствие логических записей и структуры физических файлов, ЭВМ, на которой транслируется программа, и ЭВМ, на которой должна выполняться рабочая программа.

EOF (end of file) «конец файла» □ Управляющий символ, указывающий конец текстового файла. В коде ASCII представлен числом 26.

EOT 1. (end of transmission) управляющий символ «конец

передачи» □ В коде ASCII представлен числом 4. 2. *см.* end-of-tape marker

EOV *см.* end of volume

EPROM *см.* erasable programmable read-only memory

EQ *см.* equal

equal 1. равняться, быть равным 2. равный

equality равенство

equate приравнивать, устанавливать равенство

equation уравнение

equivalence эквивалентность □ 1. Логическая операция: A эквивалентно B тогда и только тогда, когда A и B одновременно истинны или одновременно ложны. 2. В языке ФОРТРАН — расположение нескольких переменных в одном и том же месте памяти.

ERA *см.* erase character

erasable programmable read-only memory (EPROM) программируемое постоянное запоминающее устройство, ППЗУ □ ПЗУ содержимое которого можно многократно изменять, стирая старые данные ультрафиолетовым облучением или электрическим способом и записывая новые с помощью специального устройства — п р о г р а м м а т о р а.

erase стирать, удалять, уничтожать □ Операция, делающая логически или физически недоступными файл, фрагмент текста, запись на магнитном носителе, группу данных.

erase character символ стирания, символ удаления

Eratosthenes sieve решето Эратосфена □ Алгоритм поиска простых чисел, обычно используемый для оценки быстродействия ЭВМ.

E-register *см.* extension register

err *см.* error

error 1. ошибка. *См. тж.* bug, fault 2. погрешность (absolute error, altering error, common error, compile-time error, data error, fatal error, framing error, hard error, hardware error, inherited error, intermittent error, marginal error, operator error, parity error, propagated error, recoverable error, relative error, resolution error, rounding error, round-off error, seek error, select error, semantic error, sequence error, severe error, soft error, software error, spelling error, syntactical error, syntax error, temporary error, timing error, transient error, truncation error, unrecoverable error)

error burst пакет ошибок □ При передаче данных — группа ошибок, воспринимаемая как единая ошибочная последовательность (например, группа ошибок, в которой последовательные ошибочные элементы отделены менее чем тремя безошибочными).

error-checking code код с обнаружением ошибок

error code код ошибки □ Сообщение об ошибке в виде числа.

error condition особая ситуация, исключительная ситуация *См.* exception

error-correcting code код с исправлением ошибок

error-correcting compiler транслятор с автоматическим исправлением ошибок

error-detecting code код с обнаружением ошибок

error diagnostics сообщения об ошибках

ERROR

error flag признак ошибки

error interrupt 1. прерывание обработки ошибки 2. прерывание в результате ошибки

error log журнал ошибок, файл регистрации ошибок □ Файл, в который система записывает информацию о сбоях.

error message сообщение об ошибке

error-prone подверженный ошибкам, способствующий появлению ошибок

error propagation распространение ошибки. *См. тж.* propagated error

error protection защита от ошибок □ Действия для проверки правильности выполнения предыдущих операций; контроль допустимости значений аргументов при входе в процедуру.

error rate частота (появления) ошибок

error recovery восстановление при ошибках □ Способность продолжать работу после обнаружения ошибки.

error routine программа обработки ошибок

ESC *см.* escape character

escape 1. переход □ При передаче данных — изменение интерпретации передаваемых кодов: начало или конец у п р а в л я ю щ е й   п о с л е д о в а т е л ь н о с т и   или переход к другому алфавиту. 2. выход. □ Завершение выполнения блока программы или работы в некотором режиме. (locking escape, nonlocking escape)

escape character 1. символ начала управляющей последовательности □ Управляющий символ, указывающий, что следующие за ним символы должны интерпретироваться как команда для выводного или принимающего устройства. В коде ASCII представлен числом 27. 2. спецсимвол □ Символ, указывающий, что следующий символ должен интерпретироваться как литера. Используется для задания управляющих символов в с т р о к о в ы х   к о н с т а н т а х.

escape code управляющий код. *См. тж.* escape character

escape from N levels выход из N уровней вложенности

escape key клавиша выхода □ Управляющая клавиша, используемая для выхода из текущего режима работы.

escape sequence управляющая последовательность □ Последовательность символов, используемая для управления выводным устройством.

estimate 1. оценка □ Приближённое определение значения некоторой величины, выполняемое до точного вычисления её или зависящих от неё величин. 2. оценивать

estimator оценочная функция

ETB (end-of-transmission block) управляющий символ конца передачи блока □ В коде ASCII представлен числом 23.

Ethernet □ Локальная сеть на основе протокола CSMA/CD, разработанная в Xerox PARC и принятая в качестве стандарта изготовителями микроЭВМ.

ETX (end of text) символ «конец текста» □ Управляющий символ, указывающий на конец передаваемой информации. В коде ASCII представлен числом 3.

evaluate 1. вычислять (*значение выражения*) 2. иметь значение 3. оценивать □ Проверять соответствие предъявленным требованиям.

evaluation function оценочная функция ☐ При поиске в пространстве состояний (например, в играх) — функция, используемая для оценки возможных вариантов продолжения и выбора оптимального. варианта.

even 1. чётный 2. равномерный

even parity проверка на чётность ☐ К о н т р о л ь ч ё т - н о с т и, при котором контрольный разряд равен сумме по модулю 2 информационных разрядов. При этом общее число единичных разрядов чётно. *Ср.* **odd parity**

event событие ☐ Условие, выполнение которого должно или может вызывать определённую реакцию программы или операционной системы (например, получение сообщения, завершение обмена, выдача сигнала). (file event, interrupt event, overlapping events, significant event)

event-driven управляемый прерываниями, по прерываниям. *См.* **interrupt-driven**

event flag признак (наступления) события ☐ В некоторых операционных системах (например, RSX-11) — низкоуровневое средство синхронизации процессов, являющееся разновидностью с е м а ф о р а.

event input mode ввод с очередями, ввод с буферизацией ☐ В машинной графике — способ организации взаимодействия с вводным устройством, при котором внешнее устройство независимо от программы выдаёт данные, а программа буферизует их до фактической обработки. *Ср.* **request input mode, sample input mode**

event trapping обработка прерываний; обработка событий по прерываниям

evolutionary system развивающаяся система

exception особая ситуация, исключительная ситуация ☐ Условия (обычно обнаружение ошибки), требующие прерывания нормальной последовательности выполнения программы.

exception condition особая ситуация, исключительная ситуация. *См.* **exception**

exception handler программа реакции на особую ситуацию, обработчик особой ситуации ☐ Программа, автоматически вызываемая при возникновении о с о б о й с и т у а ц и и.

exception handling реакция на особую ситуацию; обработка особых ситуаций, обработка ошибок

exchange 1. перестановка *(двух элементов)* 2. обмен *(информацией)* 3. смена, замена

exchangeable disk съёмный диск, сменный диск. *Ср.* **fixed disk, Winchester disk**

exclusive OR исключающее ИЛИ. *См.* **XOR**

exclusive segments взаимоисключающие сегменты ☐ С е г - м е н т ы п е р е к р ы т и й, которые не могут находиться в оперативной памяти одновременно.

exclusive usage mode монопольный режим

EXE *см.* **execute**

execute выполнять *(программу, команду)*

execute only program программа без исходных текстов

execution выполнение *(программы, команды)* (collateral execution, concurrent execution, direct execution, interpretive execution, reverse execution)

EXECUTE

execution environment условия выполнения программы, среда выполнения программы

execution time 1. время счёта. *См. тж.* CPU time, elapsed time **2.** время выполнения.

executive 1. диспетчер; управляющая программа. *См.* supervisor **2.** операционная система. *См.* operating system (real-time executive, resident executive, time-sharing executive)

executive directive обращение к операционной системе, операция операционной системы. *См.* supervisor call

executive instruction команда операционной системы ☐ Привилегированная команда, которая может выполняться только в режиме операционной системы.

executive mode привилегированный режим, режим операционной системы ☐ Режим работы процессора, в котором разрешено выполнение всех или части привилегированных команд.

executive resident резидент операционной системы ☐ Часть операционной системы, постоянно находящаяся в оперативной памяти.

executive supervisor управляющая программа операционной системы; операционная система. *См. тж.* operating system, supervisor

executive system операционная система. *См.* operating system

executive system utility системная сервисная программа

EXE file загрузочный модуль, файл типа EXE. *См. тж.* load module

exerciser программа тестирования; система тестирования

exhausted argument исчерпанный параметр ☐ При переборе с возвратами в языке Пролог — параметр, все варианты значения которого проанализированы.

exhaustive search полный перебор

exit 1. выход ☐ Завершение выполнения (под)программы или цикла. **2.** выходить

exit conditions 1. условия выхода *(из цикла)* **2.** постусловия. ☐ Условия, выполняющиеся после выхода из подпрограммы.

exjunction исключающее ИЛИ. *См.* XOR

expand расширять ☐ Увеличивать возможности программы или вычислительной системы, вводя в неё дополнительные компоненты.

expansion bus шина расширения ☐ Шина для подключения дополнительных устройств.

expert system экспертная система ☐ Прикладная система искусственного интеллекта, включающая базу знаний,— набор взаимосвязанных правил, формализующих опыт специалистов в некоторой области, и механизм вывода, позволяющий на основании правил и предоставляемых пользователем фактов распознать ситуацию, поставить диагноз или дать рекомендацию для выбора действия.

explanation facilities средства обоснования, средства объяснения ☐ Средства экспертной системы, позволяющие пользователю получить информацию о фактах и правилах, использованных при выводе некоторого утверждения.

explicit явный, явно заданный

exploded view покомпонентное изображение, изображение по частям

exponent 1. порядок □ Часть представления числа с плавающей запятой, указывающая положение запятой. 2. степень, показатель степени

exported экспортируемый □ О переменной, константе, типе, процедуре или другом программном объекте, которые определены в данном модуле и могут быть использованы в других модулях. *Ср.* imported

export list список экспорта □ В описании модуля — список определённых в данном модуле имён, которые могут быть использованы в других модулях.

expression выражение □ Элемент программы, вырабатывающий значение. *См. тж.* statement (absolute expression, arithmetic expression, Boolean expression, constant expression, logical expression, regular expression, static expression)

extended ASCII расширенный код ASCII □ Восьмиразрядный код для представления текстовой информации, совпадающий с кодом ASCII для символов с кодами от 32 до 127. *См. тж.* ASCII

extended Backus-Naur form расширенная форма Бекуса — Наура, расширенная БНФ □ Способ описания грамматик для определения синтаксиса языков программирования. Расширенная БНФ отличается от БНФ более удобными средствами записи повторяющихся и необязательных компонент.

extended-precision с повышенной точностью □ О числах, представляемых несколькими машинными словами, и об арифметических операциях над ними.

extensible расширяемый, открытый □ О системе, допускающей введение новых компонент или конструкций, которые в дальнейшем могут использоваться так же, как встроенные.

extensible addressing адресация с расширяемым адресом, расширенная адресация □ Способ указания объекта в сети ЭВМ, при котором адреса могут иметь различную длину, что позволяет неограниченно добавлять адресуемые элементы и отражать их структуру. *Ср.* fixed-length addressing. *См. тж.* hierarchical addressing

extensible language расширяемый язык □ Язык, допускающий определение новых к о н с т р у к ц и й.

extensible notation расширяемая нотация

extensible syntax расширяемый синтаксис

extension register регистр расширения; регистр младших разрядов *(при умножении чисел с плавающей запятой)*; регистр старших разрядов *(при умножении целых чисел)* □ Дополнительный регистр арифметического устройства, используемый для размещения результата умножения.

extent 1. экстент □ Непрерывная область на диске. 2. диапазон; протяжённость

external arithmetic (дополнительный) арифметический процессор

external decimal неупакованное десятичное (число). *См. тж.* unpacked decimal representation external delay простой по внешней причине

external environment условия эксплуатации

external file внешний файл □ В языке Паскаль - - переменная типа файл, связанная с некоторым файлом операционной системы. *Ср.* internal file

external fragmentation (внешняя) фрагментация. *См. тж.* fragmentation

external interrupt внешнее прерывание; прерывание от внешнего устройства

external key внешний ключ □ В реляционных базах данных -- недоступный пользователю системный атрибут, уникально идентифицирующий кортеж. *См. тж.* entity identifier

external label внешняя метка □ Метка, определённая в другом модуле программы.

external memory внешняя память, внешнее запоминающее устройство. *См.* backing storage

external name внешнее имя. *См. тж.* external symbol

external performance фактическое быстродействие □ Быстродействие с точки зрения прикладной программы, определяемое быстродействием процессора и периферийных устройств, накладными расходами операционной системы и системы программирования. *Ср.* internal performance.

external reference внешняя ссылка □ Использование внешнего имени. *См. тж.* external symbol

external representation представление □ Представление данных в форме, пригодной для прочтения человеком.

external schema внешняя схема □ С х е м а, описывающая базу данных или её часть с точки зрения прикладной программы или пользователя.

external sort внешняя сортировка □ Сортировка с применением внешних запоминающих устройств. *Ср.* internal sort

external specification внешние спецификации. *См. тж.* specification

external storage внешняя память, внешнее запоминающее устройство. *См.* backing storage

external symbol внешний символ □ Имя или метка, определённые в другом модуле программы и значение которых определяется при к о м п о н о в к е.

external symbol dictionary словарь внешних символов □ Часть объектного или загрузочного модуля, описывающая определённые или использованные в нём в н е ш н и е с и м в о л ы.

extract 1. выделять (*например, часть машинного слова для последующих операций*) 2. выбирать, извлекать (*часть записей файла*)

F

face 1. начертание шрифта. *См.* type face 2. очко (*литеры на шрифтоносителе*)

face-change character символ смены начертания шрифта □ Управляющий символ печатающего устройства, указывающий

вариант н а ч е р т а н и я ш р и ф т а для печати последующих символов.

facility 1. (чаще *pl*) средства 2. линия связи

facsimile 1. факсимиле 2. факсимильная связь

factor 1. коэффициент; множитель 2. фактор 3. разлагать
на множители (blocking factor, elimination factor, loading
factor, relocation factor, scale factor, scaling factor)

factorization 1. разложение на множители; вынесение за
скобки 2. факторизация

fail 1. отказывать; выходить из строя 2. выдавать «неуспех»
(*о процессе решения подзадачи при переборе с возвратами*) 3. не
выполняться (*о логическом условии*); быть ложным (*об утверж-
дении*)

fail-safe system ошибкоустойчивая система, отказоустойчивая система □ Система, сохраняющая полную работоспособность при сбое или ошибке.

fail-soft system система с амортизацией отказов □ Система,
способная сохранять частичную работоспособность при сбое
или выходе из строя части оборудования.

failure отказ; выход из строя; сбой; фатальная ошибка *См.*
тж. fatal error, fault

failure access обращение в результате сбоя

failback переход на аварийный режим □ Изменение режима
работы или изменение конфигурации системы для нейтрализа-
ции неисправности.

false 1. ложный 2. «ложь» (*логическое значение*)

falsehood ложность

family семейство □ 1. Совокупность объектов, имеющих общие черты. 2. Совокупность продуктов или средств, частично
совместимых между собой: ЭВМ, операционных систем, языков
программирования.

far plane задняя плоскость □ В машинной графике —
плоскость, ограничивающая о т о б р а ж а е м ы й о б ъ-
ё м со стороны, удалённой от точки наблюдения. *Ср.* near
plane

fast Fourier transform (FFT) быстрое преобразование Фурье,
БПФ

fatal error фатальная ошибка □ Ошибка, при которой невозможно продолжение выполнения программы.

father file исходная версия (основного) файла; исходный
файл. *См. тж.* file updating

father node родительская вершина. *См.* parent node

father tape исходная лента

fault ошибка; отказ; неисправность □ Частичная или полная
потеря работоспособности или неправильное функционирование.
Термин "fault" подразумевает проявление ошибки, а "error" —
причину ошибки.

fault simulator имитатор ошибок

fault-tolerant system ошибкоустойчивая система, отказоуетой-
чивая система □ Система, способная сохранять работоспособность после сбоя, ошибки или выхода из строя части оборудования. *См. тж.* fail-safe system, fail-soft system

fax *см.* facsimile

FC *см.* font-change character

FDB *см.* file description block

feature extraction выделение признаков (*в распознавании образов*)

feed 1. подача ☐ Перемещение бумаги в печатающем устройстве, перфоленты или перфокарт в считывателе или перфораторе. 2. устройство подачи 3. подавать (card feed, cut form feed, cut sheet feed, form feed, friction feed, line feed, paper feed, sheet feed, sprocket feed, tractor feed)

feeder устройство подачи. *См. тж.* feed

feed pitch интервал строк

fetch выбирать ☐ Находить и считывать элемент данных или программы из внешней памяти в оперативную или из оперативной памяти в регистр процессора.

fetch cycle цикл выборки ☐ Шаг обработки команды процессором, в течение которой операнд или команда считывается из оперативной памяти в регистр процессора.

fetch time время выборки, время считывания

FF *см.* form feed

FFT *см.* fast Fourier transform

FIB *см.* file identification block

Fibonacci numbers числа Фибоначчи, последовательность Фибоначчи ☐ Последовательность, в которой каждое число, начиная с третьего, является суммой двух предыдущих.

Fibonacci search поиск делением по числам Фибоначчи ☐ Метод поиска, отличающийся от метода двоичного поиска тем, что область поиска делится в точках, являющихся ч и с л а м и Ф и б о н а ч ч и.

field поле ☐ 1. Поименованная часть структуры данных или записи; э л е м е н т д а н н ы х. 2. Часть экрана, бланка, печатного документа или н о с и т е л я д а н н ы х, предназначенная для определённого использования. 3. Часть сообщения, группа разрядов машинной команды или машинного слова, обрабатываемые отдельно. (address field, alphanumeric field, argument field, character field, data field, derived field, destination field, display field, fixed-length field, flag field, instruction field, key field, label field, numeric field, operand field, operation field, protected field, signed field, source field, tag field, unprotected field, variable field, variable-length field, variant field)

field engineer наладчик ☐ Специалист, ремонтирующий или устанавливающий оборудование, проданное фирмой.

field extractor операция выборки значения поля записи

field mark метка поля, ограничитель поля. *См. тж.* field 3.

field selection выбор поля, выделение поля. *См. тж.* field 2.

FIFO *см.* first-in, first-out

FIFO algorithm последовательный алгоритм, алгоритм типа «первым пришёл — первым вышел»

FIFO list (простая) очередь. *См.* queue

FIFO processing обработка в порядке поступления

FIFO queue (простая) очередь. *См.* queue

fifth-generation computer ЭВМ пятого поколения. *См. тж.* computer generation, fifth-generation project

fifth-generation project проект ЭВМ пятого поколения ☐ Японская государственная программа разработки ЭВМ нового типа. Проект предполагает интегрированную разработку аппаратуры и программного обеспечения, аппаратную поддержку методов логического программирования для искусственного интеллекта, аппаратную поддержку систем управления базами данных и базами знаний, применение сверхбольших интегральных схем (СБИС) и большого числа элементарных процессоров, развитые средства обработки и синтеза звука и изображений, применение естественного языка.

figure цифра

file файл □ 1. Последовательность или множество однотипных записей. 2. Поименованная целостная совокупность данных на внешнем носителе. (accounting file, active file, amendments file, archived file, backup file, batch file, chained file, change file, command file, contiguous file, data file, dead file, destination file, detail file, differential file, direct-access file, direct file, disk file, display file, EXE file, external file, father file, fixed-length record file, flat file, fully inverted file, image file, indexed file, index file, indirect file, input file, internal file, inverted file, job file, journal file, link file, locked file, many-reel file, master file, multi-reel file, multivolume file, object file, output file, profile file, protected file, random file, register file, relative file, remote file, segment display file, segment file, sequential file, shareable file, shareable image file, son file, source file, special file, spool file, swapping file, tape file, temporary file, text file, threaded file, transactions file, update file, virtual file, volatile file, work file)

file addressing метод доступа. *См.* access method

file allocation размещение (записей) файла □ Выделение файловой системой пространства на внешнем устройстве для записи файла.

file attribute атрибут файла □ Характеристика, описывающая файл: имя, размер, метод доступа, длина записи и др.

file description block (FDB) блок описания файла □ Структура данных, содержащая а т р и б у т ы ф а й л а и указываемая как параметр при обращении к нему.

file device файловое устройство, устройство с файловой структурой □ Внешнее запоминающее устройство, данные на котором организованы в виде файлов.

file directory каталог файлов. *См. тж.* directory

file disposition диспозиция □ Параметр закрытия файла, определяющий действия, выполняемые над файлом после его закрытия: удаление, вывод на печать, сохранение.

file event обращение к файлу; транзакция, обработка запроса

file identification block (FIB) блок определения файла. *См. тж.* file description block

file label метка файла □ Управляющая запись в начале файла на магнитной ленте, содержащая его имя и атрибуты.

file locking захват файла □ В многозадачных системах и локальных сетях — средство повышения надёжности файловой системы, позволяющее запретить обращение к одному файлу от нескольких задач одновременно. При открытии одной задачей файл или его часть становятся временно недоступными для других задач. *См. тж.* record locking

file maintenance сопровождение файла ☐ Периодическое создание р е з е р в н ы х к о п и й и реорганизация о с н о в-н о г о ф а й л а для обеспечения более эффективного поиска и внесения изменений.

file manager файловая система. *См.* file system

file name имя файла

file organization организация файла ☐ 1. Метод доступа, применимый к данному файлу. 2. Физическое представление записей файла и их расположение на внешнем устройстве.

file overflow area область переполнения ☐ В файловых системах со статическим распределением дискового пространства — область диска, в которую помещаются записи файла после заполнения первоначально выделенного для него пространства.

file protection 1. защита файла ☐ Аппаратные или программные средства для предотвращения внесения изменений в файл. 2. атрибуты защиты ☐ А т р и б у т ы ф а й л а, указывающие операции, разрешённые над файлом для различных групп пользователей.

file qualifier управляющий параметр файла, ключ файла ☐ В командных языках операционных систем фирмы DEC — подпараметр командной строки, относящийся к одному файлу.

filer 1. файловая система. *См.* file system 2. сервисная программа работы с файлами

file security защита файла, ограничение доступа к файлу ☐ Программные средства, предотвращающие несанкционированный доступ к информации в файле.

file server файловая станция, файловый процессор ☐ Специализированный узел локальной сети, управляющий внешними запоминающими устройствами большой ёмкости и обеспечивающий хранение общих файлов и доступ к ним для других узлов сети.

file store файловая система; файловая память ☐ Часть внешних устройств и программ операционной системы, обеспечивающая хранение данных и программ в виде файлов, в отличие от внешних устройств, используемых системой управления виртуальной памятью.

file system файловая система ☐ 1. Часть операционной системы, обеспечивающая выполнение операций над файлами. 2. В операционной системе UNIX — файлы, каталоги и управляющая информация, записанные на диске. В системе UNIX понятию «файловая система» соответствуют оба толкования.

file updating ведение файла ☐ Внесение рабочих изменений в файл, содержащий информацию о предметной области. Информация хранится в о с н о в н о м ф а й л е, изменения описываются файлом изменений. На основании и с х о д н о й в е р с и и ф а й л а и файла изменений создаётся н о в а я в е р с и я ф а й л а. Исходная и новая версии могут сохраняться под разными номерами версий. *См. тж.* father file, son file

file variable файловая переменная, переменная типа файл

filing запись в файл, занесение в файл; учёт

fill 1. заполнение, роспись. *См. тж.* character fill 2. закрашивание, закраска ☐ В машинной графике — заполнение связной области одним цветом или шаблоном. 3. заполнять, расписывать 4. закрашивать (boundary fill, character fill, memory fill, zero fill)

fill-area attribute атрибут закрашивания □ В машинной графике — параметры з а к р а ш и в а н и я участка поверхности: цвет, шаблон и способ выделения границ.

fill character символ-заполнитель □ Символ, заполняющий незначащие позиции внутри записи. *См. тж.* pad character

filler символ-заполнитель. *См.* fill character

filter 1. фильтр □ В операционных системах типа UNIX — программа, получающая все данные из входного потока и выводящая все результаты в выходной поток. Последовательность фильтров образует к о н в е й е р. 2. фильтр, шлюз □ Средства, обеспечивающие связь двух однотипных локальных сетей. Фильтр выполняет приём пакетов из одной локальной сети, их буферизацию и пересылку в другую локальную сеть. *См. тж.* bridge, gateway

finding факт, заключение □ В экспертных системах — промежуточный вывод, полученный на основе базы знаний и заданной пользователем информации.

fine index детальный индекс, вторичный индекс. *См.* secondary index

finite-difference method метод конечных разностей, конечноразностный метод.

finite-element method проекционный метод, проекционно-разностный метод

finite set конечное множество

finite-state automaton конечный автомат □ Автомат с конечным числом состояний. *См. тж.* automaton

finite-state grammar грамматика с конечным числом состояний, автоматная грамматика, регулярная грамматика. *См.* regular grammar

finite-state machine конечный автомат. *См.* finite-state automaton

FINUFO (First-In-Not-Used-First-Out) метод FINUFO. *См. тж.* least recently used removal

firmware 1. микропрограммное обеспечение, микропрограммы 2. программа, записанная в ПЗУ, «зашитая программа» 3. микропрограммный

first fit метод первого подходящего □ Метод распределения памяти, при котором по запросу на блок памяти выделяется первый блок в списке свободной памяти, размер которого больше или равен запрошенному. *Ср.* best fit

first-generation computer ЭВМ первого поколения. *См. тж* computer generation

first-in, first-out (FIFO) в порядке поступления, «первым пришёл — первым вышел» □ Об алгоритмах обслуживания запросов или рассмотрения альтернатив в порядке поступления.

first-level address прямой адрес. *См.* direct address

first normal form первая нормальная форма (*отношения реляционной базы данных*) □ О т н о ш е н и е, каждое значение атрибутов которого является простым значением; прямоугольная таблица, в которой в каждой клетке размещено ровно одно значение, элементы каждого столбца относятся к одному типу и отсутствуют одинаковые строки.

first-order logic исчисление предикатов первого порядка

fix 1. исправление (*ошибки в программе или неисправности устройства*) 2. исправлять 3. фиксировать, закреплять ☐ Присваивать программе или блоку данных неизменяемое в дальнейшем положение в памяти. 4. делать резидентным

fixed 1. фиксированный ☐ Об элементе данных, положение и размер которого не меняются. 2. резидентный. *См.* resident

fixed area фиксированная область ☐ Область памяти, положение и размер которой не изменяются.

fixed disk фиксированный диск ☐ 1. Несъёмный диск. 2. Дисковое запоминающее устройство с несъёмным носителем.

fixed-form фиксированного формата. *См.* fixed-format

fixed-format фиксированного формата ☐ О представлении данных или предложений языка, при котором каждый элемент располагается в поле фиксированной длины.

fixed-head disk диск с фиксированными головками ☐ Дисковое запоминающее устройство, в котором для каждой дорожки носителя имеется отдельная головка чтения-записи; при обращении к диску головки не перемещаются.

fixed-length addressing адресация с фиксированной длиной адреса ☐ Способ указания объекта в сети ЭВМ, при котором все адреса имеют одинаковую длину. Применяется в локальных сетях с ограниченным числом равнодоступных узлов. *Ср.* extensible addressing

fixed-length field поле фиксированной длины

fixed-length record 1. запись фиксированной длины ☐ Запись файла, в котором все записи имеют одну и ту же длину. 2. запись постоянной длины ☐ Запись, длина которой не изменяется.

fixed-length record file файл с записями фиксированной длины

fixed-point number число с фиксированной запятой; целое число. *См. тж.* assumed decimal point

fixed-point representation представление чисел с фиксированной запятой ☐ Представление в виде целых чисел или чисел с п о д р а з у м е в а е м о й з а п я т о й.

fixed retention фиксированное членство. *См. тж.* retention

fixed routing фиксированная маршрутизация ☐ Метод маршрутизации пакетов или сообщений сети передачи данных, при котором решение о выборе маршрута определено заранее и не зависит от состояния сети. *Ср.* adaptive routing

flag 1. признак, флаг ☐ Одноразрядный регистр или логическая переменная, отражающие выполнение или невыполнение определённого условия. 2. разделитель кадров, ограничитель кадра. *См.* flag sequence 3. помечать, отмечать (carry flag, error flag, event flag, processor flags, zero flag)

flag bit разряд признака; признак

flag field поле признака

flag page титульный лист. *См.* banner page

flag sequence разделитель кадров, ограничитель кадра ☐ В протоколах передачи данных X. 25, SDLC и HDLC — стандартная синхронизирующая последовательность (01111110), начинающая и заканчивающая передачу к а д р а.

flashing мигание. *См.* blinking

flat addressing простая адресация ☐ Способ указания объекта в сети ЭВМ с помощью идентификатора, не имеющего внутренней структуры. *Ср.* hierarchical addressing. *См. тж* fixed-length addressing

flatbed plotter планшетный графопостроитель ☐ Графопостроитель, рисующий изображение на бумаге или плёнке, размещённой на плоской поверхности.

flat file плоский файл ☐ Файл, состоящий из записей одного типа и не содержащий указателей на другие записи; двумерный массив (таблица) элементов данных.

flat graph плоский граф ☐ Граф, который можно изобразить на плоскости таким образом, что его вершинам соответствуют разные точки и рёбра не пересекаются.

flavor объект ☐ Конструкция языка Лисп, предназначенная для объектно-ориентированного программирования.

flexible array массив с переменными границами

flexible disk гибкий диск, дискета. *См.* floppy disk

flicker (нежелательное) мерцание

flippy disk ☐ Двухсторонняя дискета, каждая сторона которой независимо используется как односторонняя дискета.

float функция, преобразующая целое число в эквивалентное число с плавающей запятой

floating-point arithmetic 1. арифметика с плавающей запятой ☐ Операции над числами в представлении с плавающей запятой. 2. процессор с плавающей запятой. *См.* floating-point processor

floating-point instruction команда операции над числами с плавающей запятой

floating-point notation запись в форме с плавающей запятой, экспоненциальный формат. *См. тж.* scientific notation

floating-point number число с плавающей запятой. *См. тж.* floating-point representation

floating-point package пакет программ для выполнения операций над числами с плавающей запятой

floating-point processor (арифметический) процессор с плавающей запятой, «плав-процессор» ☐ Сопроцессор для выполнения операций над числами с плавающей запятой. *См. тж.* coprocessor

floating-point representation представление чисел с плавающей запятой ☐ Представление чисел в виде двух полей фиксированной длины: порядка и мантиссы; мантисса содержит значащие разряды, а порядок указывает положение запятой относительно первого разряда мантиссы.

flooding лавинная маршрутизация ☐ Метод маршрутизации пакетов и сообщений сети передачи данных, при котором узел, принявший сообщение, передаёт его всем связанным с ним узлам.

floppy disk гибкий диск, дискет(а), флоппи-диск ☐ Носитель внешнего запоминающего устройства в виде диска из полимерной плёнки с магнитным покрытием, заключённого в плотный бумажный или пластмассовый конверт с прорезью для доступа головок чтения-записи. *Ср.* hard disk

FLOPS (floating-point operations per second) операций с плавающей запятой в секунду (*единица измерения скорости процессора*)

flowchart блок-схема

flowchart symbol элемент блок-схемы ☐ Графическое изображение вершины блок-схемы, форма которого указывает тип соответствующего ей действия (вычисление, проверка условия, обмен).

flow control управление потоком данных ☐ В сети передачи данных — операции для предотвращения переполнения очередей и буферов.

flow diagram блок-схема

FLX (file exchange utility) программа копирования файлов с преобразованием форматов

fmt *см.* **format**

folder папка ☐ Термин, используемый для обозначения к а т а л о г а текстовых файлов в системах, ориентированных на неподготовленного пользователя (например, в с и с т е м а х п о д г о т о в к и т е к с т о в).

font шрифт ☐ Набор литер определённого размера, стиля и начертания.

font-change character символ смены шрифта ☐ Управляющий символ печатающего устройства, указывающий шрифт для печати последующих символов.

font recticle знакоместо ☐ Прямоугольный участок поверхности вывода (экрана дисплея или бумаги), в котором размещается одна литера.

foolproof ошибкоустойчивый, защищённый от неумелого пользования ☐ О программе, которая не прекращает работать, но и не выполняет необратимых действий (например, удаления файлов) при вводе бессмысленных команд или данных.

footer нижний колонтитул. *См.* **page footer**

forbidden запрещённый, недопустимый ☐ О значении данных или команде, использование которых в данном контексте бессмысленно.

foreground 1. приоритетный ☐ О выполнении задания с большим приоритетом. 2. передний план ☐ Часть изображения, расположенная ближе к точке наблюдения и закрывающая другие его части.

foreground color цвет символа ☐ Цвет точек растра, образующих изображения литеры на экране дисплея, в отличие от цвета фона, который имеют остальные точки знакоместа.

foreground process приоритетный процесс. *Ср.* **background process**

foreground program приоритетная программа

foreign format «чужой» формат ☐ О дисках или магнитных лентах, размеченных для другой операционной системы или другого типа устройства.

foreign key внешний ключ

forest лес ☐ Совокупность деревьев; удаление корневой вершины превращает дерево в лес.

fork ветвление, порождение параллельного процесса

form 1. форма; формат 2. страница (*распечатки или печатного документа*) 3. бланк (Backus-Naur form, Backus normal form, conjctive normal form, cut form, extended Backus-Naur form, first normal form, second normal form, sentential form, third normal form)

formal parameter формальный параметр ☐ Обозначение параметра в заголовке и теле процедуры.

formal specification формальные спецификации, формальное описание□Спецификации, выраженные с помощью формально определённого **я з ы к а с п е ц и ф и к а ц и й.** Формальные спецификации могут быть использованы для автоматической проверки правильности программ и автоматической генерации тестов.

format 1. формат □ Способ расположения и представления данных в памяти, в базе данных или на внешнем носителе. 2. разметка диска, формат диска □ Способ разбиения поверхности носителя на адресуемые элементы (дорожки и сектора). 3. формат записи □ Соответствие между битами данных и изменением намагниченности поверхности носителя. 4. форматировать □ Размещать данные в соответствии с предписанным форматом. 5. размечать, форматировать □ Записывать на носитель данных метки, определяющие расположение информационных записей (блоков, секторов) и участков, не пригодных для записи, а также другую управляющую информацию. (ASCII format, binary format, data format, decimal format, disk format, foreign format, hexadecimal format, instruction format, output format, zoned format)

format character символ управления форматом

formatted capacity ёмкость (носителя данных) после разметки, полезная ёмкость. *Ср.* unformatted capacity

formatter форматер □ 1. Программа или часть системы подготовки текстов, выполняющая форматирование. *См. тж.* text formatting 2. Программа или устройство для разметки дисков *См. тж.* disk formatter

formatting 1. форматирование. *См. тж.* text formatting 2. разметка, форматирование. *См. тж.* format 5.

form feed перевод страницы; прогон страницы

form-feed character символ перевода страницы; символ прогона страницы □ Символ управления печатающим устройством. В коде ASCII представлен числом 12.

Forth Форт □ Язык программирования для микроЭВМ. Программы на языке Форт записываются в польской инверсной записи и работают со стеком. Достоинствами языка Форт являются простота реализации и неограниченная расширяемость.

FORTRAN (formula translator) ФОРТРАН □ Язык программирования, разработанный в 1956 г. и используемый, в первую очередь, для научных расчётов.

forward передавать (дальше); ретранслировать

forward-chaining вывод «от фактов к цели». *Ср.* backward-chaining *См. тж.* belief- invoked interpretation

forward-compatible совместимый снизу вверх □ О программе, работающей на старой модели ЭВМ и не использующей средств, отсутствующих в новых или разрабатываемых моделях. *См. тж.* upward compatibility

forward declaration предописание □ Частичное описание объекта программы (типа или процедуры), не определяющее его структуры или значения, но позволяющее ссылаться на него в последующих описаниях.

forward reference ссылка вперёд □ Использование идентификатора, который определяется ниже. Язык, допускающий ссылки вперёд, требует как минимум двухпроходного транслятора. *Ср.* backward reference

fount *см.* font

fourth-generation computer ЭВМ четвёртого поколения. *См. тж.* computer generation

fox message ☐ Стандартное сообщение, передаваемое для проверки работы связи и содержащее все буквы латинского алфавита: a quick brown fox jumps over the lazy dog 1234567890.

fractal curve рекурсивная кривая

fractal geometry рекурсивная геометрия ☐ Неевклидова геометрия, в которой кривые являются объектами с размерностью больше 1, а поверхности — с размерностью больше 2. Рекурсивная геометрия учитывает, что при увеличении масштаба изображения увеличивается число видимых деталей. Используется в машинной графике для задания поверхностей со сложной фактурой.

fractional part мантисса; дробная часть. *См. тж.* floating-point representation

fragmentation фрагментация ☐ В системах динамического распределения памяти — появление большого количества коротких несмежных свободных блоков; при этом система не может удовлетворить запрос на выделение длинного блока, несмотря на то, что большая часть памяти не занята. *См. тж.* internal fragmentation

frame 1. фрейм ☐ В искусственном интеллекте — единица представления знаний, описывающая понятие или объект. Фрейм состоит из ссылки на суперпонятие (родовое понятие) и описаний свойств, отличающих данный объект от суперпонятия. 2. кадр ☐ В сетях передачи данных — порция данных, передаваемая канальным уровнем сетевого взаимодействия. 3. конверт. *См.* envelope 4. кадр *(изображения)* 5. рамка ☐ В интегрированных системах типа Framework — часть структурированного документа, содержащая таблицу, график, текст или несколько вложенных рамок и отображаемая на экране дисплея в отдельном окне. 6. запись активации (activation frame, case frame, page frame, stack frame)

frame buffer буфер изображения ☐ Буфер, в котором изображение хранится в виде, готовом для вывода на экран дисплея (обычно в виде цветового растра), или в виде, полученном от устройства ввода изображений. *См. тж.* refresh buffer

frame deletion удаление кадра

frame grabber устройство ввода и регистрации кадров изображений

frame table таблица страничных блоков ☐ В операционных системах со страничной организацией виртуальной памяти — таблица, устанавливающая соответствие виртуальных и физических страниц.

Framework ☐ Интегрированная система для ПЭВМ типа IBM PC, объединяющая различные виды информации с использованием иерархии р а м о к.

framing кадровая синхронизация

framing error ошибка кадровой синхронизации

free-form свободного формата ☐ О представлении данных или предложений языка, при котором размеры и положение полей не фиксированы и определяются р а з д е л и т е л я м и. *Ср.* fixed-form

free-hand drawing режим «свободного рисования»

free-running mode режим свободного доступа □ Режим работы **виртуального терминала**, при котором два его пользователя могут одновременно иметь доступ к его структурам данных; пользователи сами должны обеспечивать предотвращение конфликтов. *Ср.* alternate mode

free space свободная память, свободное пространство памяти

free union свободное объединение □ Тип данных, переменные которого могут принимать значения нескольких типов, причём сама переменная не содержит указания на фактический тип значения.

free variable свободная переменная □ Переменная в выражении, не связанная квантором и не являющаяся параметром. *Ср.* bound variable

freeware □ Способ коммерческого распространения программного обеспечения, при котором любой пользователь может свободно скопировать и использовать программу; если пользователь находит использование программы полезным, он может послать разработчику указанную в документации сумму, после чего он считается «зарегистрированным пользователем» и имеет право на получение информации о новых версиях.

friction feed подача бумаги с помощью валика

friendly software «дружественное» программное обеспечение □ Интерактивное программное средство, обеспечивающее удобный и естественный для пользователя способ взаимодействия, защиту от ошибок и развитые средства подсказки и диалоговой документации.

front-end 1. внешний интерфейс. *См.* front-end interface 2. коммуникационный процессор. *См.* front-end processor 3. препроцессор 4. внешний; интерфейсный □ О компоненте системы, обеспечивающем взаимодействие с её окружением: пользователями, вычислительной сетью, вызывающими программами и другими объектами, не входящими в её состав.

front-end component 1. подсистема доступа. *См. тж.* front-end processor 2. подсистема первичной обработки данных *(препроцессор, подсистема организации диалога, лексический анализатор транслятора)*

front-end interface внешний интерфейс □ Средства и правила взаимодействия подсистемы с внешними объектами (пользователем, вычислительной сетью) в отличие от её взаимодействия с остальными компонентами системы. *Ср.* back-end interface

front-end processor 1. интерфейсный процессор; процессор ввода-вывода □ Специализированный процессор (мини-ЭВМ), обеспечивающий диалоговый доступ к мощному вычислительному процессору или к распределённой вычислительной системе; он может также выполнять обслуживание обмена с внешними устройствами, содержащими пользовательские файлы. 2. коммуникационный процессор □ Специализированный процессор (от микропроцессора до мини-ЭВМ), обеспечивающий взаимодействие вычислительной системы с сетью. 3. буферный процессор

FS (file separator) управляющий символ «разделитель файлов» □ В коде ASCII представлен числом 28.

full adder полный сумматор □ Устройство для вычисления суммы двух двоичных разрядов, имеющее три входа — два слагаемых и перенос от предыдущего разряда, и два выхода — сумма и перенос. Из полных сумматоров составляется параллельный сумматор для вычисления суммы многозначных чисел.

full-duplex circuit дуплексный канал. *См.* duplex circuit

full pathname полное составное имя. *См.* absolute pathname

full-screen editor экранный редактор. *См.* screen editor

full stop точка

full word (целое) слово, машинное слово

fully inverted file полностью инвертированный файл □ Файл, снабжённый индексами по всем вторичным ключам. *См. тж.* inverted file

function функция □ 1. Процедура, возвращающая результат. В некоторых языках функция не должна иметь п о б о ч н о г о э ф ф е к т а. 2. Величина, зависящая от других величин. 3. Отображение, ставящее в соответствие одному значению аргумента ровно одно значение отображения. (arithmetic function, blending function, criterion function, evaluation function, generic function, goal function, hashing function, intrinsic function, library function, merit function, nospread function, processor defined function, pure function, recursive function, statement function, threshold function, transfer function, utility function)

functional dependence функциональная зависимость □ A функционально зависит от B, если в любой момент времени каждому значению B соответствует не более одного значения A.

functional design функциональное проектирование

functional diagram функциональная схема

functional grammar функциональная грамматика

functional language функциональный язык, язык функционального программирования □ Декларативный язык программирования, основанный на понятии функции,— описании зависимости результата от аргументов с помощью других функций и элементарных операций. Функции только задают зависимость и не определяют порядок вычислений. В функциональных языках нет понятий переменной и присваивания, поэтому значение функции зависит только от её аргументов и не зависит от порядка вычислений. *Ср.* object-oriented language, procedure-oriented language, rule-oriented language

functional simulator функциональная модель □ Модель, имитирующая внешние проявления прототипа, но, возможно, имеющая другую внутреннюю структуру.

functional specification функциональные спецификации, функциональное описание □ Способ спецификации, при котором для каждого действия, выполняемого программой или её модулем, описывается соответствующее преобразование входных параметров в выходные. Спецификации в такой форме практически представляют собой скелет программы. *Ср.* algebraic specification

functional unit функциональное устройство

function button функциональная клавиша. *См.* function key

function call вызов функции, обращение к функции; обращение к системной операции

function character управляющий символ

function key функциональная клавиша □ Управляющая клавиша, смысл которой не определён аппаратурой или операционной системой, а зависит от выполняемой программы.

function table таблица функции ☐ Таблица, задающая функцию.

fundamental type базовый тип данных ☐ Встроенный в язык программирования т и п д а н н ы х, значения которого не имеют компонент или вариантов.

fuzzy logic нечёткая логика ☐ Логика, используемая в экспертных системах и оперирующая высказываниями, истинность которых может принимать не только значения «истина» и «ложь», но и любые промежуточные значения.

fuzzy set нечёткое множество ☐ Множество, принадлежность объекта которому определяется функцией, принимающей значения на отрезке [0, 1].

G

game theory теория игр

game tree дерево игры ☐ Дерево, вершины которого соответствуют позициям, а рёбра — ходам. Корень дерева соответствует начальной позиции.

garbage collect чистить память, собирать мусор. *См. тж.* garbage collection

garbage collection чистка памяти, сборка мусора ☐ Действия системы динамического распределения памяти для обнаружения неиспользуемых программой блоков памяти и присоединения их к списку свободной памяти для повторного использования. (compacting garbage collection, incremental garbage collection)

garbage collector программа чистки памяти, сборщик мусора ☐ Часть системы динамического распределения памяти, выполняющая ч и с т к у п а м я т и..

gas-plasma display плазменный дисплей

gateway (межсетевой) шлюз ☐ Аппаратные и программные средства, обеспечивающие межсетевую связь. *См. тж.* bridge, filter

gateway server шлюз; станция связи с внешней сетью ☐ Специализированный узел (станция) локальной сети, обеспечивающий доступ узлов данной локальной сети к внешней сети передачи данных и другим вычислительным сетям.

GE (greater or equal) больше или равно (*операция сравнения*)

generalization обобщение ☐ При построении модели данных — вид абстракции, при котором множество подобных объектов рассматривается как обобщённый объект. *Ср.* aggregation

generalized data base база данных общего назначения

general-purpose computer универсальная ЭВМ

general-purpose register регистр общего назначения, РОН ☐ Регистр центрального процессора, который может быть использован программой различными способами: в качестве операнда, сумматора или индексного регистра.

general-purpose system универсальная система

generation 1. генерация; порождение 2. поколение. *См.* computer generation 3. версия. *См. тж.* file updating (code generation, computer generation, image generation, network generation, operating system generation, picture generation, system generation)

generation number номер версии *(файла)*. *См. тж.* file updating

generative grammar порождающая грамматика ☐ Формальное описание языка в виде совокупности п р а в и л в ы в о д а.

generic родовой ☐ Об операции, функции, процедуре, применимых к аргументам различных типов и выполняемых для аргументов разных типов по-разному.

generic description обобщённое описание

generic function родовая функция. *См. тж.* generic

generic operation родовая операция. *См. тж.* generic

generic package родовой пакет, настраиваемый пакет. *См. тж.* generic

generic procedure родовая процедура. *См. тж.* generic

generic subroutine родовая подпрограмма

generic type родовой тип, параметризованный тип, настраиваемый тип ☐ Понятие языка программирования, определяющее класс типов данных, различающихся значениями некоторого параметра или группы параметров. Родовой тип используется только для описания конкретных типов или других родовых объектов, но не для определения переменных.

get прочитать ☐ Операция чтения записи из файла, внешнего устройства или базы данных. *Ср.* put, read

GIGO (garbage-in, garbage-out) «каков запрос, таков ответ» ☐ Термин, относящийся к программам, не проверяющим правильность входных данных и выдающим бессмысленные результаты при бессмысленных данных.

GKS (graphics kernel system) базовая графическая система ☐ Проект международного стандарта интерфейса прикладных программ с системами графического ввода-вывода.

glass teletype «стеклянный телетайп» ☐ О применении видеотерминала для последовательного вывода и ввода строк текста без использования средств управления курсором и экранных операций.

global глобальный ☐ 1. Об объекте программы — описанный на внешнем уровне и доступный всем компонентам программы. 2. О методе — применяемый к объекту в целом. *Ср.* local

global identifier глобальный идентификатор, глобальное имя. *Ср.* local identifier

global optimization глобальная оптимизация ☐ 1. Оптимизация программы на уровне операторов и процедур: вынесение константных выражений из циклов, объединение общих последовательностей, выполнение смешанных вычислений. 2. Нахождение глобального минимума или максимума целевой функции. *Ср.* local optimization

global variable глобальная переменная ☐ Переменная, описанная в объемлющем блоке; переменная, описанная на верхнем уровне.

goal function целевая функция ☐ В задачах оптимизации — функция, значение которой необходимо сделать максимальным или минимальным; функция, описывающая степень близости к цели.

goal-invoked interpretation интерпретация «от цели» ☐ В

логическом программировании и продукционных системах —
процедурная интерпретация правила вида «если А то В», при
которой для достижения цели В делается попытка достичь цели
А. *Ср.* belief- invoked interpretation

   goals thrashing переполнение списка целей (*в системах логического вывода*)

   GOTO переход, передача управления

   GOTO statement оператор перехода

   graceful degradation 1. амортизация отказов. *См. тж.* fail-
soft system **2.** плавное снижение эффективности

   grammar грамматика ☐ Формальное описание языка. (ambiguous grammar, ATN-grammar, attribute grammar, bounded-
context grammar, constituent grammar, context-free grammar,
context-sensitive grammar, dependency grammar, double-level
grammar, finite-state grammar, functional grammar, generative
grammar, immediate constituent grammar, left-recursive grammar,
LL(k)grammar, LR(k)grammar, phrase-structure grammar, precedence grammar, regular grammar, semantic grammar, surface
grammar, transformational grammar, tree grammar, VW-grammar)

   grammatical грамматичный. ☐ Правильный с точки зрения
грамматики.

   grammatics грамматика (*естественного языка*)

   granularity 1. степень детализации **2.** грануляция ☐ В параллельном программировании — характеристика программы, определяемая объёмом неделимых параллельно выполняемых
фрагментов.

   graph 1. граф ☐ Конечное множество вершин, соединённых
рёбрами. **2.** график; диаграмма (acyclic graph, bar graph, connected graph, dataflow graph, directed graph, disconnect graph,
flat graph, undirected graph, XY graph)

   grapheme графема ☐ Элементарная единица письменного
текста (буква, иероглиф, знак препинания).

   graph follower устройство ввода контурных графических изображений

   graphical output primitive графический примитив, элемент
отображения, выходной примитив ☐ Неделимый элемент изображения (точка, отрезок прямой, окружность, прямоугольник,
библиотечный элемент). *См.* display element

   graphic character графический символ ☐ Литера, используемая для построения графических изображений.

   graphic display графический дисплей

   graphic interface графический интерфейс, средства графического взаимодействия

   graphic pallet палитра ☐ Соответствие между кодами цветов
и цветами, изображаемыми на экране дисплея.

   graphics графика ☐ **1.** Средства и системы ввода, отображения на экране дисплея и вывода изображений. **2.** Область программирования, связанная с разработкой систем построения и
преобразования изображений. (bit-mapped graphics, business
graphics, character graphics, computer graphics, coordinate graph-
ics, image graphics, interactive graphics, passive graphics,
raster graphics, sprite-oriented graphics, turtle graphics, vector
graphics)

   graphics digitizer устройство (цифрового) ввода изображений

GRAPHICS

☐ Устройство, обеспечивающее ввод двумерного, возможно полутонового, изображения в ЭВМ в виде растровой матрицы. *См. тж.* scanner

graphics editor графический редактор, редактор изображений

graphics mode графический режим ☐ Режим работы дисплея, обеспечивающий вывод графических изображений. Р а с т р о в ы е   д и с п л е и   с   п о т о ч е ч н о й   а д р е с а ц и е й могут работать в нескольких графических режимах. В режиме с высоким разрешением каждый бит представляет одну точку, точек на экране много, а цветов мало; в режиме с низким разрешением каждая точка представляется несколькими битами, поэтому точек меньше, но цветов или уровней яркости больше.

graphics pad (графический) планшет. *См.* graphics tablet

graphics terminal графический терминал

graphic tablet (графический) планшет ☐ Устройство для поточечного ввода контурных изображений.

graph theory теория графов

Gray code код Грея ☐ Двоичный код, последовательные элементы которого отличаются ровно в одном разряде (например, 000, 001, 011, 111, 101, 100, 110, 010).

gray level уровень яркости (*чёрно-белого изображения*)

gray scale шкала яркости

gray-scale image полутоновое изображение

gross index главный индекс, первичный индекс. *См.* master index

group группа ☐ Множество, на котором определены ассоциативная операция и соответствующие ей единичный элемент и обратная операция.

GS (group separator) управляющий символ «разделитель групп». ☐ В коде ASCII представлен числом 29.

GT (greater then) больше (*операция сравнения*)

guard bit разряд защиты, бит защиты. *См.* guard digit

guard digit разряды защиты ☐ Дополнительные разряды промежуточных результатов, обеспечивающие сохранение точности.

guarded commands охраняемые команды ☐ У п р а в л я ю щ а я   с т р у к т у р а, обобщающая условный оператор и оператор цикла с условием продолжения.

guide руководство

gulp группа байтов, обрабатываемая как единое целое

H

hacker хекер ☐ 1. Программист, способный писать программы без предварительной разработки детальных спецификаций и оперативно вносить исправления в работающие программы, не имеющие документации. 2. Пользователь вычислительной системы (обычно сети ЭВМ), занимающийся поиском незаконных способов получить доступ к защищённым данным.

half-adder полусумматор □ Устройство для вычисления суммы двух двоичных разрядов, имеющее два входа и два выхода. Из двух полусумматоров составляется п о л н ы й с у м-м а т о р.

half-duplex circuit полудуплексный канал □ Канал, позволяющий передавать информацию в двух направлениях попеременно. *Ср.* duplex circuit, simplex circuit

half-duplex operation полудуплексный режим □ Режим работы двунаправленного канала, при котором в каждый момент времени информация передаётся только в одном направлении.

half title шмуцтитул

half-tone 1. полутон 2. полутоновый

half-toning обработка полутонов

half-word полуслово □ Элемент памяти, равный половине машинного слова.

halt instruction команда останова □ Команда, останавливающая выборку и выполнение команд процессором; работа может быть возобновлена поступлением внешнего прерывания.

Hamming code код Хемминга □ Используемый при передаче и хранении данных код с исправлением ошибок. Код Хемминга обеспечивает исправление ошибки в одном бите и обнаружение ошибки в двух битах.

hand-held computer карманная ЭВМ

handler 1. подпрограмма взаимодействия с внешним устройством; драйвер 2. программа реакции на особую ситуацию, обработчик особой ситуации. *См.* exception handler (condition handler, disk handler, exception handler, interrupt handler, terminal handler)

handshaking подтверждение связи □ Режим синхронной передачи данных, при котором каждая операция передачи через интерфейс требует сигнала подтверждения.

hanging indent выступ, смещение влево. *См.* undent

hangup «зависание» □ Состояние вычислительной системы, при котором она перестаёт выдавать результаты и реагировать на запросы извне (внешние прерывания).

hard постоянный, жёсткий □ Имеющий явное отражение в структуре информационного объекта (программы, файла, текста) и сохраняющийся в течение его существования. *Ср.* soft

hard copy распечатка, документальная копия □ Информация, выведенная из ЭВМ в виде распечатки или графика на бумагу или плёнку.

hard-copy terminal печатающий терминал

hard disk жёсткий диск □ Запоминающее устройство с носителем в виде магнитного диска на металлической основе; обычно подразумевается винчестерский диск. *Ср.* floppy disk

hard error постоянная ошибка

hard page break «твёрдая» граница страницы □ В системах подготовки текстов — переход на новую страницу, сохраняемый при изменении числа строк в документе. *Ср.* soft page break

hard-sectored disk диск с жёсткой разметкой □ Магнитный диск, размечаемый механическим способом или с помощью специализированного форматера; сигналы о начале сектора выдаются контроллером, и размещение секторов не может быть изменено программой. *Ср.* soft-sectored disk

HARD

hard space «твёрдый» пробел ☐ В системах подготовки текстов — пробел, сохраняемый и не удлиняемый при форматировании.

hardware аппаратные средства, аппаратура, технические средства (computer hardware, sprite hardware, underlying hardware)

hardware compatibility аппаратная совместимость

hardware-compatible аппаратно-совместимый ☐ Об устройствах с взаимозаменяемыми конструктивными узлами или об устройствах, допускающих сопряжение. *Ср.* software-compatible

hardware division аппаратное деление. *См. тж.* hardware multiplication

hardware environment аппаратная среда ☐ Аппаратные средства, используемые при выполнении программы.

hardware error аппаратная ошибка, ошибка в аппаратуре

hardware interrupt аппаратное прерывание ☐ Прерывание по ошибке при выполнении команды или прерывание от внешнего устройства.

hardware multiplication аппаратное умножение ☐ Выполнение операции умножения (вещественных или длинных чисел) командой процессора, а не подпрограммой. Наличие средств аппаратной арифметики существенно повышает быстродействие.

hardware sprite аппаратный спрайт. *См. тж.* sprite

hardware stack аппаратный стек. *См. тж.* stack

hardware support аппаратная поддержка; аппаратная реализация

hardwired аппаратный, «зашитый» ☐ Реализованный аппаратными средствами.

hartley хартли ☐ Единица измерения информации, равная информации, представляемой одной десятичной цифрой. *Ср.* shannon

hash addressing адресация с хешированием, хеш-адресация. *См. тж.* hashing

hashing хеширование ☐ Способ организации структур данных (хеш-таблиц), обеспечивающий эффективный поиск и пополнение; положение элемента данных в хеш-таблице определяется значением **функции расстановки**, отображающей множество возможных ключей элементов данных в множество индексов таблицы и обеспечивающей равномерное заполнение.

hashing algorithm алгоритм хеширования

hashing function функция расстановки, функция хеширования, хеш-функция. *См. тж.* hashing

hash table хеш-таблица. *См. тж.* hashing

hash total контрольная сумма

HASP (Houston automatic spooling program) пакетная операционная система для ЭВМ серии IBM/360

HDAM *см.* hierarchical direct access method

HDLC (high-level data link control) высокоуровневый протокол управления каналом ☐ Предложенный ISO стандарт к а н а л ь н о г о п р о т о к о л а. *См. тж.* open systems interconnection, SDLC

HDLC station станция HDLC ☐ Узел сети, выполняющий

приём и передачу кадров HDLC. *См. тж.* primary station, secondary station

head 1. головка (*внешнего устройства*) 2. первый элемент списка, «голова» списка (print head, read-write head)

header 1. заголовок ☐ 1. Управляющая часть файла, сообщения или записи, расположенная до информационной части. 2. Часть информационного объекта, содержащая его внешнее описание. *Ср.* body 2. колонтитул, шапка (*страницы*). *См.* page header (batch header, division header, loop header, message header, page header, procedure header)

heading заголовок. *См.* header

heap динамическая область, динамически распределяемая область, «куча». *См.* dynamic area

heap manager программа управления динамической областью, программа динамического распределения памяти

height-balanced tree сбалансированное (по высоте) дерево. *См.* AVL-tree

height of tree высота дерева ☐ Максимальное расстояние от корня дерева до листа.

help подсказка, диалоговая документация ☐ Средство интерактивной системы, позволяющее пользователю получить информацию об операциях и командах, допустимых в текущем состоянии системы.

help library библиотека текстов диалоговой документации

help line строка подсказки ☐ В интерактивных системах — строка на экране дисплея, указывающая доступные команды и их смысл.

hesitation приостановка ☐ Кратковременное прекращение выполнения программы для обработки более срочного запроса (например, прерывания).

heuristic эвристика, эвристическая процедура ☐ Процедура, не основанная на формально доказанном алгоритме.

Hewlett-Packard Company (HP) ☐ Американская фирма по производству измерительных приборов, систем подготовки текстов, мини- и микроЭВМ.

hex *см.* hexadecimal

hexadecimal шестнадцатеричный

hexadecimal digit шестнадцатеричная цифра (0 1 2 3 4 5 6 7 8 9 A B C D E F)

hexadecimal format шестнадцатеричный формат ☐ Формат с представлением данных в шестнадцатеричной форме.

hexadecimal notation шестнадцатеричная система счисления

hibernating process «спящий процесс», остановленный процесс. *См. тж.* suspended state

hibernating task остановленная задача. *См. тж.* suspended state

hibernation состояние ожидания. *См.* suspended state

HIDAM *см.* hierarchical indexed direct access method

hidden line невидимая линия ☐ Отрезок линии, представляющий на двумерной проекции трёхмерного объекта кромку, скрытую из вида другими его частями.

hidden-line removal удаление невидимых линий, удаление невидимых рёбер ☐ В машинной графике — способ отображения трёхмерного объекта, обеспечивающий изображение только тех линий объекта, которые ориентированы к точке наблюдения и не скрыты за другими его частями.

hidden surface невидимая поверхность □ В машинной графике — часть поверхности трёхмерного объекта, ориентированная в сторону, противоположную точке наблюдения, или скрытая другими частями объекта.

hidden-surface removal удаление невидимых поверхностей □ В машинной графике — способ отображения трёхмерного объекта, обеспечивающий изображение только тех частей объекта, которые ориентированы к точке наблюдения и не скрыты другими его частями.

hierarchical access method иерархический метод доступа □ Метод доступа, обеспечивающий древовидную организацию данных в соответствии с многоуровневым ключом: записи одного поддерева имеют одно значение ключа верхнего уровня. Поддерживается системами управления и е р а р х и ч е с к и м и б а з а м и д а н н ы х.

hierarchical addressing иерархическая адресация □ Способ указания объекта в сети ЭВМ посредством составного идентификатора, отражающего структуру сети и путь доступа. *Ср.* flat addressing

hierarchical data base иерархическая база данных □ Система управления базой данных, в которой каждая запись имеет ровно одного владельца.

hierarchical direct access method (HDAM) иерархический прямой метод доступа □ И е р а р х и ч е с к и й м е т о д д о с т у п а, базирующийся на файлах с прямой или виртуальной организацией; обеспечивает прямой доступ к корневым сегментам и доступ к подчинённым сегментам с помощью указателей.

hierarchical indexed direct access method (HIDAM) иерархический индексно-прямой метод доступа □ И е р а р х и ч е с к и й м е т о д д о с т у п а, базирующийся на файлах с виртуальной организацией; обеспечивает индексный доступ к корневым сегментам и прямой или последовательный доступ к подчинённым сегментам с помощью указателей.

hierarchical indexed sequential access method (HISAM) иерархический индексно-последовательный метод доступа □ И е р а р х и ч е с к и й м е т о д д о с т у п а, базирующийся на физических файлах с индексно-последовательной организацией; обеспечивает индексный доступ к корневым сегментам и последовательный доступ к подчинённым сегментам.

hierarchical network иерархическая сеть □ Информационная сеть, в которой линии и узлы делятся на несколько уровней, имеющих различную структуру соединений. Например, нижний уровень может иметь радиальную структуру, более высокие — распределённую.

hierarchical sequential access method (HSAM) иерархический последовательный метод доступа □ И е р а р х и ч е с к и й м е т о д д о с т у п а, базирующийся на физических файлах с последовательной организацией; обеспечивает только последовательный доступ к сегментам.

hierarchical storage иерархическая память □ Система взаимосвязанных запоминающих устройств, одни из которых имеют большое быстродействие, но малую ёмкость, а другие — большую ёмкость, но и большое время доступа. Операционная система или аппаратные средства перемещают блоки данных между уровнями иерархической памяти без явных запросов прикладной программы, делая для неё иерархию незаметной.

hierarchy иерархия ☐ Многоуровневая организация; древовидная организация. (inheritance hierarchy, memory hierarchy, storage hierarchy)

high старший ☐ 1. О разряде или байте — самый левый, представляющий старшую цифру числа. 2. Об области памяти — имеющий больший адрес.

high bit единичный бит, единичный· разряд. *Ср.* low bit

high bound верхняя граница *(массива)*

high-level goal цель верхнего уровня *(в системах логического вывода)*

high-level language язык высокого уровня ☐ Язык программирования, управляющие конструкции и структуры данных которого отражают естественные для человека понятия, а не структуру вычислительной машины.

high-level protocol протокол высокого уровня ☐ В вычислительных сетях — протокол, определяющий взаимодействие на уровне значимых информационных единиц: сообщений, файлов, запросов. *См. тж.* application (layer) protocol, presentation (layer) protocol, session (layer) protocol

highlighting выделение ☐ Выделение части текста или графического изображения на экране дисплея яркостью, цветом или миганием.

high-order digit старший разряд. *См.* most significant digit

high-order position старшая позиция ☐ Самая левая позиция в слове или строке.

high-performance быстродействующий

high-resolution mode графический режим с высоким разрешением. *См. тж.* graphics mode

high-speed carry ускоренный перенос

highway шина, магистраль. *См.* bus

HISAM *см.* hierarchical indexed sequential access method

hit совпадение *(при поиске в ассоциативной памяти или базе данных)*

Hitachi ☐ Японская фирма по производству электронных изделий, выпускающая ЭВМ, аппаратно-совместимые с машинами фирмы IBM.

hit rate коэффициент совпадения, коэффициент попадания ☐ Отношение числа выбранных элементов данных к числу просмотренных элементов.

HLS model модель «цвет — яркость — насыщенность» ☐ В машинной графике — способ задания характеристик цвета с помощью трёх параметров. «Цвет» и «насыщенность» задают соответственно угол и расстояние от центра на ц в е т о в о м к р у г е. *См. тж.* HSV model, RGB model

holding хранение *(данных)*

Hollerith card 80-колонная перфокарта с поколонной набивкой в коде Холлерита

Hollerith code код Холлерита ☐ Код, используемый для представления текстовой информации на перфокартах.

Hollerith constant текстовая константа *(в языке ФОРТРАН)*

home начало (*экрана*) □ Левый верхний угол экрана дисплея.

home address собственный адрес □ Поле дорожки диска, содержащее адрес этой дорожки.

home block начальный блок □ Блок диска или дорожки, содержащий метку диска или собственный адрес дорожки.

home computer бытовая ЭВМ, домашняя ЭВМ. *См. тж.* personal computer

home location ячейка основной области; основная область □ При реализации индексно-последовательного метода доступа — позиция на диске, соответствующая определённому значению ключа. *Ср.* overflow area

home position начальная позиция

home record начальная запись □ Первая запись в файле или на магнитной ленте.

horizontal microprogramming горизонтальное микропрограммирование □ Способ программирования, при котором поля микрокоманды соответствуют микрооперациям или регистрам процессора и каждая микрокоманда управляет всеми элементами процессора.

horizontal parity поперечный контроль чётности

horizontal processor процессор с горизонтальным микропрограммированием. *См. тж.* horizontal microprogramming

horizontal redundancy check поперечный контроль □ Контроль за счёт избыточности, при котором контрольная величина вычисляется для каждого слова данных в отдельности; например, каждое слово снабжается битом чётности. *Ср.* vertical redundancy check

Horn clause дизъюнкт Хорна. *См. тж.* Prolog

host см. host computer

host communications связь с главной ЭВМ

host computer 1. главная ЭВМ, ГЭВМ □ В многомашинном комплексе — ЭВМ, на которой выполняется основная обработка информации. 2. рабочая ЭВМ □ В сетях ЭВМ — ЭВМ, занимающаяся не только обслуживанием сети и передачей сообщений, но и выполняющая программы. *См. тж.* user node, server 3. инструментальная ЭВМ □ В системах кросс-разработки — ЭВМ, на которой разрабатываются программы. *Ср.* target computer. *См. тж.* cross-development

host language включающий язык □ Язык программирования, в который погружаются дополнительные проблемно-ориентированные средства.

host system 1. главная ЭВМ □ ЭВМ, на которой выполняется запрошенная программа. 2. инструментальная система, инструментальная ЭВМ. *См. тж.* cross-development

hot backup «горячее» резервирование. *См. тж.* warm backup

hot potato routing метод скорейшей передачи □ Метод маршрутизации в сети коммутации пакетов, при котором узел стремится как можно скорее передать пакет дальше, даже если это приведёт к более длинному маршруту из-за занятости предпочтительного для данного пакета канала.

hot spare «горячее» резервирование. *См. тж.* warm standby

hot standby «горячее» резервирование. *См. тж.* warm backup

housekeeping служебные действия □ Вспомогательные действия программы или системы программирования; управление памятью, организация ввода-вывода, переключение с процесса на процесс.

housekeeping information служебная информация, административная информация

housekeeping overhead системные затраты □ Затраты времени и памяти на служебные операции и служебную информацию.

housekeeping routine служебная программа, административная программа.

HP *см.* Hewlett-Packard Company

HSAM *см.* hierarchical sequential access method

HSV model модель «цвет — насыщенность — значение» □ В машинной графике — способ задания характеристик цвета с помощью трёх параметров. «Цвет» и «насыщенность» задают соответственно угол и расстояние от центра на ц в е т о в о м к р у г е, «значение» определяет яркость. *См. тж.* HLSmodel, RGBmodel

HT (horizontal tab) символ (горизонтальной) табуляции □ В коде ASCII представлен числом 9.

hue 1. оттенок цвета 2. цвет

Huffman code код Хаффмана □ П р е ф и к с н ы й к о д, в котором длина кодирующего слова обратно пропорциональна встречаемости кодируемого элемента, т. е. часто встречающимся элементам соответствуют короткие коды, редко встречающимся — длинные.

human engineering инженерная психология; эргономика

hyphenation перенос, разделение слов для переноса

hypothetical world возможный мир □ Часть б а з ы з н а н и й, содержащая рабочую информацию в процессе вывода.

I

IA *см.* instruction address

IBM *см.* International Business Machines Corporation

IBM-compatible совместимый с машинами фирмы IBM

IBM PC персональный компьютер ИБМ, ПК ИБМ □ 16-разрядная ПЭВМ фирмы IBM на базе микропроцессора Intel 8088 и её модификации — IBM PC XT с винчестерским диском, IBM PC AT на базе микропроцессора Intel 80286.

IBM PC RT □ 32-разрядная микроЭВМ фирмы IBM на базе микропроцессора с RISC-архитектурой.

IBM PS □ Частично совместимая с IBM PC серия ПЭВМ, использующая повышенную интеграцию, микропроцессоры 8086, 80286, 80836 и графику с высоким разрешением.

IC *см.* 1. instruction counter 2. integrated circuit

ICAI (Intelligent Computer-Assisted Instruction) интеллектуальная система машинного обучения □ Система машинного обучения, использующая методы искусственного интеллекта.

icand множимое

icon пиктограмма □ В интерактивных системах с непосредственным взаимодействием — условное изображение информационного объекта или операции; указывая курсором на пикто-грамму, пользователь инициирует соответствующую операцию или задаёт аргументы операций. *См. тж.* desktop system

id *см.* 1. identification 2. identifier

idea processor система обработки структурированных текстов; текстовая база данных. *См. тж.* outline processor

identification 1. идентификация □ Процесс отождествления объекта с одним из известных системе объектов. В сети передачи данных — опознавание выдавшего запрос пользователя, канала или процесса. *См. тж.* user identification 2. метка, идентифицирующая объект (*например, надпись на катушке магнитной ленты*) (task identification, user identification)

identifications division раздел идентификации □ В языке КОБОЛ — часть программы, содержащая информацию об авторе, времени и цели разработки.

identifier идентификатор, имя □ Строка символов, обозначающая или именующая объект программы или вычислительной системы. (array identifier, entity identifier, global identifier, label identifier, local identifier, multiply defined identifier, undeclared identifier, unique identifier, variable identifier, volume identifier)

identify 1. идентифицировать, распознавать. *См. тж.* identification 2. обозначать, именовать, идентифицировать. *См. тж.* identifier

identity тождество

idle character холостой символ □ Символ, передаваемый по линии связи в отсутствие сообщений.

idle time время простоя, простой

IEEE (Institute of Electrical and Electronical Engineers) Институт инженеров по электротехнике и радиоэлектронике, ИИЭР

IEEE 488 interface □ Стандартный последовательный интерфейс для подключения устройств со средней скоростью передачи данных: накопителей на гибких магнитных дисках, измерительных приборов, устройств с числовым управлением.

ier множитель

if and only if 1. тогда и только тогда 2. эквивалентность. *См.* equivalence

iff *см.* if and only if

IFIP (International Federation for Information Processing) Международная федерация по обработке информации, МФОИ

IF-statement условный оператор. *См.* conditional statement

IF-THEN-ELSE условный оператор. *См.* conditional statement

ignore игнорировать; пропускать

ill-conditioned плохо обусловленный; некорректный □ О (математической) задаче или операторе, малым изменениям параметров которых соответствуют большие или качественные изменения решения.

illegal character недопустимый символ

illegal instruction запрещённая команда □ 1. Машинная команда, код которой не входит в систему команд. 2. Машинная команда, которая не может быть выполнена в данном режиме. *См. тж.* priviledged instruction illegal operation запрещённая команда. *См.* illegal instruction

illegal symbol недопустимый символ

image 1. изображение □ В машинной графике — представление изображения, обрабатываемое программами. *Ср.* display image. 2. образ □ Логическая копия данных, имеющихся в другом месте или в другом представлении. 3. загрузочный модуль; образ задачи (binary image, bit image, card image, cine-oriented image, coded image, comic-strip image, display image, gray-scale image, inverse image, process image, screen image, search image, system image, task image, virtual image)

image file загрузочный модуль, файл образа задачи. *См. тж.* task image

image generation формирование изображения

image graphics растровая графика □ Средства обработки изображений в виде растровой матрицы. *Ср.* coordinate graphics

image memory память изображения □ Память (обычно область ОЗУ), в которой хранится представление изображения.

image processing обработка изображений □ Обычно подразумевается обработка и распознавание изображений, введённых в виде растра.

image regeneration регенерация изображения □ Последовательность событий, необходимая для повторного формирования изображения на экране дисплея из его представления в памяти.

image understanding распознавание изображений

immediate access memory быстродействующее запоминающее устройство □ Запоминающее устройство, в р е м я д о с т у п а к элементу которого не зависит от адреса и имеет тот же порядок, что и такт процессора.

immediate address непосредственный операнд, адрес-операнд. *См. тж.* immediate addressing

immediate addressing непосредственная адресация □ Способ адресации, при котором значение адреса команды используется в качестве операнда без дополнительных обращений к памяти.

immediate constituent grammar грамматика непосредственных составляющих, НС-грамматика

immediate data непосредственный операнд. *См. тж.* immediate addressing

immediate mode непосредственный режим □ Способ организации интерактивной системы, при котором пользователь управляет системой, воздействуя на изображения информационных объектов и процессов на экране дисплея.

immediate operand непосредственный операнд. *См. тж.* immediate addressing

IMP (interface message processor) интерфейсный процессор сообщений □ Мини-ЭВМ, из которых состоит базовая подсеть сети ЭВМ Arpanet, выполняющие операции коммутации пакетов и маршрутизации, а также обеспечивающие подключение терминалов, связь со спутниками, шифрование сообщений и другие коммуникационные функции.

impact printer устройство контактной печати

imperative императивный □ Содержащий указание на выполнение некоторого действия.

imperative language императивный язык. *Ср.* declarative language. *См. тж.* procedure-oriented language

IMPERATIVE

imperative statement исполняемый оператор, императивный оператор ☐ Оператор программы, которому соответствует некоторое действие. *Ср.* declarative statement

implementation 1. реализация, разработка (*программы*) 2. реализация ☐ Конкретное представление некоторого абстрактного описания или идеи.

implementation module модуль реализации ☐ В языке Модула-2 — описание реализации модуля.

implementation specification описание реализации ☐ В языках модульного программирования — часть описания модуля программы, содержащая описание процедур, выполняющих описанные в интерфейсе операции, описание представления данных и описание внутренних переменных и процедур. *Ср.* interface specification

implementator разработчик

implication импликация ☐ Логическая операция, принимающая значение «ложь», если первый аргумент истинен, а второй ложен, и значение «истина» — в других случаях.

implicit неявный

implied address неявный адрес. *См. тж.* implied addressing

implied addressing неявная адресация ☐ Способ адресации, при котором один или несколько операндов или адресов операндов находятся в фиксированных для данной команды регистрах и не требуют явного указания в команде.

implied coercion контекстное приведение (типов). *См. тж.* type coercion

imported импортируемый ☐ О переменной, константе, типе, процедуре или другом программном объекте, определённых в других модулях и используемых в данном модуле. *Ср.* exported

import list список импорта ☐ В описании модуля — список определённых в других модулях имён, используемых в данном модуле.

impure data изменяемые данные. *Ср.* pure data

impure function функция с побочным эффектом. *Ср.* pure function

IMS (Information Management System) ☐ Иерархическая система управления базами данных, разработанная фирмой IBM.

inactive бездействующий ☐ О состоянии задачи или процесса, не выполняющегося в данный момент.

incidence matrix матрица инцидентности ☐ Матрица M, задающая граф: $m_{ij} = 1$, если ребро j выходит из вершины i, $m_{ij} = -1$, если ребро j входит в вершину i, и $m_{ij} = 0$ в остальных случаях. *Ср.* adjacency matrix

incident смежный, инцидентный (*о вершинах или рёбрах графа*)

in-circuit emulator внутрисхемный эмулятор ☐ Средства отладки электронных схем, позволяющие имитировать некоторый элемент схемы, перехватывая и анализируя входные сигналы этого элемента и генерируя соответствующие выходные сигналы.

inclusive OR включающее ИЛИ. *См.* OR

incompatibility несовместимость

incompatible несовместимый. *Ср.* compatible

inconsistency противоречивость; несогласованность; нарушение целостности. *Ср.* consistency

inconsistent compilation несогласованная трансляция □ Ошибка, возникающая, когда два или более программных модулей оттранслированы с разными версиями общих описаний. *Ср.* consistent compilation

increment 1. шаг, прибавляемая величина 2. увеличивать

incremental compiler пошаговый транслятор □ Транслятор, объединённый с редактором и транслирующий операторы программы по мере их ввода пользователем.

incremental coordinates инкрементные координаты □ Относительные координаты, задающие положение точки относительно предыдущей точки.

incremental display представление в приращениях. *См.* incremental representation

incremental garbage collection параллельная чистка памяти □ Чистка памяти, выполняемая на фоне основного процесса; при этом на каждом шаге освобождается несколько блоков памяти.

incremental refinement пошаговое уточнение, пошаговая детализация □ Способ н и с х о д я щ е г о п р о е к т и р о в а н и я.

incremental representation представление в приращениях □ Представление последовательности значений в виде последовательности разностей текущего значения с предыдущим.

increment operation операция инкремента, операция увеличения

increment size размер инкремента, шаг □ В машинной графике — расстояние между соседними адресуемыми точками поверхности отображения.

indent 1. отступ, смещение вправо □ Смещение начала строки текста (например, первой строки абзаца или вложенных операторов) вправо по отношению к остальному тексту. 2. отступать, смещать вправо. *Ср.* undent

indentation отступ, смещение вправо. *См.* indent

index 1. индекс □ 1. Структура данных, обеспечивающая доступ к записи по к л ю ч у. 2. Выражение, указывающее номер элемента массива. 2. перемещение текущей позиции вниз *(в обработке текста)*. *См. тж.* line feed. 3. индексировать, формировать индекс (cycle index, dense index, fine index, gross index, main index, master index, reverse index, secondary index, track index, tree index)

indexed addressing индексная адресация □ Способ адресации, при котором и с п о л н и т е л ь н ы й а д р е с равен сумме содержимого индексного регистра и базы, заданной в команде.

indexed file индексированный файл □ Файл, для доступа к записям которого имеется индекс.

indexed sequential access method (ISAM) индексно-последовательный метод доступа □ Метод доступа, позволяющий обращаться к записям файла как последовательно, так и по к л ю ч у. Преобразование ключа в адрес осуществляется с помощью и н д е к с а, являющегося частью файла.

index entry элемент индекса

INDEX

index file индексный файл, индекс □ Файл, содержащий индекс.

index mode режим индексации □ Выполнение машинной команды с использованием индексной адресации.

index register индексный регистр □ Регистр центрального процессора, значение которого используется командами с индексной адресацией.

indicative data характеристические данные □ Данные, идентифицирующие объект или описывающие его более или менее постоянные характеристики (например, фамилия человека).

indicator 1. признак, флаг. *См.* flag 2. индикатор

indirect address косвенный адрес □ Адрес слова, содержащего фактический адрес.

indirect addressing косвенная адресация □ Способ адресации, при котором исполнительный адрес равен содержимому слова по адресу, указанному в команде.

indirect file командный файл. *См.* command file

indirection косвенность, использование косвенной адресации

indirection level уровень косвенности, число уровней косвенности □ Число промежуточных адресов, которые необходимо обработать, чтобы получить значение указателя. *См. тж.* multilevel addressing

indirection operator операция разыменования □ Унарная операция, операндом которой является указатель, а значением — указываемый объект. В языке Паскаль обозначается символом ↑, (например, next↑), в языке Си — символом * (например, *next).

ineffective time потерянное время; время простоя, простой

inequivalence неэквивалентность, неравнозначность. *См.* XOR

inference (логический) вывод

inference chain цепочка вывода □ Последовательность правил и фактов, использованных системой логического вывода для достижения некоторого заключения.

inference engine механизм вывода □ В экспертных системах — алгоритм применения правил к фактам и реализующие его программные средства; проблемно-независимая часть экспертной системы.

inference method стратегия вывода □ Общий способ применения правил и фактов при выводе. *См. тж.* backward-chaining, forward-chaining, nonmonotonic reasoning

inference net сеть вывода □ Множество всех возможных цепочек вывода.

inference rule правило вывода

inferential дедуктивный □ Относящийся к логическому выводу.

infix notation инфиксная запись □ Способ записи (арифметических) выражений, при котором знак бинарной операции записывается между операндами. *Ср.* postfix notation, prefix notation

infix operator инфиксная операция □ Бинарная операция, знак которой записывается между операндами (например, + в A + B). *Ср.* postfix operator, prefix operator

inflection флексия, окончание

informatics информатика □ Термин используется, в основном, в европейских странах и в большей степени относится к теоретической дисциплине. *См. тж.* computer science

information информация ◻ 1. Сведения, неизвестные до их получения. 2. Значение, приписанное данным. 3. Данные. *См. тж.* data (accounting information, housekeeping information, state information)

information bit информационный разряд

information character информационный символ, текстовый символ ◻ Символ сообщения, являющийся частью его содержания, в отличие от управляющего символа или разделителя.

information hiding сокрытие информации. *См. тж.* abstraction, encapsulation

information management system 1. информационная система 2. система управления базами данных. *См.* data-base management system

information message информационное сообщение (*в отличие от служебного или управляющего сообщения*)

information retrieval system информационно-поисковая система

information system информационная система ◻ Вычислительная система, обеспечивающая доступ пользователей и программ к общей информации.

information technology информационная техника ◻ Технические средства обработки, хранения и передачи информации, их применение и создание.

information theory теория информации ◻ Математическая дисциплина, изучающая количественные свойства информации.

infrared keyboard инфракрасная клавиатура ◻ Клавиатура, конструктивно оформленная в виде отдельного устройства и связанная с ЭВМ с помощью инфракрасного излучателя.

inheritance hierarchy иерархия наследования ◻ В представлении знаний — иерархическая организация единиц представления, при которой при отсутствии информации о некотором свойстве видового понятия или экземпляра используется описание этого свойства для родового понятия.

inherited error унаследованная ошибка ◻ Ошибка, вызванная неточностью исходных данных или ранее выполненных операций.

inhibit запрещать, блокировать

in-house line частная линия связи, подключённая к сети общего пользования

in-house software программное обеспечение для внутреннего использования

in-house training подготовка специалистов собственными средствами

initialization инициализация ◻ 1. Присваивание начальных значений переменным программы. 2. Разметка диска и запись на него управляющей информации.

initialize инициализировать. *См. тж.* initialization

initializer инициализатор ◻ Выражение, описывающее начальные значения переменной или переменных.

initial program load начальная загрузка. *См.* bootstrap

initial program loader начальный загрузчик, программа начальной загрузки. *См. тж.* bootstrap

initial value начальное значение

INKING

inking рисование □ В машинной графике — ввод линии с помощью устройства ввода координат.

ink-jet printer устройство струйной печати

in-line 1. встроенный, включаемый **2.** подключённый. *См.* **on-line**

in-line check встроенный контроль, встроенная проверка. *См.* **built-in check**

in-line code машинные команды □ О генерируемых транслятором командах, выполняющих некоторое действие без обращения к подпрограмме исполняющей системы.

in-line subroutine подставляемая подпрограмма, открытая подпрограмма □ Подпрограмма, обращение к которой заменяется при трансляции её телом, т. е. последовательностью реализующих её команд.

in-line subroutine expansion подстановка тела подпрограммы вместо её вызова.

INMOS □ Английская фирма, занимающаяся разработкой новой архитектуры ЭВМ. Ею разработан т р а н с п ь ю т е р и язык параллельного программирования О с с а m.

inner loop внутрений цикл

in-out parameter изменяемый параметр

in parameter входной параметр

input 1. ввод (данных) **2.** входные данные; исходные данные **3.** вводное устройство, устройство ввода **4.** входной сигнал **5.** вводить (данные) □ 1. Считывать данные с внешнего устройства и записывать их в оперативную память. 2. Задавать данные программе с помощью вводного устройства. (data input, keyboard input, program input, speach input, standard input, unsolicited input)

input area буфер ввода

input-bound task задача, скорость выполнения которой ограничена скоростью ввода данных

input data исходные данные; вводимые данные

input device вводное устройство, устройство ввода

input file входной файл, файл исходных данных

input language входной язык. *См. тж.* **source language**

input-output ввод-вывод, обмен □ Операции пересылки данных между оперативной памятью и внешними устройствами. Термин «ввод-вывод» предпочтителен, когда подразумевается преобразование представления данных или когда речь идёт об исходных данных и результатах; термин «обмен» относится скорее к перемещению данных внутри вычислительной системы и без преобразования. (buffered input-output, unformatted input-output)

input-output channel канал ввода-вывода □ Специализированный процессор, обеспечивающий пересылку данных между основной памятью и внешними устройствами.

input-output controller контроллер ввода-вывода, контроллер внешнего устройства. *См.* **peripheral controller**

input-output specification спецификации входных и выходных параметров, описание входных и выходных параметров. *См. тж.* **functional specification**

input primitive входной примитив □ Элементарная порция данных, получаемая с вводного устройства.

INSTRUCTION

input queue очередь заданий. *См.* **job queue**

input stream входной поток □ Последовательность операторов управления заданиями и входных данных для заданий.

input unit вводное устройство, устройство ввода

insert вставлять

insertion вставка

insert mode режим вставки, раздвигающий режим □ В экранных редакторах — режим, при котором вводимая с клавиатуры литера вставляется перед литерой, указываемой курсором. *Ср.* **overtype mode**

install 1. устанавливать, настраивать □ Задавать параметры и состав программной системы для работы на конкретной вычислительной машине. 2. устанавливать, включать □ Делать задачу доступной для использования в данной операционной среде. 3. устанавливать, монтировать *(сменный носитель на внешнее запоминающее устройство)* 4. устанавливать; налаживать *(вычислительную систему)*

installation 1. установка, настройка. *См. тж.* **install** 2. вычислительная система, ЭВМ. *См.* **computer system**

installation and checkout phase опытная эксплуатация

installed task инсталлированная задача, включённая задача □ Задача, информация о параметрах и расположении загрузочного модуля которой занесена в таблицы операционной системы. Вызов инсталлированной задачи не требует поиска в каталогах.

instance экземпляр *(объекта некоторого типа)*.

instantiate создавать экземпляр *(объекта некоторого типа)*

instantiation 1. экземпляр, реализация *(некоторого абстрактного описания)*; конкретизация 2. создание экземпляра *(объекта некоторого типа)*

instruction команда; оператор □ Элементарная единица программы (обычно на языке машины или ассемблере). (blank instruction, branch instruction, breakpoint instruction, built-in macro instruction, byte instruction, computer-aided instruction, computer-assisted instruction, computer-managed instruction, conditional branch instruction, conditional jump instruction, decision instruction, discrimination instruction, do-nothing instruction, double-address instruction, double-word instruction, dummy instruction, entry instruction, executive instruction, floating-point instruction, halt instruction, illegal instruction, jump instruction, machine instruction, macro instruction, memory-to-memory instruction, micro instruction, multiaddress instruction, no-op instruction, one-address instruction, priviledged instruction, program-control instruction, pseudo instruction, register-to-register instruction, register-to-storage instruction, repetition instruction, reserved instruction, restartable instruction, return instruction, single-address instruction, skip instruction, stop instruction, storage-to-register instruction, storage-to-storage instruction, test-and-set instruction, three-plus-one address instruction, transfer instruction, trap instruction, unconditional jump instruction, word instruction, zero-address instruction)

instruction address адрес команды

instruction code система команд. *См.* **instruction set**

instruction counter счётчик команд. *См.* **program counter**

instruction decoder дешифратор команд □ Элемент центрального процессора, определяющий действия или микропрограмму, соответствующие коду операции.

instruction field поле команды, поле кода операции □ Часть команды (машинной или на языке ассемблера), содержащая код или мнемоническое обозначение операции.

instruction format формат команды □ 1. Количество разрядов, представляющих машинную команду, и их разделение на код операции, адреса операндов. 2. Число адресов машинной команды.

instruction length длина команды □ Число байтов или слов, занимаемых командой.

instruction mix смесь команд □ Программа, используемая для определения быстродействия процессора или вычислительной системы и содержащая команды различных типов в пропорции, соответствующей их применению в реальных программах.

instruction register регистр команды □ Регистр процессора, содержащий исполняемую в данный момент команду.

instruction set система команд □ Совокупность выполняемых вычислительной машиной операций и правила их кодирования в программе.

instruction stream поток команд □ Последовательность команд, получаемых процессором из памяти.

instruction time время выполнения (машинной) команды

inswap подкачивать, загружать. *См.* swap in

INT *см.* 1. integer 2. interrupt

integer целое (число) (based integer, short integer, signed integer, unsigned integer)

integer programming дискретное программирование; целочисленное программирование □ Раздел математики, занимающийся задачами целочисленной оптимизации.

integer-valued целочисленный □ Принимающий только целые значения.

integer variable целая переменная □ Переменная, принимающая только целочисленные значения.

integral 1. интеграл 2. целочисленный 3. встроенный

integral boundary целочисленная граница

integral type целочисленный тип □ Тип данных для представления целых чисел; в одном языке программирования может быть несколько целочисленных типов, различающихся диапазоном представимых чисел.

integrand интегрируемое, интегрируемая функция; подынтегральное выражение

integrate 1. интегрировать, объединять в систему 2. интегрировать, вычислять интеграл

integrated circuit интегральная схема, ИС

integrated data base интегрированная база данных □ База данных, объединяющая несколько логических баз данных.

integrated environment интегрированная среда □ Система программных средств, включающая все необходимые пользователю средства и обеспечивающая единообразное взаимодействие с ними.

integrated modem встроенный модем

integrated package интегрированный пакет. *См. тж.* integrated system

integrated software интегрированный пакет; интегрированная система. *См.* integrated system

integrated system интегрированная система; интегрированный пакет □ Прикладная система, обеспечивающая различные информационные и вычислительные потребности пользователя и поддерживающая единый способ взаимодействия пользователя с её компонентами и единый способ представления данных; «пакет» иногда предполагает менее тесную связь между компонентами, чем «система». Стандартные возможности интегрированных систем на ПЭВМ включают п о д г о т о в к у т е к с т о в, работу с э л е к т р о н н ы м и т а б л и ц а м и, отображение и печать данных в графическом представлении, простую базу данных и средства связи через модем.

integration 1. интеграция, объединение в систему; компоновка 2. интегрирование

integrity целостность, сохранность. *См. тж.* data integrity

Intel Corporation □ Американская фирма, разрабатывающая и производящая полупроводниковые приборы. В фирме Intel были разработаны первые микропроцессоры (Intel 4004 и Intel 8008), использовавшиеся в калькуляторах; микропроцессор Intel 8080, используемый во многих 8-разрядных микроЭВМ; микропроцессор Intel 8048 для использования в контроллерах внешних устройств; микропроцессор Intel 8086, на котором основаны практически все 16-разрядные микроЭВМ, и его модификации Intel 8088, Intel 80286; 32-разрядные микропроцессоры Intel 80386 (iAPX-386) и iAPX-432.

intelligence 1. интеллект. *См.* artificial intelligence 2. «интеллект» □ Программы, управляющие устройством. (artificial intelligence, distributed intelligence, machine intelligence)

intelligent интеллектуальный □ Предоставляющий большие возможности, чем другие устройства или программы того же класса; использующий микропроцессор.

intelligent controller интеллектуальный контроллер □ Контроллер, выполняющий, кроме непосредственного управления обменом, дополнительные функции: редактирование данных, контроль их правильности, обработку сложных команд.

intelligent copier □ Копировальное устройство на базе лазерного печатающего устройства, обеспечивающее цифровую обработку копируемого изображения (масштабирование, увеличение контрастности, выделение контуров, объединение изображений) и приём и передачу изображений по линиям связи.

intelligent data base интеллектуальная база данных □ База данных, в которой для ответа на запрос используются как непосредственно хранимые факты, так и факты, получаемые логическим выводом; база данных с языком запросов, близким к естественному языку.

intelligent terminal интеллектуальный терминал, «тяжёлый» терминал □ 1. Терминал с собственной памятью и микропроцессором, предоставляющий средства редактирования и преобразования данных независимо от работы ЭВМ, к которой он подключён. 2. МикроЭВМ или ПЭВМ, используемые в качестве терминала большой ЭВМ. *Ср.* dumb terminal

intensity cuing воздушная перспектива □ В машинной графике — изображение близких частей изображения более яркими цветами, а дальних — менее яркими.

intensity level уровень яркости

interactive интерактивный; диалоговый □ О системе, в которой пользователь задает программе команды во время её работы. Диалоговый режим обычно предполагает обмен текстовыми командами (запросами) и ответами (приглашениями); в интерактивном режиме могут использоваться более развитые средства и устройства взаимодействия.

interactive debugger диалоговый отладчик □ Отладчик, позволяющий отлаживать программу в диалоге с ЭВМ. Большинство используемых отладчиков являются диалоговыми.

interactive environment 1. диалоговый режим 2. диалоговая система

interactive graphics интерактивная графика □ 1. Организация работы графической системы, при которой пользователь просматривает и модифицирует изображение на экране дисплея, задавая команды с помощью клавиатуры и устройства у к а з-к и. 2. Область программирования, связанная с разработкой систем интерактивной графики.

interactive mode интерактивный режим; диалоговый режим. *См. тж.* interactive

interactive processing диалоговая обработка

interactive system интерактивная система; диалоговая система. *См. тж.* interactive

interactive utility интерактивная сервисная программа; диалоговая сервисная программа

interblock gap межблочный промежуток. *См.* block gap

intercomputer communication межмашинная связь

interface 1. интерфейс, стык □ Совокупность средств и правил, обеспечивающих логическое или физическое взаимодействие устройств и/или программ вычислительной системы. Физический интерфейс определяет тип стыка, уровни сигналов, импеданс, синхронизацию и другие параметры канала связи; программный интерфейс определяет совокупность допустимых процедур или операций и их параметров, список общих переменных, областей памяти или других объектов. 2. взаимодействие 3. устройство сопряжения, УСО, интерфейс (back-end interface, closely-coupled interface, front-end interface, graphic interface, IEEE 488 interface, loosely-coupled interface, man-machine interface, natural-language interface, parallel interface, physical interface, RS-232C interface, serial interface, transparent interface, user interface)

interface board интерфейсная плата. *См. тж.* interface device

interface computer интерфейсная ЭВМ □ ЭВМ (обычно мини- или микроЭВМ), используемая в качестве у с т р о й с т в а с о п р я ж е н и я.

interface device устройство сопряжения, УСО, интерфейс □ Устройство, обеспечивающее сопряжение ЭВМ с внешним устройством, сетью или другой ЭВМ.

interface module интерфейсный модуль, описание интерфейса. *См.* interface specification

interface specification описание интерфейса, интерфейсный модуль □ Декларативная часть м о д у л я программы, содержащая информацию, необходимую другим модулям для взаимодействия с ним. В языке Ада описание интерфейса называется спецификацией пакета, в языке Модула-2 — модулем определений. *Ср*. implementation specification

interface testing проверка интерфейсов ☐ Проверка правильности взаимодействия компонентов программной системы.

Interlisp ☐ Диалект языка Лисп, разработанный в Xerox PARC.

interlock (взаимная) блокировка ☐ Программные или аппаратные средства синхронизации процессов, обеспечивающие непрерывное выполнение к р и т и ч е с к и х с е к ц и й.

intermediate language промежуточный язык ☐ Язык, на который переводится программа первым проходом транслятора и с которого производится трансляция следующим проходом. В многоязыковой системе программирования несколько входных языков могут транслироваться на общий промежуточный язык.

intermittent error нерегулярная ошибка, неповторяющаяся ошибка

intermodular reference межмодульная ссылка, внешняя ссылка ☐ Использование в одном модуле имени, определённого в другом. *Ср*. internal reference

intermodule optimization межмодульная оптимизация ☐ Оптимизация программы с учётом межмодульных связей, в частности, удаление невызываемых процедур, подстановка тела процедуры вместо её вызова, упрощение вызовов процедур.

internal file внутренний файл ☐ В языке Паскаль — переменная типа файл, не связанная с файлом операционной системы. *Ср*. external file

internal fragmentation внутренняя фрагментация ☐ Ф р а г м е н т а ц и я, возникающая в системах распределения памяти, выделяющих блоки с длиной, кратной некоторой константе; при этом в большинстве случаев выделяется блок большей длины, чем запрошено, и часть выделенного блока не используется.

internal interrupt внутреннее прерывание ☐ Прерывание, вызванное командой прерывания или ошибкой при выполнении команды. *Ср*. external interrupt

internal memory 1. собственная память ☐ Оперативная память внешнего устройства. 2. оперативная память. *См*. main memory

internal name внутреннее имя ☐ 1. Имя, доступное только внутри модуля, в котором оно определено. 2. Имя, используемое внутри модуля для именования некоторого внешнего объекта.

internal performance быстродействие процессора ☐ Измеряется числом команд в секунду или тактовой частотой.

internal reference внутренняя ссылка ☐ Использование объекта, определённого в том же модуле. *Ср*. intermodular reference

internal representation внутреннее представление ☐ Представление данных в памяти ЭВМ в форме, удобной для хранения и обработки. *Ср*. external representation

internals внутренняя организация *(программной системы)*

internal schema внутренняя схема ☐ Описание физической структуры базы данных, в том числе формата хранения записей, методов доступа и распределения по внешним устройствам.

internal sort внутренняя сортировка ☐ Сортировка, выполняемая в оперативной памяти. *Ср*. external sort

INTERNAL

internal specification описание реализации □ Описание внутренней структуры программы и способа её работы. *См. тж.* specification

internal timer встроенный таймер

International Business Machines Corporation (IBM) ИБМ □ Американская корпорация, разработчик и изготовитель ЭВМ, внешних устройств и программного обеспечения. Основной продукт IBM — ЭВМ серий IBM/360 и IBM/370. IBM выпускает также серию ПЭВМ, несколько серий миниЭВМ для конторского применения (IBM-43хх), высокопроизводительные ЭВМ серии IBM-3081, 3082, 3083, 3084 с быстродействием до 26 млн. операций в секунду и ЭВМ серии Sierra (IBM-3090) с быстродействием до 52 млн. скалярных и 150 млн. векторных операций в секунду.

internet protocol межсетевой протокол, протокол межсетевого взаимодействия

internetting межсетевое взаимодействие. *См.* internetworking

internetworking межсетевое взаимодействие □ Связь и взаимодействие между узлами различных вычислительных сетей.

interpretation интерпретация, выполнение в режиме интерпретации (antecedent interpretation, belief-invoked interpretation, consequent interpretation, goal-invoked interpretation)

interpreter интерпретатор □ Программа (иногда аппаратное средство), анализирующая команды или операторы программы и немедленно выполняющая их. *Ср.* compiler (command interpreter, embedded interpreter)

interpretive execution интерпретация, выполнение в режиме интерпретации. *См. тж.* interpreter

interpretive language интерпретируемый язык □ Язык программирования, приспособленный для выполнения программ в режиме интерпретации. *См. тж.* interpreter

interpretive mode режим интерпретации. *См. тж.* interpreter

interprocess communication взаимодействие процессов □ Средства языка программирования или операционной системы, обеспечивающие порождение и синхронизацию процессов и передачу данных между ними.

interquartile range вероятное отклонение □ Характеристика разброса случайной величины, равная длине отрезка оси X, на концах которого характеристическая функция принимает значения 0,25 и 0,75. *См. тж.* standard deviation, variance

interrogation опрос. *См.* polling

interrupt 1. прерывание □ Прекращение выполнения текущей команды или текущей последовательности команд для обработки некоторого события; событие может быть вызвано командой или сигналом от внешнего устройства. Прерывание позволяет обработать возникшее событие специальной программой и вернуться к прерванной программе. 2. прерывать. *См. тж.* interrupt vector (armed interrupt, clock interrupt, disabled interrupt, disarmed interrupt, enabled interrupt, error interrupt, external interrupt, hardware interrupt, internal interrupt, maskable interrupt, masked interrupt, memory protection interrupt, nonmaskable interrupt, page fault interrupt, peripheral interrupt, processor interrupt, software interrupt, supervisor-call interrupt, system-call interrupt, system interrupt, timer interrupt, unmasked interrupt, virtual storage interrupt)

interrupt-driven управляемый прерываниями, по прерываниям □ О системе обработки асинхронных событий, компоненты которой запускаются и останавливаются с помощью прерываний.

interrupt event событие, вызывающее прерывание

interrupt handler программа обработки прерывания, обработчик прерывания. *См. тж.* interrupt vector

interrupt I/O ввод-вывод по прерываниям, обмен по прерываниям. *См. тж.* interrupt-driven

interrupt mask маска прерываний □ Регистр, каждый разряд которого соответствует определённому типу прерывания; прерывание обслуживается или игнорируется в зависимости от значения соответствующего разряда маски прерываний.

interrupt priority приоритет прерывания □ Число, связанное с прерыванием данного типа; при одновременном поступлении нескольких прерываний обслуживается прерывание с большим приоритетом.

interrupt service routine программа обработки прерывания, обработчик прерывания. *См. тж.* interrupt vector

interrupt software 1. программа обработки прерывания, обработчик прерывания 2. программа, работающая по прерываниям

interrupt trap 1. прерывание 2. обработка прерывания

interrupt vector вектор прерывания □ Одна или несколько ячеек памяти, содержащие адрес программы обработки прерывания и, возможно, с л о в о   с о с т о я н и я   п р о ц е с с о р а, устанавливаемое при обращении к этой программе; адрес вектора прерывания определяется по номеру прерывания; для обработки прерывания состояние процессора сохраняется на стеке, и в регистры процессора загружается информация из вектора прерывания.

intersection 1. пересечение □ 1. Операция над множествами: пересечению множеств А и В принадлежат те и только те элементы, которые входят и в А, и в В. 2. Операция реляционной алгебры над отношениями с одинаковым набором атрибутов: пересечение отношений А и В состоит из кортежей, входящих и в А, и в В. 2. конъюнкция, логическое умножение. *См.* AND

intersegment link межсегментная связь

intersegment reference межсегментная ссылка. *См. тж.* intermodular reference

intertask communication межзадачное взаимодействие □ Средства языка программирования или операционной системы, обеспечивающие запуск и синхронизацию задач и передачу данных между задачами.

intrinsic встроенный, предопределённый. *См.* built-in

intrinsic call обращение к встроенной процедуре

intrinsic command резидентная команда □ Команда   д и а л о г о в о г о   м о н и т о р а, выполняемая им самостоятельно. *Ср.* transient command

intrinsic function встроенная функция, предопределённая функция

intruder «злоумышленник» □ Пользователь или программа, пытающиеся получить несанкционированный доступ к данным.

INVALID

invalid недопустимый, ошибочный

invariant инвариант □ Логическое выражение, сохраняющее истинность на некотором участке программы; инвариант цикла — условие, выполняющееся при завершении каждого шага цикла; инвариант модуля — условие, выполняющееся до и после выполнения любой процедуры модуля.

inverse image прообраз

inverse matrix обратная матрица □ Квадратная матрица B, которая при умножении на данную квадратную матрицу A даёт единичную матрицу.

inversion 1. отрицание 2. инверсия

inverted file инвертированный файл □ Файл, снабжённый индексами по вторичным ключам. *См. тж.* **fully inverted file**

inverted list инвертированный список, индекс. *См. тж.* **index**

invocation вызов (*процедуры, процесса*)

invoke вызывать, активизировать (*процедуру, процесс*)

I/O *см.* **input-output**

I/O bound task задача, скорость выполнения которой ограничена скоростью работы устройств ввода-вывода

ioc *см.* **input-output controller**

I/O conversion 1. формат ввода-вывода □ Описание преобразования данных из текстового представления во внутреннее при вводе и из внутреннего — при выводе. 2. преобразование представления данных при вводе-выводе

iocs (i/o control system) система ввода-вывода, система управления вводом-выводом

I/O limited program программа, скорость работы которой ограничена скоростью работы устройств ввода-вывода

I/O list список ввода-вывода □ Список переменных в операторе ввода-вывода.

I/O port порт ввода-вывода. *См. тж.* **port**

IPL *см.* **initial program loader**

irrelevant неподходящий, несоответствующий

IS-A «является экземпляром» □ В представлении знаний — отношение между конкретным объектом и понятием, э к з е м п л я р о м которого он является. *См. тж.* **abstract semantic network**

ISAM *см.* **indexed sequential access method**

ISN (Internal System Number) идентификатор объекта *См. тж.* **entity identifier**

ISO (International Standards Organization) Международная организация по стандартизации, ИСО

ISO code код ISO □ Европейский эквивалент кода ASCII.

isolated word выбранное слово □ Слово, найденное при обращении к ассоциативной памяти.

isomorphism изоморфизм □ Взаимнооднозначное отображение.

IT *см.* **information technology**

item элемент данных. *См.* **data item**

item size размер элемента данных (*в битах, байтах или цифрах*)

item value значение элемента данных

iterate выполнять итерацию; повторять; выполнять цикл

iteration 1. итерация □ Повторение преобразования, приближающего к решению. 2. шаг цикла. *См. тж.* loop

iteration body тело цикла. *См.* loop body

iteration statement оператор цикла

iterative process итерационный процесс. *См.* iteration

iterator итератор □ У п р а в л я ю щ а я   к о н с т р у к-
ц и я языка программирования для задания последовательности
значений параметра цикла.

Iverson notation нотация Айверсона □ Компактный способ
записи математических выражений, лежащий в основе языка
АПЛ,

J

jagging неровность, ступенчатость □ В растровой графике —
искажение линий вследствие большого размера элементов растра.

jam замятие *(бумаги в печатающем устройстве, перфокарты
в перфосчитывателе, магнитной ленты в лентопротяжном
устройстве)*

JCL (Job Control Language) □ Название языка управления
задания в операционных системах ЭВМ серий IBM/360, IBM/370.

JMP *см.* jump

job задание □ Совокупность программ и их данных, обрабатываемая операционной системой как единое целое. *См. тж.*
task (active job, background job, batch job, pending job, remote
job)

job batch пакет заданий

job class класс задания □ Код, указывающий параметры обслуживания задания системой управления заданиями: приоритет, время выполнения, объём используемой памяти.

job control управление заданиями □ Распределение ресурсов
между заданиями, их загрузка и обеспечение данными.

job control language язык управления заданиями. *См. тж.*
command language, JCL

job control statement предложение языка управления заданиями

job deck пакет заданий *(на перфокартах)*

job definition описание задания □ Последовательность операторов языка управления заданиями, описывающая задание и
его параметры.

job description описание задания. *См.* job definition

job file файл задания □ Файл, содержащий описание гото-
вого к выполнению задания.

job input stream входной поток. *См.* input stream

job library библиотека задания □ В языке управления заданиями JCL — набор данных, сформированный из используемых
заданием библиотек, в котором находятся загрузочные модули
для выполнения шагов задания.

job management управление заданиями. *См.* job control

job mix загрузка, смесь задач □ Совокупность задач, выполняемых в некоторый момент времени.

JOB

job name имя задания □ В языке управления заданиями JCL — имя, приписываемое заданию предложением «JOB».

job-oriented terminal проблемно-ориентированный терминал, специализированный терминал

job output stream выходной поток. *См. тж.* output stream

job priority приоритет задания

job processing обработка задания, выполнение задания

job queue очередь заданий □ Список введённых заданий, выполнение которых не начато.

job scheduler планировщик заданий □ В OS/360 — часть управляющей программы, анализирующая предложения языка JCL во входном потоке, устанавливающая порядок обработки заданий и управляющая их инициализацией и завершением.

job stacking формирование очереди заданий; формирование пакета заданий

JOB statement предложение "JOB" □ Предложение языка управления заданиями JCL, задающее начало задания и указывающее имя, учётный номер, класс и приоритет задания.

job step шаг задания □ Выполнение одной программы в рамках задания.

job stream поток заданий; входной поток

join соединение □ Операция реляционной алгебры, позволяющая сравнить значения двух атрибутов (столбцов) разных отношений (таблиц) и построить отношение из строк соединяемых отношений, для которых сравнение успешно.

journal журнал □ Структура данных (файл или часть базы данных), в которую заносится информация об изменениях, производимых над файлом, базой данных или текстом; по журналу можно восстановить предыдущее состояние данных или воспроизвести выполненные изменения. В некоторых системах управления базами данных оперативные изменения заносятся только в журнал и переносятся в основную базу отдельной операцией. (after-look journal, before-look journal)

journal file журнал, журнальный файл. *См.* journal

journalizing журнализация □ Запись информации об операциях в журнал. *См.* journal

joystick «джойстик», координатная ручка □ Устройство ввода координат в виде наклоняющегося рычажка. Применяется, в основном, для компьютерных игр.

jump 1. переход, передача управления. 2. переходить, выполнять переход, передавать управление (conditional jump, unconditional jump)

jump instruction команда перехода, команда передачи управления

jump table таблица переходов, переключатель. *См. тж.* switch

justification выравнивание, выключка строк □ Размещение текста так, что все строки (кроме первых строк абзацев) имеют одинаковую длину и начинаются на одном уровне.

justify выравнивать. *См.* justification (left-justified, right-justified)

К

KAPSE (Kernel Ada Programming Support Environment) ядро среды программирования на Аде □ Совокупность программных средств, обеспечивающая стандартный машинно-независимый интерфейс остальных компонент APSE с операционной системой и аппаратурой конкретной ЭВМ. *См. тж.* APSE.

Karnaugh map карта Карно □ Способ графического представления *логических выражений* в виде прямоугольной таблицы.

Kb *см.* Kbit; Kbyte

KBD *см.* keyboard

Kbit килобит, Кбит (1024 бита)

Kbyte килобайт, Кбайт (1024 байта)

kernel ядро □ Внутренняя резидентная часть операционной системы, управляющая процессами операционной системы и распределяющая для них физические ресурсы.

kernel mode привилегированный режим, режим ядра *(операционной системы)* □ Режим работы процессора, в котором разрешено выполнение всех п р и в и л е г и р о в а н н ы х к о м а н д.

kernel operation операция ядра □ Операция ядра операционной системы.

key 1. ключ □ Простой или составной элемент данных (поле или группа полей), однозначно идентифицирующий запись или указывающий её местоположение. В реляционной модели данных — совокупность атрибутов, набор значений которых однозначно идентифицирует к о р т е ж этого отношения. 2. клавиша *(клавиатуры)* 3. ключ □ Параметр шифрования, определяющий один из возможных вариантов шифра; для дешифрации необходимо знать алгоритм шифра и ключ. (auxiliary key, break key, candidate, key cursor control keys, data-base key, editing key, encryption key, escape key, external key, foreign key, function key, major key, memory key, pass key, primary key, programmed key, return key, search key, secondary key, sequencing key, shift key, shift lock key, soft key, sorting key, storage key, tabulator key, user-defined key, write key)

keyboard клавиатура (ASCII keyboard, AZERTY keyboard, blind keyboard, chord keyboard, Dvorak keyboard, infrared keyboard, QWERTY keyboard, sculptured keyboard, soft keyboard, tactile keyboard, typamatic keyboard, typewriter keyboard)

keyboard input 1. ввод (данных) с клавиатуры 2. данные, введённые с клавиатуры

key click щелчок при нажатии клавиши *(обеспечивающий слуховую обратную связь)*

keyed access доступ по ключу, ключевой доступ □ Способ доступа, при котором для обращения к записи файла указывается её ключ.

keyed sequential access method (KSAM) последовательный метод доступа с ключами □ Общее название метода доступа, позволяющего обращаться к записям файла как последовательно, так и по ключу.

KEY

key field 1. поле ключа 2. ключевое поле *См. тж.* field

key in печатать, вводить с клавиатуры

keypad вспомогательная клавиатура, специализированная клавиатура □ Клавиатура с небольшим набором клавиш для ввода специальных символов; может быть частью большой клавиатуры или независимым устройством.

key sorting сортировка по ключу □ Сортировка записей с упорядочением по значению указанного поля или группы полей.

keystroke нажатие клавиши

keyword ключевое слово □ 1. Зарезервированное слово языка программирования или другого искусственного языка, по которому языковой процессор распознаёт синтаксическую конструкцию. 2. Слово, отражающее содержание текста. 3. При вызове процедуры или макрокоманды — слово или символ, идентифицирующие к л ю ч е в о й п а р а м е т р.

keyword parameter ключевой параметр □ Параметр, значение которого задаётся с помощью ключевого слова. *Ср.* positional parameter

kill уничтожать; удалять (*о процессе, сообщении или части текста*)

kilobit килобит, Кбит (1024 бита)

kilobyte килобайт, Кбайт (1024 байта)

KISS-principle (keep it simple, stupid) KISS-принцип □ Принцип, запрещающий использование более сложных средств, чем необходимо. *См. тж.* Occam razor

kit набор; комплект (distribution kit, upgrade kit)

kludge □ Вариантная запись, используемая для обхода системы контроля типов.

knowledge acquisition сбор знаний; построение базы знаний □ При построении э к с п е р т н о й с и с т е м ы или б а з ы з н а н и й — получение информации о предметной области от специалистов и выражение её на языке п р е д с т а в л е н и я з н а н и й.

knowledge base база знаний □ Совокупность правил и фактов, описывающая предметную область и вместе с механизмом вывода позволяющая отвечать на вопросы об этой предметной области, ответ на которые в явном виде не присутствует в базе. *См. тж.* expert system, knowledge representation

knowledge-based интеллектуальный; использующий средства или методы искусственного интеллекта

knowledge engineer инженер знаний □ Специалист по искусственному интеллекту, занимающийся построением конкретной экспертной системы или базы знаний.

knowledge engineering разработка интеллектуального обеспечения

knowledge representation представление знаний □ Раздел искусственного интеллекта, занимающийся средствами представления понятий, правил и фактов для построения баз знаний и экспертных систем.

KSAM *См.* keyed sequential access method

L

label 1. метка ☐ 1. Идентификатор или номер, приписанный оператору программы и используемый в других частях программы для обращения к этому оператору. 2. Файл или запись в начале тома (магнитной ленты или диска), содержащие служебную информацию: имя тома, формат, описание содержимого. *Ср.* **mark** 2. метка, маркировка 3. помечать (beginning-of-file label, beginning-of-volume label, entry label, external label, file label, tape label, trailer label, volume label)

label block 1. блок метки ☐ Блок магнитного носителя, содержащий метку. 2. заголовок файла

labeled common помеченный общий блок. *См. тж.* **common block**

label field поле метки ☐ Часть команды на языке ассемблера, представляющая метку команды.

label identifier метка, идентификатор метки

label variable переменная типа метка ☐ В языке ПЛ/1 — переменная, значением которой является метка и которая может использоваться в операторе перехода.

lambda calculus лямбда-исчисление ☐ Математический формализм для представления и определения функций, оказавший существенное влияние на развитие языков функционального программирования, в частности, на развитие языка Лисп.

lament утверждение ☐ Предложение программы на языке Пролог. *См. тж.* **Prolog**

LAN *см.* **local area network** (baseband LAN, broadband LAN)

landing zone зона посадки головок ☐ Участок поверхности винчестерского диска, на который опускается головка при остановке диска.

landscape горизонтальный ☐ О расположении текста или изображения на бумаге, при котором горизонтальное направление совпадает с широкой стороной листа. *Ср.* **portrait**

language язык ☐ Естественная или искусственная знаковая система для общения и передачи информации. (algorithmic language, applicative language, artificial language, assembly language, assignment-free language, block-structured language, command language, computer-dependent language, computer language, computer-oriented language, computer-sensitive language, context-free language, data-base language, datadefinition language, data-description language, datastructure language, declarative language, device media control language, extensible language, functional language, high-level language, host language, imperative language, input language, intermediate language, interpretative language, job control language, list-processing language, low-level language, machine-independent language, machine language, machine-oriented language, macro language, meta language, native-mode language, natural language, nonprocedural language, object language, object-oriented language, problem-oriented language, procedural language, procedure-oriented language, programming language, query language, register-transfer language, regular language, relational language, rule language, rule-oriented language, simulation language, single-assignment language, source

LANGUAGE

language, specification language, stratified language, strongly-typed language, subset language, target language, threaded language, typed language, unchecked language, unstratified language, untyped language)

language binding привязка к языку ☐ Средства языка программирования, обеспечивающие взаимодействие программ со стандартным пакетом. *См. тж.* host language

language construct конструкция языка ☐ Синтаксическая структура для построения сложных операторов и выражений языка из более простых.

language converter конвертор ☐ Программа, выполняющая трансляцию на язык того же уровня, что и входной язык (например, с языка ФОРТРАН на БЕЙСИК).

language processor транслятор или интерпретатор ☐ Программа, обрабатывающая (транслирующая или интерпретирующая) программу на языке программирования.

laptop computer портативная ЭВМ ☐ П е р с о н а л ь н а я Э В М с автономным питанием и весом не более 4—5 кг. Такие ПЭВМ обычно имеют клавиатуру, плоский дисплей на жидких кристаллах или плазменный дисплей, энергонезависимое ОЗУ, а также средства сопряжения с внешними устройствами; некоторые оснащены трехдюймовыми флоппи-дисками. *Ср.* portable computer

laser printer лазерный принтер, лазерное печатающее устройство ☐ Матричное печатающее устройство, в котором изображения символов рисуются лазерным лучом и переносятся на бумагу методом ксерографии; имеет высокую разрешающую способность (120 точек на сантиметр) и скорость до 13 тыс. строк в минуту.

last-in, first-out (LIFO) в магазинном порядке ☐ Об алгоритмах обслуживания запросов или рассмотрения альтернатив в порядке, обратном порядку их поступления (последний поступивший обрабатывается первым).

latency время ожидания ☐ Время, за которое заданный сектор диска достигает головки чтения-записи.

lattice решётка ☐ Множество, на котором задано отношение порядка такое, что для любых двух элементов A и B имеется минимальная верхняя грань и максимальная нижняя грань.

layer уровень ☐ В иерархической системе — совокупность логически связанных средств или понятий, на которых основывается следующий уровень.

layout 1. размещение; компоновка 2. формат

layout character символ управления форматом

lc *см.* lower-case

LCB *см.* line control block

LCD display дисплей на жидких кристаллах

LE (less or equal) меньше или равно (*операция сравнения*)

leader 1. начальный участок, начало 2. заголовок ☐ Данные, расположенные в начале последовательности.

leading blanks начальные пробелы ☐ Пробелы в начале текста, не относящиеся к нему.

leading zeros начальные нули ☐ Незначащие нули в начале записи числа.

leaf node лист □ Вершина дерева, не имеющая дочерних вершин.

leapfrog test тест «чехарда» □ Программа, тестирующая память, пересылая себя на непосредственно соседний участок памяти и передавая управление созданной копии; таким образом проверяется вся память.

learning program самообучающаяся программа

leased circuit арендованный канал; выделенный канал

leased line арендованный канал; выделенный канал

least frequently used removal (LFU) удаление редко используемых □ В системе управления виртуальной памятью — алгоритм замещения страниц (сегментов), при использовании которого откачиваются страницы, обращения к которым происходят наименее часто. *Ср.* **least recently used removal**

least recently used removal (LRU) удаление «стариков» □ В системах управления виртуальной памятью — алгоритм замещения страниц (сегментов), при использовании которого откачиваются страницы, к которым наиболее долго не было обращений. *Ср.* **least frequently used removal**

least-significant bit младший бит, младший (двоичный) разряд

least-significant digit младший разряд □ Самая левая цифра записи числа.

least-squares method метод наименьших квадратов

ledger программа финансового учёта

left-justified выравненный по левому краю; выравненный по левому полю

left-recursive grammar леворекурсивная грамматика □ Грамматика, содержащая правила вида A → Bs, где A и B — нетерминальные символы, а s — последовательность (возможно пустая) терминальных и нетерминальных символов.

leg ветвь *(программы)*

legal допустимый

length длина □ Число элементов (символов в строке, битов в слове, слов в блоке, блоков в файле, дорожке или магнитной ленте). (block length, instruction length, word length)

letter буква; символ; элемент алфавита

letter-quality printer высококачественное печатающее устройство □ Матричное печатающее устройство, обеспечивающее качество печати, не уступающее качеству машинописного текста. *См. тж.* **printing quality**

lexeme лексема

lexer *см.* **lexical analyzer**

lexical analyzer лексический анализатор. *См. тж.* **lexical scan**

lexical scan лексический анализ □ Первый этап трансляции, во время которого распознаются и заменяются внутренними кодами служебные слова языка, идентификаторы, литералы и знаки операций.

lexicographic order лексикографический порядок

LF (line feed) перевод строки □ Управляющий символ, перемещающий текущую позицию вывода на одну строку вниз. В коде ASCII представлен числом 10.

LFU *см.* **least frequently used removal**

liason соединение ☐ Потенциальная возможность установления связи между двумя узлами сети передачи данных.

libr *см.* 1. **librarian** 2. **library**

librarian 1. библиотекарь ☐ Программа для создания и реорганизации библиотек, добавления, исключения, замены и извлечения модулей библиотеки и для выдачи справочной информации о ней. 2. библиотекарь проекта. *См.* **project librarian**

library библиотека ☐ Специальным образом организованный файл, содержащий элементы программы (процедуры, подпрограммы, макроопределения), которые доступны по имени и могут быть извлечены для присоединения к некоторой программе. (default library, help library, job library, macro definition library, macro library, object library, personal library, private library, public library, resident library, run-time library, source library, subroutine library)

library function библиотечная функция ☐ Функция, программа вычисления которой имеется в библиотеке и может быть присоединена компоновщиком к пользовательской программе.

library program библиотечная программа ☐ Программа, которая может быть вызвана из библиотеки программ.

library subroutine библиотечная подпрограмма. *См. тж.* **library program**

lifetime время жизни ☐ Интервал выполнения программы, в течение которого программный объект (например, переменная) сохраняет своё значение.

LIFO *см.* **last-in, first-out**

LIFO processing магазинная обработка

LIFO queue стек, магазин. *См.* **stack**

light button световая кнопка ☐ В машинной графике и интерактивных системах — элемент изображения, в ы б о р которого вызывает некоторое действие системы.

light gun световое перо. *См.* **light pen**

light·pen световое перо ☐ Светочувствительное устройство, позволяющее выбрать точку экрана дисплея, указывая на неё. Используется как устройство ввода координат и как у к а з к а.

limit граница; предел

limited ограниченный ☐ О задаче или процессе, скорость выполнения которых ограничена скоростью работы какой-либо компоненты вычислительной системы.

limit-type search граничный поиск ☐ Поиск, при котором отбираются значения, лежащие в заданном диапазоне.

line 1. строка (*программы, текста, экрана дисплея*) 2. линия (*элемент изображения*) 3. линия связи; проводник шины 4. серия; семейство (code line, command line, dial line, help line, in-house line, leased line, multidrop line, multipoint line, point-to-point line, scan line, switched line)

linear-bounded automaton автомат с линейно ограниченной памятью ☐ Автомат (например, машина Тьюринга), которому для распознавания последовательности длины N необходима память объёмом не более kN, где k — число, не зависящее от входной последовательности.

linear code линейный код ☐ Код, дешифрация которого может быть описана как линейное преобразование.

linear program линейная программа □ Программа, не содержащая переходов.

linear programming линейное программирование □ Раздел математики, изучающий задачи оптимизации с ограничениями в виде системы линейных неравенств.

linear search последовательный перебор

line attribute атрибут линии □ В машинной графике — тип (сплошная, прерывистая, пунктирная), ширина и цвет линии.

line control block (LCB) блок управления каналом □ Структура данных, содержащая параметры канала передачи данных (например, скорость, способ синхронизации) и информацию о его текущем состоянии.

line editor редактор строк, строковый редактор □ Текстовый редактор, выполняющий операции в соответствии с текстовыми командами над указанными в них строками. *Ср.* context editor, screen editor

line feed перевод строки □ 1. Перемещение бумаги в печатающем устройстве на одну строку вверх. 2. Перемещение позиции вывода на одну строку вниз.

line folding перенос строк □ Автоматическая вставка символа перевода строки при приёме текстового сообщения длиной больше длины строки выводного устройства.

line number номер строки

line of code строка (текста) программы

line printer устройство построчной печати, построчно-печатающее устройство

line protocol протокол линии связи □ Протокол, регламентирующий формат к а д р а и его передачу по линиям связи. В архитектуре о т к р ы т ы х с и с т е м соответствует п р о т о к о л у к а н а л ь н о г о у р о в н я.

line spacing интервал строк

line switching коммутация каналов. *См.* circuit switching

link 1. компоновать, связывать □ Строить загрузочный модуль из объектных модулей. 2. указатель, ссылка 3. указывать 4. линия связи; канал связи. 5. адрес возврата. *См.* return address

linkable пригодный для компоновки, во входном формате компоновщика

linkage компоновка, сборка. *См. тж.* link 1.

linkage editor компоновщик. *См.* linker

link edit компоновать, связывать. *См.* link 1.

link editor компоновщик. *См.* linker

linked list список с использованием указателей □ С п и с о к, в котором каждый элемент содержит указатель на следующий элемент или два указателя — на следующий и предыдущий.

linked subroutine 1. библиотечная подпрограмма; внешняя подпрограмма 2. замкнутая подпрограмма

linker компоновщик □ Программа, строящая загрузочный модуль из объектных модулей.

link file файл связей □ Файл, содержащий информацию для к о м п о н о в щ и к а об именах объектных модулей и библиотек, из которых строится загрузочный модуль, и другие параметры компоновки.

linking loader компонующий загрузчик, динамический загрузчик □ Загрузчик, строящий задачу из объектных модулей непосредственно в памяти во время загрузки.

lips (logical inferences per second) логических выводов в секунду □ Единица измерения скорости редукционных машин и машин с аппаратной поддержкой языков логического программирования.

Lisp Лисп □ Универсальный язык программирования, основанный на понятии списка; все объекты языка, как программы, так и данные, могут рассматриваться как списки. Другие особенности языка Лисп — диалоговый режим работы, сочетающий интерпретацию и трансляцию, функциональный стиль программирования.

Lisp machine Лисп-машина □ ЭВМ, обеспечивающая аппаратную интерпретацию программ на языке Лисп.

list 1. список □ Упорядоченная последовательность произвольных элементов, в частности, других списков. 2. печатать, распечатывать 3. перечислять (argument list, argument-type list, association list, attribute-value list, chained list, export list, import list, inverted list, I/O list, linked list, multithreaded list, property list, push-down list, push-up list, threaded list, waiting list)

list device (логическое) устройство печати □ Устройство, на которое выводятся результаты работы программы; устройство, связанное по умолчанию со с т а н д а р т н ы м в ы в о д о м программы.

listen ждать сигнала; анализировать состояние линии связи или шины

listing распечатка □ Выходные результаты, представленные в текстовом виде.

list processing обработка списков □ Программные или (редко) аппаратные средства обработки списочных структур данных, обеспечивающие динамическое распределение памяти со сборкой мусора и операции построения и анализа списков.

list-processing language язык обработки списков

list representation списочное представление, представление (данных) в виде списка

lit см. literal

literal литерал, буквальная константа

LL(k) grammar грамматика с ограниченным правым контекстом, LL(k)-грамматика

load 1. загружать (программу). □ Считывать и настраивать загрузочный модуль или сегмент перекрытий. 2. загружать (в регистр) □ Заносить в регистр процессора данные из оперативной памяти. 3. загружать (в память) □ Считывать в оперативную память данные из внешней памяти. 4. загружать, заполнять (базу данных) □ Записывать в базу данных предназначенную для неё информацию. 5. устанавливать (магнитную ленту или диск на соответствующее устройство) 6. загрузка (оборудования, системы) □ Совокупность выполняемых работ.

loadable driver загружаемый драйвер, нерезидентный драйвер □ Драйвер, который не входит в тело операционной системы и должен быть загружен специальной командой. См. тж. device driver

loadable font загружаемый шрифт □ Изображения литер

(обычно в виде р а с т р о в ы х м а т р и ц), загружаемые программой в память печатающего устройства или знакогенератора дисплея.

loaded data base заполненная база данных □ База данных, в которую введены все необходимые данные.

loader загрузчик □ Программа (часть операционной системы или системы программирования), считывающая з а г р у з о ч-н ы е м о д у л и в оперативную память, н а с т р а и в а ю-щ а я и, возможно, запускающая их. (absolute loader, binary loader, bootstrap loader, initial program loader, linking loader, relocatable linking loader, relocatable loader, relocating loader)

loading factor коэффициент загрузки □ В базах данных — отношение объёма полезной информации к общему объёму занимаемой физической памяти.

load map карта (распределения) памяти □ Выдаваемая к о м-п о н о в щ и к о м таблица, указывающая расположение и длины сегментов программы в памяти.

load module загрузочный модуль □ Программа в виде, пригодном для загрузки и выполнения; содержит программу в машинном коде и информацию для настройки адресов.

load on call динамическая загрузка. *См.* dynamic program loading

load point начало ленты, точка загрузки □ Начало информационной части магнитной ленты, указываемое м а р к е р о м н а ч а л а л е н т ы.

loc *см.* location

local локальный □ 1. Об объекте программы — определённый и доступный только в текущем блоке (модуле, процедуре) программы. *Ср.* global 2. О методе — применяемый к ограниченному участку 3. Об устройстве — подключённый непосредственно к ЭВМ, в отличие от доступного по сети.

local area network (LAN) локальная (вычислительная) сеть, ЛВС □ Коммуникационная система, поддерживающая в пределах одного здания или некоторой ограниченной территории один или несколько высокоскоростных каналов передачи цифровой информации, предоставляемых подключаемым устройствам для кратковременного монопольного использования.

local identifier локальный идентификатор, локальное имя. *Ср.* global identifier

local mode автономный режим. *См.* off-line mode

local optimization локальная оптимизация □ 1. Оптимизация программы на уровне выбора машинных команд. 2. Нахождение локального минимума или максимума целевой функции. *Ср.* global optimization

local variable локальная переменная □ Переменная, описанная в данном блоке или модуле и недоступная вне его. *Ср.* global variable

locate 1. находить (*местоположение данных*) 2. размещать 3. устанавливать (*позицию курсора на экране дисплея, головки магнитного диска*)

location 1. положение 2. ячейка памяти (home location, memory location, storage location)

locator локатор, устройство ввода позиций

lock 1. замок □ Код, структура данных или программа,

используемые для управления доступом к информационному объекту и синхронизации процессов. *См. тж.* memory lock 2. захватывать ☐ Делать информационный объект (например, файл) недоступным другим процессам. *См. тж.* file locking, monitor 3. запирать *(клавиатуру)* ☐ Игнорировать все поступающие от клавиатуры сигналы; некоторые типы клавиатур позволяют также сделать невозможным физическое нажатие. (caps lock, memory lock, num lock, privacy lock, protection lock)

locked file захваченный файл. *См. тж.* lock 2.

locking escape переход с блокировкой ☐ Изменение интерпретации передаваемых кодов, действующее до управляющего символа возврата к исходной интерпретации. *Ср.* nonlocking escape

lockout захват, монопольное использование ☐ Использование ресурса одним процессом с запрещением обращений к нему от других процессов. *См. тж.* critical section

lock-up тупик, тупиковая ситуация ☐ Состояние системы, в котором она не может выполнять всей или большей части полезной работы и из которого она не может выйти самостоятельно. *См. тж.* deadlock

log 1. журнал, файл регистрации; протокол 2. регистрировать ☐ Записывать информацию о некотором событии в специальный файл (журнал). 3. *см.* logarithm (audit log, console log, error log, system log, transactions log)

logarithm логарифм

logarithmic search двоичный поиск, поиск делением пополам. *См.* binary search

logging in вход *(в систему)*. *См. тж.* login

logging out выход *(из системы)*. *См. тж.* logout

logic 1. логика 2. логические схемы, логика 3. алгоритм (binary logic, distributed logic, first-order logic, fuzzy logic, multivalued logic, stored logic)

logical 1. логический ☐ 1. Относящийся к логическим значениям. *См.* Boolean 2. Рассматриваемый с точки зрения возможных операций, а не с точки зрения реальной организации; «виртуальный» обычно подразумевает большую степень абстракции; «концептуальный» и «абстрактный» относятся больше к рассуждениям и проектированию, чем к функционированию программы. 2. логичный, логический ☐ Правильный с точки зрения логики.

logical addition логическое сложение, дизъюнкция. *См.* OR

logical address логический адрес ☐ Символический или условный адрес ячейки или области памяти, устройства или узла сети, который переводится в физический адрес соответствующим программным или аппаратным обеспечением.

logical block number логический номер блока. *См. тж.* block number

logical channel number номер логического канала ☐ Идентификатор виртуального канала, используемый в пакетном интерфейсе, определённом рекомендацией X.25 МККТТ, позволяющий нескольким виртуальным каналам одновременно использовать один физический интерфейс.

logical data base логическая база данных ☐ База данных с точки зрения прикладной программы или пользователя. *См. тж.* subschema

logical device логическое устройство □ Системная программа (драйвер), выполняющая операции ввода-вывода по запросам прикладных программ. Одному логическому устройству может соответствовать несколько физических или одно физическое устройство может использоваться как несколько логических. Соответствие между логическими и физическими устройствами может меняться во время работы системы.

logical device name логическое имя устройства, имя логического устройства □ Строка символов, используемая в программе для обозначения устройства ввода-вывода. Связь с конкретным внешним устройством осуществляется во время выполнения.

logical expression логическое выражение □ Выражение, состоящее из элементарных утверждений, объединённых логическими связками.

logical file логический файл □ Файл с точки зрения программы; логический файл может быть связан с физическим файлом или внешним устройством.

logical input device логическое устройство ввода □ В интерактивной графике — совокупность процедур, с помощью которых прикладная программа взаимодействует с пользователем. Процедуры различных логических вводных устройств обеспечивают ввод координат одной или нескольких позиций, ввод числового значения, ввод текстовой строки, выбор сегмента изображения или пункта меню. В конкретной графической системе логическое вводное устройство может использовать различные физические устройства. (choice device, locator, string device, stroke device, valuator)

logical multiplication логическое умножение, конъюнкция. *См.* AND

logical name логическое имя □ Имя, присвоенное объекту на время выполнения программы и используемое внутри этой программы.

logical operator знак логической операции

logical product логическое произведение. *См. тж.* AND

logical programming логическое программирование. *См. тж.* PROLOG, rule-oriented programming

logical record логическая запись □ Запись с точки зрения её содержимого. Одна логическая запись может состоять из нескольких физических или быть частью физической записи.

logical shift логический сдвиг □ Операция сдвига двоичного слова вправо с заполнением освобождающихся разрядов нулями; логический сдвиг влево совпадает с а р и ф м е т и ч е с к и м с д в и г о м.

logical test логическая проверка, логический контроль

logical unit number логический номер устройства, номер логического устройства □ В ряде систем программирования — число, используемое в качестве имени логического устройства.

logical value логическое значение. *См.* Boolean value. *См. тж.* fuzzy logic, multivalued logic

logic analyzer логический анализатор □ Устройство отладки цифровых электронных устройств, позволяющее отслеживать и записывать состояния сигналов и логических элементов.

LOGIC

logic operation логическая операция □ Операция, аргументы которой принимают логические значения (в обычной логике — «истина» и «ложь»).

login вход, начало сеанса

log in входить *(в систему)* □ Начинать работу с диалоговой системой или системой разделения времени, сообщая ей имя и пароль.

LOGO Лого □ Язык программирования, разработанный, в первую очередь, для обучения программированию детей дошкольного и младшего школьного возраста. Основные характеристики языка Лого: синтаксис, близкий к естественному языку, развитая и интуитивно прозрачная система графических примитивов, приспособленность к интерактивному режиму работы.

logoff выход, конец сеанса

log off выходить *(из системы)*. *См.* log out

logon вход, начало сеанса

log on входить *(в систему)*. *См.* log in

logout выход, конец сеанса

log out выходить *(из системы)* □ Заканчивать работу с диалоговой системой или системой разделения времени.

longitudinal redundancy check продольный контроль. *См.* vertical redundancy check

long word длинное слово; двойное слово

look ahead 1. упреждение □ Предоставление программе или устройству ресурса до его запроса (например, считывание большего числа блоков, чем запрошено; выборка в сверхоперативную память команд линейного участка раньше, чем программа дойдёт до них). 2. просмотр вперёд □ При генерации кода — использование при выборе команды информации о последующих действиях транслируемой программы.

look-alike имитация □ Программа или ЭВМ, обеспечивающие те же возможности и тот же интерфейс, что и прототип, но разработанные независимо и имеющие иную внутреннюю структуру. *См. тж.* clone

look-aside registers ассоциативная таблица страниц □ Часть системы управления виртуальной памятью, отражающая соответствие физических и виртуальных страниц и выдающая номер физической страницы по заданному виртуальному адресу.

look-up table таблица перекодировки, таблица преобразования; справочная таблица □ Задание отображения в виде таблицы (массива), в которой i-й элемент указывает значение, соответствующее i.

loop цикл □ Конструкция программы, обеспечивающая повторение группы операций. Число повторений цикла задаётся указанием множества значений параметра цикла, условием продолжения или условием завершения. (do-while loop, embedded loops, empty loop, inner loop, main loop, nested loops, N-plus-a-half loop, open loop, repeat-until loop, stop loop, wait loop, while loop)

loop body тело цикла □ Совокупность выполняющихся в цикле операторов.

loop counter счётчик цикла

loop header заголовок цикла □ Часть оператора цикла, задающая начальные значения параметров цикла, шаг цикла и условие продолжения или завершения.

looping выполнение цикла

loop invariant инвариант цикла. *См., тж.* invariant

loop termination выход из цикла

loop variable параметр цикла

loosely-coupled interface слабая связь

Lotus Development Corporation □ Американская фирма, выпускающая программное обеспечение для персональных ЭВМ. Разработчик интегрированной системы Symphony.

low младший □ 1. О разряде или байте — самый правый, представляющий младшую цифру числа. 2. Об области памяти — имеющий меньший адрес.

low bit нулевой бит, нулевой разряд. *Ср.* high bit

low bound нижняя граница *(массива)*

lower bound нижняя граница *(массива)*

lower-case строчная, нижнего регистра *(о буквах)*

low-level implementation реализация средствами низкого уровня

low-level language язык низкого уровня. *См. тж.* computer-oriented language

low-order digit младший разряд. *См.* least significant digit

low-priority низкоприоритетный, имеющий низкий приоритет

low-resolution mode графический режим с низким разрешением. *См. тж.* graphics mode

LP *см.* linear programming

lpi (lines per inch) строк на дюйм

lpm (lines per minute) строк в минуту

LR(k) grammar грамматика с ограниченным левым контекстом, LR(k)-грамматика.

LRU *см.* least recently used removal

LSB *см.* least significant bit

LSD *см.* least significant digit

LT (less than) меньше *(операция сравнения)*

Lukasiewicz notation польская запись. *См.* prefix notation

lvalue (leftside value) 1. именующее выражение □ Выражение, которое может стоять в левой части оператора присваивания. 2. адрес переменной □ С идентификатором переменной в программе связано две величины: адрес переменной и её значение. Адрес используется, когда переменная стоит в левой части присваивания, значение — когда переменная стоит в правой части присваивания. *Ср.* rvalue

M

machinable *см.* machine-readable

machine 1. (вычислительная) машина, ЭВМ *См.* computer 2. автомат. *См.* automaton (abstract machine, analog machine, bare machine, data-base machine, data-flow machine, finite-state machine, Lisp machine, naked machine, reduction machine, Turing machine, virtual machine, von Neumann machine)

machine address 1. машинный адрес □ Адрес в числовом виде. 2. физический адрес. *См.* physical address

MACHINE

machine code 1. машинный код, язык машины □ Система команд конкретной ЭВМ. 2. машинный код □ Программа, записанная на языке машины.

machine-dependent машинно-зависимый □ О программе, языке программирования или методе, которые учитывают особенности архитектуры ЭВМ и могут быть использованы только на ЭВМ определённого типа.

machine-independent машинно-независимый □ О программе, языке программирования или методе, не зависящих от особенностей конкретной ЭВМ и пригодных для применения на ЭВМ различных типов.

machine-independent language машинно-независимый язык

machine instruction машинная команда, команда машины

machine intelligence искусственный интеллект. *См.* artificial intelligence

machine language машинный язык, язык машины □ Система команд ЭВМ.

machine learning машинное обучение

machine-oriented language машинно-ориентированный язык. *См.* computer-oriented language

machine-readable в пригодной для ввода в ЭВМ форме

machine-sensible в пригодной для ввода в ЭВМ форме

machine time машинное время □ 1. Время счёта, время центрального процессора. *См.* CPU time 2. Интервал времени, в течение которого вычислительная система или терминал в системе разделения времени используются данным пользователем.

machine translation машинный перевод □ Перевод с одного естественного языка на другой с использованием ЭВМ. Машинный перевод может быть полностью автоматическим, но обычно требует участия человека.

machine word машинное слово. *См.* word

Macintosh □ Персональная ЭВМ фирмы Apple на базе микропроцессора Motorola 68000, имеющая мощные встроенные средства организации непосредственного (экранного) взаимодействия с пользователем.

Maclisp □ Диалект языка Лисп, разработанный в Массачусетском технологическом институте. Самый распространённый диалект языка Лисп, положенный в основу языка Common Lisp.

MAC project (machine-aided cognition *или* multiple-access computer) □ Комплексная научно-исследовательская программа в области искусственного интеллекта и интерактивных систем, выполнявшаяся в Массачусетском технологическом институте в 60-х и 70-х годах. Её результатом явились, в частности, первая в мире практически используемая система разделения времени ряд новых диалоговых систем программирования (в том числе Maclisp, Multics), отработка принципов современных операционных систем и системы анализа естественного языка.

macro 1. макрокоманда, макрос. *См.* macro command, macro instruction 2. макроопределение, макрос. *См.* macro declaration 3. макроассемблер. *См.* macro assembler

macro assembler макроассемблер □ Транслятор с языка ассемблера, включающий средства определения и использования макрокоманд.

macro call обращение к макрокоманде, макрокоманда. *См. тж.* macro instruction

macrocode макрокоманда. *См.* macro instruction

macro command макрокоманда □ В интерактивной системе — команда, вызывающая выполнение последовательности других команд.

macro declaration макроопределение, определение макрокоманды □ Описание образца и подставляемого вместо него текста. В языках программирования образец макрокоманды обычно состоит из имени макрокоманды и позиционных или ключевых параметров.

macro definition макроопределение, определение макрокоманды. *См.* macro declaration

macro definition library библиотека макроопределений, макробиблиотека

macroexerciser программа комплексного тестирования □ Программа, циклически выполняющая группу тестов для проверки правильности работы компонентов вычислительной системы.

macro expansion 1. макрорасширение □ Текст, подставляемый вместо макрокоманды. 2. макроподстановка. *См.* macro generation

macro generation макроподстановка □ Замена обращений к макрокомандам текстами, соответствующими их определениям.

macro generator макрогенератор, макропроцессор □ Программа, обрабатывающая текст и выполняющая макроподстановки.

macro instruction макрокоманда □ 1. Выражение программы, вместо которого подставляется текст, задаваемый макроопределением. 2. Команда языка ассемблера, транслируемая в несколько машинных команд. *См. тж.* built-in macro instruction

macro language макроязык □ Язык, включающий средства определения и использования м а к р о к о м а н д.

macro library библиотека макроопределений, макробиблиотека

macro parameter параметр макрокоманды

macro processor макропроцессор. *См.* macro generator

macroprogramming программирование с использованием макрокоманд

macro prototype образец макрокоманды; макроопределение

macro substitution макроподстановка. *См.* macro generation

MACSYMA Максима □ Язык программирования для аналитических преобразований.

magnetic card магнитная карта

magnetic disk магнитный диск □ 1. Носитель данных в виде диска с магнитным покрытием. 2. Запоминающее устройство на магнитных дисках.

magnetic drum магнитный барабан

magnetic tape магнитная лента □ 1. Магнитные ленты применяются, в первую очередь, для обмена данными между вычислительными системами, хранения резервных копий и для передачи программного обеспечения. 2. Запоминающее устройство на магнитной ленте.

magnetic-tape subsystem запоминающее устройство на магнитной ленте □ Внешнее устройство для записи и чтения данных на магнитной ленте. Состоит из одного или нескольких лентопротяжных устройств и контроллера.

magnetic-tape transport лентопротяжное устройство

magnetic-tape unit лентопротяжное устройство

mail box «почтовый ящик» □ Средство межзадачной связи, предоставляющее параллельно выполняющимся процессам поименованные буфера, через которые они обмениваются сообщениями.

mainframe 1. большая ЭВМ □ Любая вычислительная система, не являющаяся микро- или мини-ЭВМ или встроенной ЭВМ. Большая ЭВМ, как правило, используется в режиме разделения времени, для научных расчётов или для управления распределённой системой. **2.** центральный процессор □ Центральная часть вычислительной системы, в которую входят оперативная память и собственно процессор.

main index главный индекс, первичный индекс. *См.* master index

main loop основной цикл □ Самый внешний цикл программы.

main memory оперативная память, основная память, ОЗУ □ Запоминающее устройство, непосредственно связанное с центральным процессором и предназначенное для данных, непосредственно участвующих в его операциях. *Ср.* backing storage

main program основная программа □ Часть программы, получающая управление при запуске и вызывающая другие подпрограммы.

main storage оперативная память. *См.* main memory

maintenance сопровождение, обслуживание □ Поддержание работоспособности системы и её модификация в соответствии с изменением предъявляемых к ней требований. (file maintenance, preventive maintenance, program maintenance, remedial maintenance, routine maintenance)

maintenance standby дежурство

major failure существенная неисправность

major key 1. главный ключ □ При сортировке по нескольким ключам — ключ, по которому записи упорядочиваются в первую очередь. **2.** первичный ключ. *См.* primary key

malfunction сбой *(оборудования)*; ошибка *(в программе)*

management information system административная информационная система □ Автоматизированная информационная система для руководителей предприятий и организаций и административных работников. Разрабатывается системным аналитиком и обеспечивает оперативный доступ к текущей информации. В настоящее время развивается новый класс административных информационных систем — и н ф о р м а ц и о н н ы е   м о д е л и.

manager 1. администратор, программа управления *(устройством или ресурсом)* **2.** администратор, руководитель (file manager, heap manager, operations manager, system manager)

mandatory retention обязательное членство. *См. тж.* retention.

manifest constant буквальная константа, литерал

manipulation обработка; операции

man-machine interface человеко-машинный интерфейс; интерфейс пользователя ☐ Программные и аппаратные средства взаимодействия оператора или пользователя с программой или ЭВМ.

mantissa мантисса. *См. тж.* floating-point representation

manual руководство, описание (reference manual, user manual)

many-reel file многоленточный файл. *См. тж.* multivolume file

map 1. карта, таблица 2. отображать; устанавливать соответствие (allocation map, bit map, Karnaugh map, load map, memory map, storage map)

mapped system система с управлением памятью ☐ 1. ЭВМ, имеющая аппаратные средства управления памятью. 2. Операционная система, использующая средства управления памятью. *См. тж.* memory mapping

mapping 1. отображение; соответствие; преобразование 2. управление памятью (address mapping, memory mapping)

mapping domain область значений отображения

mapping mode режим с управлением памятью. *См. тж.* memory mapping

MAPSE (Minimal Ada Programming Support Environment) минимальная среда программирования на языке Ада ☐ Подмножество APSE, включающее программные средства, которые обязательно должны поддерживаться вычислительной системой для разработки программ на языке Ада. *См. тж.* APSE

marginal error краевая ошибка, граничная ошибка ☐ Ошибка вследствие выхода за пределы рабочего диапазона.

mark метка, маркер (*обычно подразумевается физическая метка*) *Ср.* label (address mark, field mark, tape mark)

Mark I (Manchester Mark I) ☐ Первая в истории реально работавшая ЭВМ с хранимой программой, разработанная в 1946—1948 гг. в Манчестерском университете в Великобритании.

marker 1. графический маркер ☐ Символ, используемый для обозначения позиции. *См. тж.* cursor 2. метка, маркер ☐ Физическая метка на магнитной ленте. (beginning-of-information marker, beginning-of-tape marker, end-of-tape mark_r)

Markov chain марковская цепь, цепь Маркова

mark scan поиск метки (*при оптическом вводе текстов*)

mask 1. маска, комбинация разрядов 2. маскировать, налагать маску. *См. тж.* masking

maskable interrupt маскируемое прерывание ☐ Прерывание, которому соответствует разряд в м а с к е п р е р ы в а н и й и которое можно заблокировать.

masked interrupt заблокированное прерывание, маскированное прерывание. *См.* disabled interrupt

masking маскирование ☐ Выделение разрядов слова, соответствующих единичным разрядам маски.

mass storage массовая память ☐ Внешнее запоминающее устройство большой ёмкости.

master clock генератор синхроимпульсов; задающий генератор

master data основные данные

master file основной файл □ Файл, содержащий относительно постоянную информацию о предметной области. *См. тж.* file updating

master index главный индекс, первичный индекс □ В системе двухуровневой индексации элементы главного индекса указывают, в каком в т о р и ч н о м и н д е к с е содержатся ключи соответствующего диапазона.

master mode привилегированный режим. *См. тж.* priviledged instruction

master scheduler главный планировщик

master-slave system несимметричная система; конфигурация главный — подчинённый

master tape 1. основная лента □ Магнитная лента, на которой записан основной файл или его часть. *См.* master file **2.** эталонная лента □ Магнитная лента, на которой записан эталонный вариант программы или данных и с которой делаются копии для распространения или модификации.

match 1. сравнивать **2.** сопоставлять; отождествлять □ В языках обработки списков и языках логического программирования — сравнивать образец с данными; образец может включать элементы, которые должны точно совпадать с соответствующими компонентами данных, элементы, задающие условия, которым должны удовлетворять соответствующие компоненты данных, и элементы, указывающие переменные, которым присваиваются соответствующие компоненты данных при успешном отождествлении. *См. тж.* unification **3.** совпадать, соответствовать; отождествляться

match-all pattern универсальный образец □ Элемент образца, отождествляющийся с любой составляющей данных. *См. тж.* wildcard matching

match-all symbol универсальный образец □ Элемент образца, отождествляющийся с любым символом.

matching 1. сравнение **2.** сопоставление; отождествление **3.** совпадение, соответстви: (partial matching, pattern matching, wildcard matching)

matching components соответствующие компоненты

matching parentheses парные скобки

matching word слово с совпавшим признаком *(при обращении к ассоциативной памяти)*

mathematical programming математическое программирование □ Область математики, занимающаяся задачами оптимизации.

math processor математический процессор. *См.* floating-point processor

matrix матрица □ Двумерная таблица, двумерный массив. (access matrix, adjacency matrix, authorization matrix, band matrix, connectivity matrix, disperse matrix, dot matrix, incidence matrix, inverse matrix, singular matrix, traffic requirement matrix, unit matrix)

matrix inversion обращение матрицы □ Нахождение обратной матрицы. *См. тж.* inverse matrix

matrix printer матричное печатающее устройство □ Печатающее устройство без шрифтоносителя, формирующее изображения печатаемых символов в виде точечной матрицы. *Ср.* shaped-character printer

maximum likelihood method метод максимального правдоподобия

Mbyte *см.* megabyte

M-code М-код □ Псевдокод для Модула-машины. *См. тж.* P-code

mean среднее (значение)

mean **deviation** среднее отклонение □ Характеристика разброса случайной величины, равная среднему значению абсолютных величин её отклонений от среднего значения.

meaning смысл; значение

mechanical автоматический

median медиана □ Характеристика случайной величины, равная такому значению x, что ровно половина элементов выборки имеет значения, большие x.

medium 1. носитель (данных). *См.* data medium 2. среда передачи данных

medium-access control управление доступом к среде передачи данных □ В сети ЭВМ или сети передачи данных — способ совместного использования логической шины, определяющий очерёдность использования шины (среды передачи данных) станциями сети и порядок разрешения конфликтов. Управление доступом к среде передачи является подуровнем п р о т о к о л а к а н а л ь н о г о у р о в н я. *См. тж.* CSMA/CD protocol, time-division multiple access, token passing

megabyte мегабайт, Мбайт (2^{20} байт = 1048576 байт)

member элемент (*множества, массива*); член (*набора*)

member type тип члена □ В сетевых базах данных — часть описания набора, задающая тип его членов.

memory память; оперативная память; запоминающее устройство. *См.* storage (add-in memory, addressed memory, associative memory, auxiliary memory, bootstrap memory, byte-organized memory, cache memory, content-addressable memory, core memory, data addressed memory, dynamic memory, electrically-erasable programmable read-only memory, erasable programmable read-only memory, external memory, image memory, immediate-access memory, internal memory, nonvolatile memory, programmable read-only memory, random-access memory, read-only memory, scratch-pad memory, semiconductor memory, static memory, volatile memory, word-organized memory, writeonce memory)

memory allocation распределение памяти □ Действия транслятора или исполняющей системы для выделения областей памяти объектам (переменным) программы. (dynamic memory allocation, static memory allocation)

memory array массив памяти, область памяти □ Массив, размещаемый в оперативной памяти. *См. тж.* array

memory bank банк памяти. *См. тж.* bank switching

memory board плата памяти □ Плата, выполняющая функции запоминающего устройства.

memory capacity объём памяти. *См.* capacity

memory cell 1. ячейка памяти. *См.* cell 2. запоминающий элемент

memory compaction уплотнение памяти □ При динамическом распределении памяти — перемещение занятых блоков для объединения мелких свободных блоков в крупные. *См. тж.* compacting garbage collection

memory cycle цикл памяти, цикл обращения к памяти

memory cycle stealing занятие цикла памяти ◻ Приостановка обработки команды процессором на один или несколько тактов для обращения к памяти при обмене или регенерации.

memory dump дамп памяти

memory expansion card плата расширения памяти, дополнительная плата памяти

memory fill заполнение памяти, роспись памяти. *См. тж.* character fill, zero fill

memory guard защита памяти. *См.* memory protection

memory hierarchy иерархия памяти. *См. тж.* hierarchical storage

memory interleaving расслоение памяти ◻ Размещение элементов памяти с последовательными адресами в физически разных блоках памяти.

memory key ключ (защиты) памяти. *См. тж.* memory lock

memory location ячейка памяти. *См.* cell

memory lock замок памяти ◻ Код в дескрипторе сегмента или страницы виртуальной памяти, используемый системой защиты памяти для ограничения доступа; к сегменту могут обращаться только процессы, имеющие в своём дескрипторе соответствующий к л ю ч.

memory management 1. распределение памяти. *См. тж.* dynamic memory allocation 2. управление памятью. *См.* memory mapping

memory management unit (MMU) диспетчер памяти, устройство управления памятью

memory map карта (распределения) памяти. *См.* load map

memory mapping управление памятью ◻ В архитектуре ЭВМ с оперативной памятью, большей адресного пространства, — средства аппаратного отображения адресного пространства на различные области физической оперативной памяти; средства отображения могут программно включаться и выключаться. Используется в ЭВМ серии PDP-11.

memory page страница памяти, лист памяти. *См.* page

memory paragraph параграф памяти ◻ Единица адресации и управления памятью меньшая, чем страница; обычно параграф равен 16 байт.

memory protection защита памяти ◻ При обращении к памяти — проверка принадлежности слова к а д р е с н о м у п р о с т р а н с т в у задачи.

memory protection interrupt прерывание по защите памяти

memory-to-memory instruction команда типа «память — память». *См.* storage-to-storage instruction

memory unit 1. запоминающее устройство 2. ячейка памяти

memory upgrade дополнительная память

menu меню ◻ В интерактивных системах — изображаемый на экране дисплея список команд или вариантов ответа, из которого пользователь выбирает необходимый вариант, вводя номер или букву или указывая на пункт меню курсором. (pop-up menu, pull-down menu)

menu bar линейка меню □ В системах непосредственного взаимодействия — строка окна или экрана дисплея, в которой перечислены пункты меню. См. тж. scroll bar, title bar

menu-driven управляемый с помощью меню

menu selection выбор пункта меню

merge сливать, объединять (последовательности). См. collate

merge exchange sort сортировка Батчера □ Алгоритм внутренней сортировки, работающий за время O (N*log (N)).

merge sort сортировка слиянием □ В н е ш н я я с о р т и р о в к а, при которой на первом этапе группы записей сортируются в оперативной памяти и записываются на несколько лент; на втором этапе упорядоченные группы сливаются с нескольких лент на одну. См. тж. balanced merge sort

merit function оценочная функция. См. evaluation function

message 1. сообщение □ Блок данных, представляющий для пользователя единое целое. 2. запрос □ В объектно-ориентированном программировании — имя операции и список фактических параметров; соответствует в ы з о в у п р о ц е д у р ы в процедурном программировании. (error message, fox message, information message)

message header заголовок сообщения □ Начальная часть сообщения, содержащая его описание: коды адресата и источника, длину, время отправления.

message passing передача сообщений

message trailer завершитель сообщения □ Часть сообщения, указывающая на его окончание и содержащая контрольную информацию (например, контрольную сумму).

metacompiler транслятор метаязыка. См. тж. compiler-compiler

metadata метаданные □ Данные, являющиеся описанием других данных (например, схема базы данных по отношению к содержимому базы данных).

metaknowledge метазнания □ Часть базы знаний, описывающая её структуру или содержащая знания об использующей её системе.

meta language метаязык □ Язык для описания языков.

metalinguistic variable металингвистическая переменная □ Переменная, используемая при описании грамматики.

metaphore метафора □ Соответствие между логическими компонентами языка программирования или интерактивной системы и привычными человеку понятиями.

metarule метаправило □ Правило, управляющее применением других правил.

method 1. метод 2. правило □ В языке Smalltalk и в объектно-ориентированном программировании — описание действия, выполняемого при реакции на запрос. (access method, access-oriented method, finite-difference method, finite-element method, inference method, least-squares method, maximum-likelihood method, Monte Carlo method, Newton's method, object-space methods, prediction-correction method, ray-casting method, Rayleigh-Ritz method, Runge-Kutta methods)

micro микроЭВМ. См. microcomputer

microassembler микроассемблер □ Транслятор с языка написания микропрограмм.

microcode 1. микропрограмма. *См.* microprogram 2. микрокоманда; код микрокоманды

microcoding микропрограммирование. *См.* microprogramming

microcomputer микроЭВМ □ Встроенная или ПЭВМ на базе микропроцессора.

microcontroller микроконтроллер □ 1. Специализированный микропроцессор для использования в контроллерах внешних устройств или приборов. 2. Контроллер на базе микропроцессора.

microfloppy disk трёхдюймовая дискета. □ Гибкий магнитный диск с диаметром носителя 3,5 дюйма (89 мм), заключённый в жёсткую пластмассовую кассету.

microinstruction микрокоманда. *См. тж.* microprogram

micromainframe супер-микроЭВМ □ ЭВМ, относящаяся по архитектуре, размерам и стоимости к классу микроЭВМ, но по эффективности приближающаяся к большим ЭВМ или полностью программно-совместимая с некоторой большой ЭВМ. *См. тж.* mainframe

microprocessor микропроцессор □ Большая интегральная схема (БИС), способная выполнять функции центрального процессора.

microprogram микропрограмма □ Последовательность микрокоманд (операций над внутренними регистрами процессора).

microprogramming микропрограммирование □ 1. Способ реализации процессора, при котором каждая команда ЭВМ описывается м и к р о п р о г р а м м о й. 2. Написание микропрограмм. (diagonal microprogramming, horizontal microprogramming, vertical microprogramming)

microprogram store управляющая память, память микропрограмм. *См. тж.* microprogram

MicroPro International □ Американская фирма, разрабатывающая программное обеспечение для ПЭВМ. Автор системы подготовки текстов Wordstar.

MicroSoft □ Американская фирма, разрабатывающая и выпускающая программное обеспечение для ПЭВМ: трансляторы, операционные системы, прикладные пакеты. Ведущий разработчик программного обеспечения для ПЭВМ типа IBM PC.

middleware программы *или* микропрограммы, записанные в ПЗУ *См. тж.* firmware

MIDI (musical instrument device interface) интерфейс электромузыкальных инструментов □ Интерфейс, определяющий способ кодирования и передачи цифровой музыкальной информации.

migration миграция □ Перераспределение данных в иерархической памяти в результате перемещения часто используемых данных в её быстродействующие части, а редко используемых — на внешние запоминающие устройства. *См. тж.* hierarchical storage

milestone промежуточный отчёт

MIMD architecture (Multiple Instruction Multiple Data) архитектура (параллельной) ЭВМ с несколькими потоками команд и несколькими потоками данных ☐ Организация вычислительной системы с несколькими однородными или разнородными процессорами, каждый из которых выполняет свои команды над своими данными.

mini мини-ЭВМ. *См.* minicomputer

miniassembler миниассемблер ☐ Ассемблер, являющийся частью другого программного средства (например, отладчика).

minicomputer мини-ЭВМ ☐ Мини-ЭВМ занимают промежуточное положение между микроЭВМ и большими ЭВМ. В отличие от больших ЭВМ, мини-ЭВМ не требуют специально оборудованного машинного зала и имеют более низкое быстродействие. По сравнению с микроЭВМ мини-ЭВМ обеспечивают работу с большим числом внешних устройств и обычно работают в режиме разделения времени. К мини-ЭВМ можно отнести вычислительные машины с оперативной памятью от 0,5 до нескольких мегабайт, дисковой памятью от нескольких десятков до нескольких сотен мегабайт и магнитными лентами. В настоящее время мини-ЭВМ вытесняются микроЭВМ, с одной стороны, и сливаются с большими ЭВМ, с другой.

minifloppy disk пятидюймовая дискета ☐ Гибкий магнитный диск с диаметром носителя 5,25 дюйма (133 мм).

minimum-access code программирование с минимизацией задержки ☐ Размещение команд, обеспечивающее минимальную задержку между окончанием выполнения одной команды и началом считывания следующей. Применялось в 50-х годах для ЭВМ с оперативной памятью на магнитных барабанах.

minimum-access programming программирование с минимизацией задержки. *См.* minimum-access code

minor failure несущественная неисправность

mips (million instructions per second) миллионов операций в секунду ☐ Единица измерения быстродействия ЭВМ.

mirroring (зеркальное) отражение *(в машинной графике)*

MIS *см.* management information system

misaligned расположенный на неправильной границе. *См. тж.* address alignment

MISD architecture (Multiple Instruction Single Data) архитектура (параллельной) ЭВМ с несколькими потоками команд и одним потоком данных ☐ Организация вычислительной системы с несколькими процессорами, выполняющими различные команды над одними и теми же данными. В настоящее время вычислительных машин с такой архитектурой не существует.

mismatch 1. несоответствие **2.** несовпадение ☐ Отрицательный результат сравнения данных с образцом. *См. тж.* match (parameter mismatch, type mismatch)

MMU *см.* memory management unit

mod модуль, операция вычисления остатка ☐ Например, 15 mod 4 равняется 3.

mode 1. режим (работы) **2.** вид ☐ Понятие языка Алгол-68, соответствующее понятию т и п а д а н н ы х в других языках. **3.** мода ☐ Характеристика дискретной случайной величины, равная наиболее часто принимаемому значению. (access mode, addressing mode, alternate mode, anticipation mode, attraction mode,

MODEL

batch mode, burst-mode, character mode, command mode, compatibility mode, conversational mode, event input mode, exclusive usage mode, free-running mode, graphics mode, high-resolution mode, index mode, insert mode, interactive mode, interpretive mode, kernel mode, local mode, low-resolution mode, mapping mode, master mode, move mode, native mode, NLQ-mode, nonwrap mode, off-line mode, overtype mode, real-address mode, real-time mode, request input mode, sample input mode, scope mode, slave mode, supervisor mode, virtual address mode)

model модель (conceptual model, consulting model, data model, HLS model, HSV model, RGB model).

modeless command команда, не зависящая от режима □ Команда и н т е р а к т и в н о й с и с т е м ы, имеющая один и тот же смысл во всех состояниях (при всех режимах работы) системы.

modeless system система с однородным интерфейсом □ И н т е р а к т и в н а я с и с т е м а, в которой смысл команды, с точки зрения пользователя, не зависит от состояния системы.

modeling моделирование □ В машинной графике — формирование и изменение изображаемого объекта.

modem модем, модулятор-демодулятор □ Устройство, преобразующее цифровые сигналы в аналоговую форму и обратно для передачи их по линии связи аналогового типа, например, по телефону. (acoustic modem, integrated modem)

modifier 1. индексный регистр. *См.* **index register 2.** модификатор, управляющий параметр (*команды командного языка*)

Modula-2 Модула-2 □ Язык программирования, разработанный как развитие языка Паскаль. Основные особенности языка Модула-2: развитые средства модульного программирования, однородность уровня языка, средства организации параллельных процессов.

modular модульный

modular arithmetic арифметика в остаточных классах

modularity модульность □ Организация программы в виде относительно независимых частей — модулей; чем больше независимость модулей, тем больше модульность.

modular programming модульное программирование □ Организация программы в виде совокупности м о д у л е й со строгим соблюдением правил их взаимодействия; описание модуля состоит и з о п и с а н и я и н т е р ф е й с а и о п и с а н и я р е а л и з а ц и и. В простейшем случае модулем является процедура; в современных языках имеются более развитые средства модульности: пакеты и задачи в языке Ада, модули в языке Модула-2, абстрактные типы данных.

module модуль □ 1. Относительно независимая часть программы. *См. тж.* modular programming 2. Секция внешнего запоминающего устройства, содержащая один т о м данных. (data module, definition module, implementation module, interface module, load module, object module)

module invariant инвариант модуля. *См. тж.* invariant

module strength прочность модуля

modulo N arithmetic арифметика по модулю N

moid «тип или пусто» □ Понятие синтаксиса языка Алгол-68

168

для обозначения позиции, в которой может стоять описатель типа или пустая строка.

monadic operation унарная операция, одноместная операция. *См.* **unary operation**

monitor 1. управляющая программа, монитор 2. дисплей 3. монитор ☐ В языках программирования—высокоуровневый механизм взаимодействия и синхронизации процессов, обеспечивающий организацию доступа к неразделяемым ресурсам. Монитор состоит из процедур доступа к ресурсу, каждая из которых может быть вызвана только из одного процесса одновременно. Процесс; пытающийся обратиться к процедуре монитора, когда монитор обслуживает другой процесс, ставится в очередь и переходит в состояние ожидания. 4. наблюдать, следить (debug monitor, ROM monitor, sequence monitor, time-sharing monitor)

monitor program управляющая программа
monochrome display монохромный дисплей
monoid моноид ☐ Полугруппа с единичным элементом.
monotonic reasoning монотонный вывод ☐ Способ логического вывода, при котором истинность выведенных высказываний не уменьшается в процессе вывода. *Ср.* **nonmonotonic reasoning**
Monte Carlo method метод Монте-Карло
most significant bit старший бит, старший (двоичный) разряд
most significant digit старший разряд ☐ Самая правая цифра записи числа.
mother node родительская вершина. *См.* **parent node**
Motorola ☐ Американская фирма — изготовитель полупроводниковых приборов; 32-разрядный микропроцессор Motorola 68020 — один из наиболее распространённых микропроцессоров для АРМ и высокопроизводительных ПЭВМ. Motorola также известна микросхемами дисплейных контроллеров.
mouse «мышь» ☐ Устройство ввода координат.
move пересылать (данные) ☐ Перемещать данные из одной области памяти в другую. *См. тж.* **transfer**
move mode режим пересылки ☐ Организация обмена, при которой данные пересылаются системой ввода-вывода в буфер прикладной программы.
MS *см.* **MicroSoft**
MSB *см.* **most significant bit**
MS DOS *см.* **PC DOS**
multiaccess коллективный доступ ☐ Способность вычислительной системы обслуживать нескольких пользователей одновременно. *См. тж.* **multiaccess system**
multiaccess system система коллективного доступа ☐ Система разделения времени с ограниченными возможностями. В такой системе пользователь, как правило, не может взаимодействовать с запускаемой задачей, а может только работать с её выходными файлами после завершения счёта. *См. тж.* **time sharing**
multiaddress instruction многоадресная команда ☐ Команда, в которой указано несколько операндов.
Multibus ☐ Предложенная фирмой Intel организация шины микроЭВМ, обеспечивающая подключение 8- и 16-разрядных процессоров и позволяющая адресовать до 1 Мбайта памяти.

multicast address групповой адрес □ В локальных сетях — адрес, определяющий группу станций данной локальной сети.

multidimensional array многомерный массив

multi-directory device устройство с несколькими каталогами. *См. тж.* directory device

multidrop line многоточечная линия; моноканал □ Одна линия связи или среда передачи данных, связывающая несколько узлов сети. При использовании моноканала необходим протокол, обеспечивающий разрешение конфликтов при одновременном обращении к моноканалу нескольких узлов. *См. тж.* medium access control

multifunction board комбинированная плата, многофункциональная плата □ Плата расширения ПЭВМ, объединяющая несколько функциональных узлов: дополнительную память, адаптеры последовательного и параллельного интерфейсов, часы.

multilevel addressing многоуровневая (косвенная) адресация □ Способ адресации, при котором для доступа к фактическому адресу или адресуемому значению необходимо пройти по цепочке указателей.

multilist мультисписок □ Структура данных, используемая для представления множества объектов, на котором задано несколько упорядочений (например, множество людей, независимо упорядоченное по фамилиям и по датам рождения). Мультисписок состоит из элементов, содержащих информационные поля и несколько указателей на следующие элементы.

multi-objective problem многоцелевая задача, многокритериальная задача □ Задача, требующая оптимизации по нескольким независимым критериям.

multipass многопроходный □ О программе сортировки или трансляторе, обрабатывающих данные за несколько проходов.

multiple access 1. коллективный доступ. *См.* multi-access 2. многостанционный доступ (*к среде передачи данных или устройству*)

multiple assignment множественное присваивание □ Конструкция языка программирования, позволяющая присвоить одно и то же значение нескольким переменным одновременно.

multiple declaration повторное определение. *См.* multiple definition

multiple definition повторное определение □ Ошибка в описании программы или структуры данных, заключающаяся в повторном (многократном) задании определения одного имени.

multiple edges кратные рёбра □ Несколько рёбер между одной парой вершин.

multiple-key retrieval выборка по нескольким ключам, поиск по нескольким ключам

multiple processing мультипрограммирование, многозадачный режим. *См.* multitasking

multiplex channel мультиплексный канал □ Канал, допускающий одновременную передачу данных для нескольких устройств.

multiplexed bus мультиплексная шина □ Шина, в которой

одни и те же линии используются для передачи как адресов, так и данных.

multiplexer мультиплексор; концентратор □ Устройство, обеспечивающее одновременную работу нескольких абонентов (устройств) по одному каналу, группируя сигналы нескольких подканалов и посылая их в один канал с более высокой пропускной способностью. На другом конце происходит «демультиплексирование», для выделения сигналов отдельных каналов. «Концентратор» обычно подразумевает использование для подключения нескольких терминалов по одному физическому каналу.

multiplexing мультиплексирование, уплотнение □ Передача данных для нескольких устройств (подканалов) по одному физическому каналу. (byte multiplexing, demand multiplexing, dynamic multiplexing, time-division multiplexing)

multiplicand (со)множитель

multiplication time время умножения □ Время, за которое процессор выполняет команду умножения.

multiplier 1. множитель 2. устройство умножения

multiply defined identifier многократно описанный идентификатор. *См. тж.* multiple definition

multipoint line многоточечная линия. *См.* multidrop line

multiprocessing system многопроцессорная система

multiprocessor многопроцессорная система

multiprogramming 1. мультипрограммирование, многозадачный режим. *См.* multitasking 2. мультипрограммирование □ Организация программы в виде нескольких взаимодействующих процессов, каждый из которых является последовательной программой.

multireel file многоленточный файл. *См. тж.* multivolume file

multiset мультимножество. *См.* bag

multistage sample многоступенчатая выборка. *См. тж.* sample 2.

multitasking многозадачный режим, мультипрограммирование □ Режим работы вычислительной системы, при котором одновременно выполняется несколько процессов, попеременно использующих один или несколько процессоров.

multitasking support средства многозадачности

multitasking system многозадачная система

multithreaded list мультисписок. *См.* multilist

multiuser многопользовательский

multi-user system многопользовательская система. *См. тж.* time-sharing system

multivalued logic многозначная логика

multivolume file многотомный файл □ Файл, физически расположенный на нескольких отдельных носителях (томах) (например, на нескольких дисках или магнитных лентах).

MVS (multiprogramming with variable number of processes) операционная система для ЭВМ фирмы IBM

MYCIN □ Экспертная система для медицинской диагностики. Прототип многих современных экспертных систем.

N

NAK (negative acknowledgement) символ неподтверждения приёма, отрицательная квитанция □ Управляющий символ, указывающий на наличие ошибки в принятом сообщении. В коде ASCII представлен числом 21. *Ср.* ACK

naked machine «голая» машина. *См.* bare machine

name имя □ Строка символов, идентифицирующая программу, файл, переменную, тип, адрес, константу, устройство, пользователя или другой объект. (data definition name, device name, entry name, external name, file name, internal name, job name, logical device name, logical name, qualified name, simple name, system name, tree name, unique name, variable name)

names conflict конфликт имён □ Ситуация, когда разные части программы или другой системы используют одно и то же имя для обозначения разных объектов.

name space пространство имён

names table таблица имён □ Структура данных транслятора, содержащая информацию об использованных в программе идентификаторах.

naming class класс идентификатора. □ Класс идентификатора определяет способ его связи со значением и способ его использования; например, идентификатор переменной, идентификатор поля записи, идентификатор константы.

NAND И-НЕ □ Логическая операция: A NAND B истинно тогда и только тогда, когда хотя бы одно из A и B ложно.

National Semiconductor □ Американская фирма, разработчик и изготовитель полупроводниковых приборов.

native mode режим работы в собственной системе команд. *Ср.* compatibility mode

native-mode compiler «родной» транслятор □ Транслятор, порождающий объектный код в собственной системе команд той машины, на которой выполняется трансляция. *Ср.* cross compiler

native-mode language язык, транслируемый в собственную систему команд

natural language естественный язык □ Язык, используемый при общении людей. Обычно подразумевается язык в письменной форме, реже — в фонетической.

natural language front-end естественно-языковой интерфейс. *См.* natural language interface

natural language interface естественно-языковой интерфейс □ Средства взаимодействия с программой или устройством на естественном языке.

natural language understanding понимание естественного языка □ Раздел искусственного интеллекта, занимающийся описанием грамматики и семантики естественного языка.

natural number натуральное число

near plane передняя плоскость □ В машинной графике — плоскость, ограничивающая отображаемый объём со стороны точки наблюдения и обычно совпадающая с плоскостью отображения. *Ср.* far plane

NEC (Nippon Electric Company) □ Японская фирма, производитель ЭВМ, внешних устройств и электронных приборов.

N-dimensional array N-мерный массив □ Массив, элементы которого идентифицируются N индексами.

negation отрицание. *См.* NOT

negative acknowledgement отрицательное квитирование, неподтверждение приёма □ Управляющее сообщение или сигнал, указывающие на наличие ошибок в принятом сообщении. *Ср.* positive acknowledgement

negative zero отрицательный нуль □ При некоторых способах представления отрицательных чисел (например, в прямом коде со знаковым разрядом или в дополнительном коде с дополнением до единиц) нуль имеет два представления; одно из них называется положительным нулём, другое — отрицательным.

negotiation согласование □ Диалог между двумя виртуальными терминалами сети передачи данных для согласования параметров, которые будут использоваться в дальнейшей работе.

nested loops вложенные циклы, кратные циклы

nested macros вложенные макроопределения □ Использование в определении макрокоманды внутренних макрокоманд.

nesting вложенность

nesting level уровень вложенности, глубина вложенности

nesting storage аппаратный стек. *См. тж.* stack

network сеть □ 1. Сеть ЭВМ, сеть передачи данных. Выбор термина «сеть ЭВМ» или «сеть передачи данных» зависит от рассматриваемых функций сети, а не от свойств сети. 2. Связный ориентированный граф. (abstract semantic network, augmented transition network, backbone network, broadcast network, computer network, data network, hierarchical network, local area network, packet switching network, personal computer network, polled network, public data network, recursive transition network, ring network, semantic network, synchronous network, terminal support network)

network address сетевой адрес □ Адрес узла сети ЭВМ.

network architecture архитектура сети ЭВМ; архитектура сети передачи данных □ Общее описание сети, включающее топологию сети, способ кодирования и передачи информации, методы адресации. *См. тж.* network topology

network data base сетевая база данных □ База данных, основным понятием которой является связь типа «один-ко-многим», причём один и тот же объект может участвовать в произвольном числе таких связей. Сетевая база данных состоит из з а п и с е й, объединённых в н а б о р ы. *Ср.* relational data base

network front-end сетевой процессор □ Вспомогательный процессор или ЭВМ, обеспечивающие связь вычислительной системы с сетью ЭВМ.

network generation генерация сетевых средств (*при генерации операционной системы*)

network layer сетевой уровень □ Основной уровень взаимодействия в сети передачи данных, реализующий обмен порциями данных (пакетами) между двумя станциями сети. Размер пакета ограничен надёжностью и составляет, как правило, от 100 до 500 байтов. На сетевом уровне происходит м а р ш р у т и з а- ц и я, обеспечивающая передачу пакетов через несколько каналов по одной или нескольким сетям. Сетевой уровень выполняет обработку адресов, а также мультиплексирование. *См. тж.* open systems interconnection

network (layer) protocol протокол сетевого уровня, сетевой протокол □ Уровень протокола сети передачи данных, регламентирующий обмен порциями данных (пакетами) между двумя станциями сети. Для сетей коммутации пакетов стандартом протокола сетевого уровня является рекомендация X.25 МККТТ. *См. тж.* network layer, open systems interconnection

network processor сетевой процессор. *См. тж.* network front-end

network protocol сетевой протокол □ Совокупность правил, регламентирующих передачу информации в сети. *См. тж.* network (layer) protocol

network structure сетевая структура □ Организация записей, при которой на одну порождённую запись может ссылаться несколько исходных.

network topology топология сети, конфигурация сети □ Схема связей между узлами сети передачи данных. (bus topology, clusters topology, daisy-chain topology, ring topology, star topology, tree topology)

Newton's method метод Ньютона, метод касательных □ Итерационный метод численного решения нелинейных уравнений или систем нелинейных уравнений.

nibble полубайт, пол-байта □ Четыре бита, занимающие левую или правую половину байта.

nil 1. пустой указатель □ В языке Паскаль и некоторых других языках программирования — зарезервированное значение ссылочного типа, обозначающее, что указатель не ссылается ни на какой объект. 2. пустой список □ В языке Лисп и других языках программирования, работающих со списками, — константа, обозначающая список, в котором нет ни одного элемента. В языке Лисп "nil" используется также для обозначения логического значения «ложь».

nine's complement (поразрядное) дополнение в десятичной системе счисления. *См. тж.* radix-minus-one complement

NLQ-mode (near letter quality) режим качественной печати □ Режим работы матричного печатающего устройства, обеспечивающий качество печати, сравнимое с качеством печати пишущей машинки или лепесткового печатающего устройства.

node 1. вершина *(дерева или графа)* 2. узел *(сети передачи данных или сети ЭВМ)* (alpha-node, beta-node, child node, daughter node, father node, leaf node, parent node, sibling nodes)

node computer ЭВМ — узел сети

node splitting расщепление узлов

non-contiguous состоящий из нескольких несмежных участков. *Ср.* contiguous

nondestructive backspace возврат без удаления □ В выводных устройствах и системах подготовки текстов — управляющий символ или операция возврата текущей позиции на один символ без стирания предыдущего символа. *Ср.* destructive backspace

nondestructive read считывание без разрушения □ Способ

организации или режим работы запоминающего устройства, при котором считывание данных не вызывает их стирания. *Ср.* destructive read

nonequivalence неэквивалентность, неравнозначность, *См.* XOR

non-impact printer устройство **бесконтактной печати**, бесконтактное печатающее устройство. *См. тж.* ink-jet printer, laser printer, thermal printer

nonlocking escape переход без блокировки □ Изменение интерпретации передаваемых кодов, действующее на определённое число следующих символов. *Ср.* locking escape

nonmaskable interrupt немаскируемое прерывание. *Ср.* maskable interrupt

nonmonotonic reasoning немонотонный вывод □ Способ вывода, при котором истинность выведенных высказываний может уменьшаться (например, утверждения, признанные истинными на одном этапе, могут быть отвергнуты в дальнейшем). *Ср.* monotonic reasoning

nonprinting character непечатаемый символ □ Символ, не входящий в набор символов устройства.

nonprocedural language непроцедурный язык. *См.* declarative language

non-programmer user пользователь-непрограммист

nonsignificant digit незначащий разряд, незначащая цифра □ 1. Нули, расположенные левее первой ненулевой цифры целой части или правее последней ненулевой цифры дробной части. 2. Разряды, представляющие величины, меньшие заданной погрешности. *Ср.* significant digit

nonswappable невыгружаемый □ О программе или процессе, которые не могут быть выгружены из оперативной памяти. Обычно это относится к высокоприоритетным программам или программам реального времени. *См. тж.* swapping

nonterminal symbol нетерминальный символ □ Вспомогательный символ грамматики.

nonvolatile memory энергонезависимое запоминающее устройство □ Запоминающее устройство, содержимое которого сохраняется при отключении (электро)питания.

non von Neumann computer не-фон-неймановская ЭВМ. *См. тж.* non von Neumann architecture

non von Neumann architecture не-фон-неймановская архитектура □ Любой способ организации ЭВМ, принципиально отличающийся от классической ф о н - н е й м а н о в с к о й а р х и т е к т у р ы. Предлагаемые варианты не-фон-неймановской архитектуры включают: организацию ЭВМ либо без с ч ё т ч и к а к о м а н д и с непоследовательным выполнением команд, либо без памяти с многократной записью. *См. тж.* dataflow machine, reduction machine

nonwrap mode режим без автоматического перевода строки □ Режим работы видеотерминала или печатающего устройства, при котором переход на новую строку производится только при поступлении соответствующего управляющего символа.

no-operation пустая команда, НОП

no-op instruction пустая команда, НОП

NOR ИЛИ-НЕ □ Логическая операция: A NOR B истинно тогда и только тогда, когда и A, и B ложны.

N-order logic исчисление предикатов N-ного порядка □ Исчисление предикатов, в котором аргументы предикатов и кванторов могут обозначать предикаты порядка от нуля до N—1. Предикатами нулевого порядка считаются выражения, состоящие из термов и констант.

normalization нормализация □ 1. В реляционных базах данных — представление сложных связей в виде совокупности о т н о ш е н и й (прямоугольных таблиц). 2. Преобразование действительного числа, представленного в виде мантиссы и порядка к виду, при котором старший разряд мантиссы отличен от нуля.

normalization transformation преобразование для просмотра. *См.* **viewing transformation**

normalize нормализовать

normalized device coordinates нормализованные координаты устройства □ Промежуточная независимая система координат, в которой значения координат принадлежат фиксированному диапазону, обычно от 0 до 1. Изображение, заданное в нормализованных координатах, располагается в одних и тех же относительных позициях при отображении на любое устройство.

nospread function специальная форма □ В языке Лисп — функция, все фактические параметры которой объединяются в список и присваиваются единственному фактическому параметру.

NOT НЕ, отрицание □ Одноместная логическая операция: NOT A истинно тогда и только тогда, когда A ложно.

noughts complement точное дополнение. *См.* **radix complement**

N-plus-a-half loop цикл типа «N плюс одна вторая», цикл с выходом из середины тела □ Цикл, в котором условие завершения проверяется в середине тела цикла; при этом часть тела до условия выполняется на один раз больше, чем часть после условия.

NS *см.* **National Semiconductor**

nucleus ядро □ Ядро операционной системы (возможно, с микропрограммной поддержкой). *См. тж.* **kernel**

null 1. пустой, фиктивный 2. пустой указатель □ В языке Си — зарезервированное значение ссылочного типа, обозначающее, что указатель не ссылается ни на какой объект.

null attribute неопределённый атрибут

null statement пустой оператор

null string пустая строка □ Строка нулевой длины.

number 1. число 2. номер (binary number, block number, cylinder number, device number, double-precision number, Fibonacci numbers, floating-point number, generation number, line number, logical block number, logical channel number, natural number, physical block number, prime number, random number, serial number, signed number, statement number, track number, unit number, user number, version number, virtual block number, volume serial number)

num lock «Цифр» □ Клавиша переключения и фиксации регистра вспомогательной клавиатуры. Клавиши вспомогательной клавиатуры выдают либо коды цифр, либо коды символов управления курсором.

number cruncher арифмомет| (*о вычислительном процессоре или ЭВМ для численных расчётов*)

number designation запись числа □ Буквальная числовая константа, записываемая в виде последовательности цифр; одно и то же число может быть записано в программе различными способами.

number system система счисления □ Способ записи чисел в виде последовательности цифр.

numeral 1. запись числа 2. (десятичная) цифра

numeration system система счисления. *См.* number system

numerical численный □ О методе решения математической задачи с помощью, как правило, приближённых вычислений. *Ср.* analytical

numeric character цифра

numeric field числовое поле

numeric keypad числовая клавиатура, цифровая клавиатура □ Небольшая клавиатура или специальная часть клавиатуры для ввода цифр.

O

object 1. объект. *См. тж.* object-oriented language 2. объектный, целевой. *См. тж.* target 3. объектный, выходной. *Ср.* source

object code объектный код, объектная программа □ Программа в машинном коде, полученная в результате трансляции.

object computer целевая ЭВМ, объектная ЭВМ. *См.* target computer

object file объектный файл □ Выходной файл транслятора, содержащий один или несколько о б ъ е к т н ы х м о д у л е й.

object language объектный язык, выходной язык □ Язык, на который производится трансляция. *Ср.* source language

object library библиотека объектных модулей, объектная библиотека

object module объектный модуль □ Программный модуль после обработки ассемблером или компилятором, пригодный для обработки к о м п о н о в щ и к о м или з а г р у з ч и к о м или для помещения в библиотеку объектных модулей.

object-oriented architecture объектно-ориентированная архитектура ЭВМ □ Организация ЭВМ, обеспечивающая аппаратное распределение и защиту памяти, способы адресации и механизм вызова процедур, удобные для о б ъ е к т н о - о р и е н т и-р о в а н н о г о п р о г р а м м и р о в а н и я.

object-oriented language объектно-ориентированный язык □ Язык программирования, на котором программа задаётся описанием поведения совокупности взаимосвязанных о б ъ е к т о в. Объекты обмениваются з а п р о с а м и; реагируя на полученный запрос, объект посылает запросы другим объектам, получает ответы, изменяет значения своих внутренних переменных и выдаёт ответ на полученный запрос. Механизм запросов в объектно-ориентированных языках отличается от механизма процедур в процедурных языках тем, что при выполнении запроса объектом непосредственно изменены могут быть только значения переменных этого объекта. Примером объектно-ориентированного языка является Smalltalk.

object-oriented programming объектно-ориентированное программирование. *См. тж.* **object-oriented language**

object program объектная программа. *См.* **object code**

object-space methods ☐ В машинной графике — класс алгоритмов у д а л е н и я н е в и д и м ы х п о в е р х н о с т е й, основанных на анализе взаиморасположения компонентов изображаемого объекта и точки наблюдения.

object store объектно-ориентированная память ☐ Система управления памятью, ориентированная на хранение объектов; каждый объект характеризуется размером и типом.

object-time обрабатываемый во время выполнения программы

object-verb syntax синтаксис типа «объект — действие» ☐ Способ задания команд, при котором имя команды следует за спецификациями параметров. Такой способ задания команд используется в с и с т е м а х н е п о с р е д с т в е н н о г о в з а и м о д е й с т в и я, в которых пользователь сначала указывает курсором на изображение объекта, а затем нажимает на клавишу или выбирает пиктограмму, задающую операцию. *Ср.* **verb-object syntax**

Occam ☐ Язык параллельного программирования, разработанный фирмой INMOS, в первую очередь для применения на вычислительных машинах с большим числом процессоров. В языке Occam все операции трактуются как отдельные процессы, взаимодействующие посредством входных и выходных к а н а л о в.

Occam razor «бритва Оккама» ☐ Принцип построения теорий или систем, требующий использования минимального числа понятий.

occurrence вхождение; экземпляр

OCR *см.* **optical character recognition**

octal восьмиричный

octal notation восьмиричная запись ☐ Запись числа в восьмиричной системе счисления.

octet октет ☐ В передаче данных — группа из восьми битов. Обычно октет представляет байт данных.

octree дерево октантов, 8-дерево ☐ Способ задания трёхмерных изображений в виде дерева, аналогичный использованию дерева квадрантов для двумерных изображений. *См. тж.* **quadtree**

odd parity проверка на нечётность ☐ К о н т р о л ь ч ё т н о с т и, при котором контрольный разряд не равен сумме по модулю 2 информационных разрядов. При этом общее число единичных битов слова нечётно. *Ср.* **even parity**

OEM *см.* **original equipment manufacturer**

off-bit нулевой бит, нулевой разряд, *Ср.* **on-bit**

office automation автоматизация делопроизводства, бюротика

off-line 1. автономный ☐ Не подключённый к вычислительной системе. *Ср.* **on-line** 2. выключенный (*об устройстве*)

off-line equipment автономное оборудование, неподключённое оборудование

off-line mode автономный режим □ Режим работы устройства без связи с главной ЭВМ.

off-line storage автономное хранилище *(данных)* □ Носители данных, не установленные на устройства ввода-вывода.

offset смещение. *См.* displacement

offspring task подчинённая задача, подзадача □ Задача, вызванная другой задачей и выполняемая под некоторым контролем с её стороны.

off-the-shelf 1. имеющийся в наличии 2. не требующий доработок пользователем

off time время, в течение которого вычислительная система выключена

on-bit единичный бит, единичный разряд, *Ср.* off-bit

one-address instruction одноадресная команда

one-dimensional array одномерный массив; вектор

one-for-one translation перевод «один-в-один», трансляция «один-в-один»

one-level address прямой адрес. *См.* direct address

one-pass compiler однопроходный транслятор □ Транслятор, просматривающий последовательно программу только один раз. В языках, пригодных для однопроходной трансляции, описание любого объекта должно располагаться в программе раньше, чем его использование.

one's complement обратный код □ Поразрядное дополнение в двоичной системе. *См. тж.* radix-minus-one complement

one-to-many relation отношение «один-ко-многим» □ Бинарное отношение $R(x, y)$ является отношением «один-ко-многим», если для одного x_0 имеется несколько $y_1 ... y_n$, таких, что выполнены $R(x_0, y_1) ... R(x_0, y_n)$.

one-to-one assembler автокод «один-один» □ Простейший ассемблер, каждая операция которого соответствует ровно одной машинной команде.

one-to-one relation взаимно однозначное отношение; изоморфизм

on-line 1. интерактивный; диалоговый; оперативный □ Об информации или программе, доступной или обрабатываемой в интерактивном режиме. 2. подключённый □ О внешнем устройстве, работающем под управлением вычислительной системы. *Ср.* off-line

on-line data данные в памяти вычислительной системы; данные, доступные в интерактивном режиме □ Данные, расположенные в программно-доступном запоминающем устройстве вычислительной системы (например, в оперативной памяти, на магнитном диске или на установленной магнитной ленте) и доступные пользователю с помощью интерактивной программы, в отличие от данных, хранимых на съёмном носителе в архиве или не в машинно-читаемом виде (например, записанные на бумажных карточках).

on-line data base интерактивная база данных

on-line diagnostics диалоговая система диагностики, диалоговая тестовая система. *См. тж.* diagnostics

on-line entry диалоговый ввод данных)

on-line processing 1. (оперативная) обработка данных, посту-

ON-LINE

пающих от подключённого к ЭВМ оборудования 2. диалоговая обработка

on-line programming программирование в диалоговом режиме

on-line tutorial обучающая программа, диалоговое руководство □ Часть документации программного продукта в виде программы, которая моделирует его работу и предлагает обучающемуся пользователю типичные ситуации, возникающие при работе, контролирует его действия и исправляет ошибки.

on-line unit подключённое устройство

on-screen formatting непосредственное форматирование, немедленное форматирование □ В системах подготовки текстов — форматирование текста, выполняемое одновременно с его вводом и редактированием и отображаемое на экране дисплея. *См. тж.* text formatting

on-the-fly немедленный, непрерывный □ О действиях, выполняемых без видимого прерывания основной работы.

on-the-fly garbage collection параллельная чистка памяти, параллельная сборка мусора. *См.* incremental garbage collection

on-the-fly printer печатающее устройство с непрерывной печатью □ Цепное или ленточное печатающее устройство, в котором шрифтоноситель не останавливается для удара печатающих молоточков.

opcode код операции

open 1. открывать файл 2. расширяемый, открытый. *См.* extensible

open a file открывать файл □ Операция, связывающая переменную типа файл или номер логического канала с конкретным файлом файловой системы. Файл должен быть открыт, прежде чем к нему можно обращаться операциями записи и чтения. *Ср.* close a file

open-ended открытый, расширяемый □ О системе, для которой определены и описаны используемые форматы данных и процедурный интерфейс, что позволяет подключать к ней независимо разработанные компоненты.

open loop разомкнутый цикл □ Организация обработки данных, при которой обратная связь идёт через оператора или пользователя.

open shop вычислительный центр с доступом пользователей к ЭВМ. *Ср.* closed shop

open subroutine открытая подпрограмма, подставляемая подпрограмма. *См.* in-line subroutine

open system открытая система; расширяемая система. *См. тж.* extensible, open systems interconnection

open systems architecture (OSA) архитектура открытых систем. *См. тж.* open systems interconnection

open systems interconnection (OSI) соединение открытых систем □ Предложенный ISO проект стандарта сетевого и межсетевого взаимодействия, определяющий семь уровней взаимодействия компонентов сети: физический, канальный, сетевой, транспортный, сеансовый, уровень представления данных и прикладной. Для каждого уровня разрабатывается один или несколько протоколов, которые обеспечат сетевое взаимодействие широкого класса устройств.

operand операнд

operand field поле операнда. *См.* argument field

operating system операционная система, ОС ☐ Совокупность программных средств, обеспечивающих управление аппаратными ресурсами вычислительной системы и взаимодействие программных процессов с аппаратурой, другими процессами и пользователем. Операционная система выполняет следующие действия: управление памятью, управление вводом-выводом, управление файловой системой, управление взаимодействием процессов, диспетчеризацию процессов, защиту, учёт использования ресурсов, обработку командного языка. Во многих случаях системные сервисные программы, трансляторы и другие средства разработки программ также считаются частью операционной системы.

operating system generation генерация операционной системы. *См.* system generation

operating system kernel ядро операционной системы ☐ Постоянно находящаяся в памяти часть операционной системы, управляющая всеми другими процессами операционной системы и распределяющая для них ресурсы.

operating system resident резидент операционной системы ☐ Часть операционной системы, постоянно находящаяся в оперативной памяти.

operation 1. операция (вычислительной системы), команда ☐ Действия, в совокупности составляющие выполнение команды процессора. 2. операция. *Ср.* operator 3. действие; функционирование; режим работы (acknowledged connectionless operation, arithmetic operation, associative operation, binary operation, bitwise operation, Boolean operation, connectionless operation, connection-oriented operation, decrement operation, down operation, dyadic operation, generic operation, half-duplex operation, illegal operation, increment operation, kernel operation, logical operation, monadic operation, no-operation, Pierce operation, P-operation, read operation, signal operation, start-stop operation, unary operation, up operation, V-operation, wait operation, write operation)

operational работающий; сданный в эксплуатацию

operational semantics операционная семантика ☐ Способ задания семантики языка с помощью описания абстрактной машины, интерпретирующей его.

operational testing испытания в реальных условиях; опытная эксплуатация

operation and maintenance phase промышленная эксплуатация

operation decoder дешифратор команд. *См.* instruction decoder

operation field поле команды, поле кода операции. *См.* instruction field

operations analysis исследование операций. *См.* operations research

operations manager начальник (вычислительной) машины; руководитель группы сопровождения

operations research исследование операций ☐ Математическая дисциплина, исследующая методы и системы использования ресурсов.

operator 1. знак операции; операция ☐ Подразумевает не столько действия для выполнения операции, сколько обозначение операции в тексте. 2. оператор ☐ Человек, обслуживающий или использующий ЭВМ. 3. оператор. *См.* statement (additive operator, arithmetic operator, assertion operator, Boolean operator, cast operator, comparison operator, dagger operator, indirection operator, infix operator, logical operator, postfix operator, prefix operator, relational operator, unary operator)

operator command команда оператора ☐ Команда операционной системе, введённая с операторского терминала.

operator error ошибка оператора

optical character recognition (OCR) оптическое распознавание символов ☐ Ввод в ЭВМ печатного или рукописного текста.

optimization оптимизация ☐ 1. Преобразование программы, сохраняющее её семантику, но уменьшающее её размер или время выполнения. *См. тж.* code removal, common subexpressions 2. Поиск значений параметров, оптимизирующих значение заданного функционала. (global optimization, intermodule optimization, local optimization, peep-hole optimization, span-dependent optimization)

optimized code оптимизированная программа

optimizer 1. оптимизатор ☐ Оптимизирующий транслятор. *См.* optimizing compiler 2. оптимизатор, блок оптимизации ☐ Компонент транслятора, выполняющий оптимизацию.

optimizing compiler оптимизирующий транслятор ☐ Транслятор, выполняющий эквивалентные преобразования программы, приводящие к получению более быстрой или более компактной программы. Оптимизация включает однократное вычисление общих подвыражений, вынос из цикла не зависящих от повторений операций, уничтожение лишних присваиваний или проверок и другие преобразования.

option 1. необязательный параметр 2. вариант 3. средство (compiler options, default option, system generation option)

optional parameter необязательный параметр

optional retention необязательное членство

optional word необязательное ключевое слово (в языке КОБОЛ)

OR ИЛИ, дизъюнкция, логическое сложение ☐ Логическая операция: A OR B истинно тогда и только тогда, когда хотя бы одно из A и B истинно.

Oracle Corporation ☐ Американская фирма, разрабатывающая системы управления базами данных для ЭВМ различных типов.

order 1. порядок, упорядоченность; способ упорядочения 2. порядок, степень 3. упорядочивать ☐ Расставлять в соответствии с заданным отношением порядка. (compilation order, lexicographic order)

ordered pair упорядоченная пара

ordering relation отношение порядка; способ упорядочения

orderly close-down нормальное завершение работы

ordinal type перечислимый тип. *См.* enumerated type

ORG (origin) директива ассемблера, указывающая адрес начала программы или части программы

origin 1. начальный адрес (*программы или программной секции*) 2. источник ☐ В сети передачи данных — станция сети или процесс, посылающие сообщение. 3. корень дерева. *См.* root

original equipment manufacturer (OEM) изготовитель комплексного оборудования ☐ Предприятие, изготовляющее законченные изделия из комплектующих.

originate инициировать передачу данных

orphan висячая строка ☐ В системах подготовки текстов — последняя строка главы, раздела, таблицы и пр., оказавшаяся вследствие неудачного форматирования единственной строкой на странице. *Ср.* widow

orthogonality ортогональность ☐ Организация системы на основе небольшого числа понятий, каждое из которых может быть понято независимо от других.

OS *см.* operating system

OS/360 ☐ Операционная система для ЭВМ фирмы IBM серии System/360

OSA *см.* open systems architecture

OSI *см.* open systems interconnection

OS/MFT (operating system / multiprogramming with a fixed number of tasks) ☐ Операционная система для ЭВМ фирмы IBM серии System/360, поддерживающая мультипрограммирование с фиксированным числом задач.

OS/MVT (operating system / multiprogramming with a variable number of tasks) ☐ Операционная система для ЭВМ фирмы IBM, поддерживающая мультипрограммирование с переменным числом задач; основная операционная система для больших ЭВМ.

OS/VS (operating system / virtual storage) ☐ Операционная система для ЭВМ фирмы IBM серии System/370, поддерживающая управление виртуальной памятью.

out device выводное устройство, устройство вывода

outline схема текста, план ☐ Иерархическая структура текста (членение на части, главы, параграфы) и перекрёстные ссылки между его отдельными частями. *См. тж.* outline processor

outline processor система обработки структурированных текстов ☐ Система подготовки текстов, включающая средства компоновки отдельных фрагментов (заметок) в связный текст с иерархической структурой, поиск фрагментов по ключевым словам, поддержку нескольких вариантов фрагментов.

out parameter выходной параметр, параметр-результат

outperform иметь большее быстродействие

output 1. вывод данных 2. выходные данные, результаты 3. выводное устройство, устройство вывода 4. выходной сигнал 5. выводить данные ☐ Отображать данные на экране дисплея или бумаге, записывать их в файл или передавать по линии связи. (data output, sound output, standard output)

output area буфер вывода

output-bound task задача, скорость выполнения которой ограничена скоростью вывода данных

output buffer буфер вывода

output class выходной класс ☐ В операционных системах типа OS/360 — параметр, описывающий выходные данные, предназначенные для печати. Выходной класс определяет выбор устройства печати и приоритет обработки. Выходной класс задаётся в предложении языка управления заданиями.

output data выходные данные, результаты

output device выводное устройство, устройство вывода

OUTPUT

output file выходной файл, файл результатов

output format выходной формат □ Формат результатов работы программы.

output parameter выходной параметр, параметр-результат

output primitive графический примитив, элемент отображения, выходной примитив. *См.* graphical output primitive

output queue очередь вывода □ Список выходных файлов, подлежащих печати.

output routine программа вывода

output stream выходной поток □ Файл или устройство, куда направляются выходные данные заданий пакета.

output unit выводное устройство, устройство вывода

outstanding ожидающий обработки (*о прерывании или запросе*)

outswap выгружать, откачивать. *См.* swap out

overbading (чрезмерная) многофункциональность

overdraft превышение ограничений

overdraw превышать ограничения

overflow 1. переполнение □ 1. Выход значения результата арифметической операции за пределы представимых чисел. 2. Попытка поместить запись в область, в которой для неё нет места. 3. Выход указателя вершины стека за пределы отведённой для стека области. 2. переполнять(ся)

overflow area область переполнения □ При реализации индексно-последовательного метода доступа — непрерывный участок памяти, предназначенный для размещения данных, не поместившихся в основную область. Обычно одна область переполнения используется для нескольких основных областей и располагается на смежном с ними участке носителя. *Ср.* home location

overflow pointer указатель на область переполнения

overflow record запись, помещаемая в область переполнения

overlap перекрываться (*в пространстве или во времени*)

overlapping events перекрывающиеся события □ События A и B, упорядоченные следующим образом: A начинается раньше, чем кончается B, и A кончается позже, чем начинается B.

overlay 1. перекрытие, оверлей □ Способ организации большой программы, уменьшающий объём оперативной памяти, необходимый для выполнения. При оверлейной организации программа разбивается на более или менее независимые части (сегменты перекрытий), которые попеременно загружаются в одну и ту же область оперативной памяти. 2. сегмент перекрытий, оверлейный сегмент 3. накладываемое изображение

overlay program программа с перекрытиями, оверлейная программа

overlay segment сегмент перекрытий, оверлейный сегмент. *См. тж.* overlay

overlay supervisor программа управления перекрытиями □ Программа исполняющей системы, обеспечивающая смену сегментов перекрытия при выполнении оверлейной программы.

overlay tree дерево перекрытий, оверлейное дерево □ Дерево, описывающее структуру оверлейной программы. Вершины дерева соответствуют сегментам перекрытий. В каждый момент работы программы в оперативной памяти находится сегмент, содержащий выполняемую подпрограмму (текущий сегмент), и сегменты, соответствующие вершинам дерева, являющимся предками текущего сегмента. Процедуры сегмента перекрытий могут обращаться только к процедурам, расположенным в сегментах-потомках и сегментах-предках данного сегмента.

overloading перегрузка □ В языках программирования — использование одного и того же идентификатора для обозначения различных процедур. Транслятор выбирает необходимую процедуру на основании числа и типов параметров.

override отменять, замещать □ Задавать значения параметров, отличные от принимаемых по умолчанию.

overrun выходить за границы (*области, массива*)

overtype mode режим замены, заменяющий режим □ В экранных редакторах — режим, при котором вводимая с клавиатуры литера замещает литеру, указываемую курсором. *Ср.* insert mode

overwrite затирать □ Записывать данные в область носителя, занятую другими данными.

owner 1. владелец □ При защите данных и контроле доступа — пользователь, имеющий неограниченные права по отношению к файлу или другой информации. 2. владелец набора. *См. тж.* set 1.

owner type тип владельца □ В сетевых базах данных — часть описания набора, задающая тип владельца набора.

Р

pack упаковывать □ Преобразовывать данные в компактное представление, удобное для хранения или пересылки; в упакованном представлении для каждого элемента данных выделяется минимальное необходимое для его представления число битов.

package пакет □ 1. Совокупность программ, объединённых общим приложением. 2. В языке Ада — независимо транслируемый м о д у л ь, содержащий описания типов, констант, процедур и переменных. (application package, benchmark package, floating-point package, generic package, integrated package, software package, trig package)

package body тело пакета □ В языке Ада — описание реализации пакета. *См. тж.* implementation specification

package generator генератор пакетов прикладных программ □ Программа, настраивающая пакет прикладных программ на конкретный класс задач.

package specification описание пакета, спецификация пакета □ В языке Ада — описание интерфейса пакета. *См. тж.* interface specification

packed упакованный □ О типе данных, для переменных которого транслятор выполняет оптимизацию по памяти.

packed decimal упакованное десятичное (число) □ О представлении чисел в двоично-десятичной системе, при котором в каждом байте хранится две десятичные цифры.

packet пакет □ Блок данных в сети передачи данных, имеющий строго определённую структуру, включающую заголовок и поле данных. Сообщение может быть разбито на несколько пакетов. Размер пакета составляет 100—500 байтов.

packet assembly формирование пакета. *См. тж.* packet switching network

packet disassembly разборка пакета. *См. тж.* packet switching network

packet interleaving чередование пакетов □ Способ передачи данных, при котором по одному физическому каналу последовательно передаются п а к е т ы разных сообщений.

packet-mode terminal пакетный терминал □ Терминал, взаимодействующий с ЭВМ через сеть коммутации пакетов.

packet switching network сеть коммутации пакетов □ Сеть передачи данных, в которой передаваемое сообщение разбивается на несколько специально оформленных порций — п а к е т о в, каждый из которых передаётся независимо.

PAD (packet assembly and disassembly) формирование и разборка пакетов. *См. тж.* packet switching network

pad 1. вспомогательная клавиатура. *См.* keypad 2. (графический) планшет. *См.* graphics pad 3. дополнять □ Заполнять поля записи, не содержащие полезной информации, пустыми кодами (например, пробелами).

pad character символ-заполнитель □ Символ, дополняющий поле записи или управляющую последовательность до требуемого формата. *См. тж.* fill character, pad

page 1. страница памяти, лист памяти □ Совокупность ячеек памяти с одинаковыми старшими разрядами адреса, являющаяся единицей, с которой работает система управления памятью. 2. страница □ Лист бумаги или элемент описания формата документа. (banner page, base page, flag page, memory page, port page)

paged system страничная система, система со страничной организацией (виртуальной) памяти. *См. тж.* virtual storage

page fault отсутствие страницы, обращение к отсутствующей странице. *См. тж.* page fault interrupt

page fault interrupt прерывание по отсутствию страницы □ В системах с виртуальной памятью — аппаратное прерывание, вызванное обращением к ячейке виртуальной памяти, расположенной на странице, отсутствующей в данный момент в физической оперативной памяти.

page footer нижний колонтитул □ Текст, повторяющийся в нижней части каждой страницы текста. *Ср.* page header

page frame страничный блок, страница □ Страница памяти с точки зрения системы управления виртуальной памятью. «Страничный блок» означает либо сегмент физической оперативной памяти, в котором может быть размещена страница виртуальной памяти, либо копию содержимого страницы виртуальной памяти на внешнем запоминающем устройстве.

page header колонтитул, шапка *(страницы)* □ Текст, печатаемый в верхней части каждой страницы текста. *Ср.* page footer

page locking фиксация страницы □ Запрещение откачки страницы виртуальной памяти.

page pool множество свободных страниц

page printer постранично-печатающее устройство

page table таблица страниц □ Структура данных операционной системы, связывающая виртуальные адреса с номерами страниц и указывающая, какие страницы виртуальной памяти находятся в оперативной памяти.

paging замещение страниц, подкачка □ Перемещение активных страниц в и р т у а л ь н о й   п а м я т и с диска в оперативную память и пассивных — из оперативной памяти на диск. *См. тж.* swapping

paging policy алгоритм замещения страниц, алгоритм подкачки □ Алгоритм системы управления виртуальной памятью, определяющий, какие страницы оперативной памяти следует освободить и какие страницы виртуальной памяти следует загрузить. *См. тж.* least frequently used removal, least recently used removal (anticipatory paging, demand paging)

paintbrush program программа рисования □ Программа, позволяющая рисовать произвольные картинки на экране дисплея, используя «мышь» в качестве карандаша, кисти или аэрографа. В отличие от систем машинной графики, программы рисования работают непосредственно с растром и не предоставляют операций над графическими примитивами и сегментами.

painter's algorithm «алгоритм живописца», упорядочение по глубине. *См.* depth sorting

painting закрашивание, закраска. *См.* fill 2.

PAM *см.* partitioned access method

pan scrolling плавная прокрутка

pane подокно, «форточка» □ Часть окна, имеющая специальное назначение. *См. тж.* window

panning панорамирование, горизонтальная прокрутка □ Непрерывный сдвиг всего изображения в окне или на экране дисплея, создающий ощущение движения изображения. *См. тж.* scrolling

paper feed подача бумаги; прогон бумаги *(в печатающем устройстве)*

paperless office безбумажное делопроизводство □ Применение ЭВМ в управленческой деятельности для хранения, поиска и отображения информации.

paper slew прогон бумаги *(в печатающем устройстве)*

paper tape (бумажная) перфолента

paper tape punch ленточный перфоратор □ 1. Устройство вывода на перфоленту 2. Устройство подготовки данных на перфоленте.

paper tape reader считыватель перфоленты, перфосчитыватель □ Устройство ввода информации с перфоленты.

paper throw подача бумаги *(в печатающем устройстве)*

parallel 1. параллельный □ 1. О независимых процессах, выполняемых одновременно. *Ср.* concurrent 2. О передаче данных, при которой несколько двоичных разрядов передаются одновременно. 2. дублировать □ В системах с повышенной надёжностью — выполнять один и тот же процесс на нескольких устройствах.

parallel adder параллельный сумматор □ Сумматор, обрабатывающий все разряды слагаемых одновременно.

PARALLEL

parallel computer параллельная ЭВМ □ ЭВМ, в которой одновременно выполняются одинаковые или различные операции над несколькими группами данных. *См. тж.* MIMD architecture, SIMD architecture

parallel interface параллельный интерфейс □ Средства подключения и передачи данных по параллельному каналу.

parallel processing параллельная обработка; параллельное выполнение

parallel search параллельный поиск □ 1. Поиск данных, удовлетворяющих одному из нескольких указанных критериев. 2. Поиск, при котором все элементы области поиска анализируются одновременно. *Ср.* serial search

parameter параметр □ Объект, над которым выполняется процедура или от которого зависит её выполнение. (actual parameter, command line parameter, default parameter, formal parameter, in-out parameter, in parameter, keyword parameter, macro parameter, optional parameter, out parameter, output parameter, positional parameter, required parameter)

parameter mismatch несоответствие параметров □ При обращении к подпрограмме — несоответствие числа или типов фактических параметров числу или типам формальных параметров.

parameter passing передача параметров □ Операции и структуры данных, используемые вызывающей программой для указания вызываемой процедуре объектов и значений, над которыми должны выполняться действия.

parameter passing by name передача параметров по наименованию □ Способ передачи параметров, при котором выражение, задающее фактический параметр, вычисляется заново при каждом обращении к параметру в теле процедуры так, как если бы текст фактического параметра подставлялся вместо каждого вхождения соответствующего формального параметра. Передача по наименованию является основным способом передачи параметров в языке Алгол-60.

parameter passing by reference передача параметров по ссылке □ Способ передачи параметров, при котором вызываемой процедуре передаётся адрес объекта; выполняемые процедурой действия воздействуют на объект в вызвавшей программе. Передача по ссылке соответствует и з м е н я е м ы м п а р а м е т р а м.

parameter passing by value передача параметров по значению □ Способ передачи параметров, при котором вызываемой процедуре передаётся только копия значения объекта; производимые подпрограммой изменения не отражаются на объекте в вызвавшей программе. Передача по значению соответствует в х о д н ы м п а р а м е т р а м.

parameter qualifier ключ параметра □ В командных языках операционных систем фирмы DEC — управляющий ключ, воздействующий на один параметр.

parameter specification описание параметров, спецификации параметров □ Описание типа и способа передачи параметров и, возможно, ограничений, которым они должны удовлетворять.

parent владелец

parentheses (круглые) скобки (matching parentheses, unbalanced parentheses)

parentheses-free notation бесскобочная запись. *См. тж.* post-fix notation, prefix notation

parent node родительская вершина ☐ Вершина дерева, ссылающаяся на данную вершину. *Ср.* child node

parent-offspring tasking аппарат подчинённых задач. *См. тж.* offspring task

parent process родительский процесс ☐ Процесс, породивший данный процесс.

parity 1. чётность 2. контроль чётности (block parity, even parity, horizontal parity, odd parity, vertical parity)

parity bit бит чётности, разряд чётности

parity check 1. контроль чётности ☐ Способ контроля искажений при хранении и передаче посредством добавления к информационным разрядам слова контрольного бита, значение которого устанавливается в соответствии с суммой по модулю 2 информационных битов. *См. тж.* even parity, odd parity 2. ошибка чётности

parity error ошибка чётности ☐ Ошибка передачи или хранения данных с контролем чётности.

parser синтаксический анализатор; анализатор

parsing синтаксический анализ; анализ, разбор (bottom-up parsing, top-down parsing)

partial evaluation смешанные вычисления ☐ Выполнение не зависящих от входных данных операций программы во время трансляции.

partial matching частичное совпадение; частичное отождествление

partial pathname относительное составное имя, относительный путь. *См.* relative pathname

partition 1. раздел ☐ Область памяти, выделенная для определённого использования. 2. выделять разделы

partitioned access method библиотечный метод доступа. *См. тж.* basic partitioned access method

partitioning выделение разделов, разбиение

Pascal Паскаль ☐ Алголоподобный язык программирования, который ввёл в широкое употребление понятие типа данных и принципы структурного программирования.

pass 1. проход ☐ При многопроходной обработке каждый проход последовательно обрабатывает входной файл; выходной файл одного прохода обрабатывается следующим проходом. 2. передавать (*управление, параметры*). *См. тж.* parameter passing

passive graphics пассивная графика ☐ Организация работы графической системы, при которой дисплей используется только для вывода изображений под управлением программы без вмешательства пользователя. *Ср.* interactive graphics

passive star пассивная звезда ☐ Звездообразная топология сети ЭВМ, в которой центральный узел выполняет только ретрансляцию сигналов и, возможно, коммутацию. *Ср.* active star

pass key пароль. *См.* password

password пароль ☐ Последовательность символов, которую должен выдать пользователь или программа для получения доступа к какому-либо ресурсу.

PASSWORD

password authentification проверка пароля; аутентификация пользователя по паролю. *См. тж.* authentification of user

password protection защита с использованием пароля

paste вставлять □ В текстовых редакторах и системах подготовки текстов — операция вставки ранее удалённого текста. *См. тж.* cut

paste buffer буфер □ Область памяти, в которой временно хранится удалённый текст. *Ср.* clipboard

patch 1. «заплата» □ Исправление, вносимое в объектную программу в виде набора машинных команд, а не в текст на языке программирования. 2. ставить «заплату»

path 1. путь доступа. *См.* access path 2. префикс имени файла □ В иерархической файловой системе — часть имени файла, задающая полное имя каталога, в котором он расположен. Префикс имени файла указывает последовательность каталогов, через которые надо пройти от текущего каталога или от корневого каталога. *См. тж.* pathname 3. путь доступа □ Список каталогов, в которых следует искать файл. 4. маршрут □ В сети передачи данных — последовательность узлов, через которые проходит передаваемое сообщение.

pathname составное имя, имя пути □ В иерархической файловой системе — имя файла или каталога, состоящее из п р е ф и к с а, указывающего путь по дереву каталогов, и собственно имени, которое является элементом каталога, задаваемого префиксом. (absolute pathname, full pathname, partial pathname, relative pathname)

pattern 1. образец, шаблон. *См. тж.* match 2. образ, изображение (bit pattern, dot pattern, match-all pattern)

pattern matching сопоставление с образцом, отождествление

pattern recognition распознавание образов

PC *см.* 1. personal computer 2. program counter

PC DOS □ Операционная система для 16-разрядных персональных ЭВМ на базе микропроцессоров, совместимых с Intel 8086; известна также как MS DOS.

PCN *см.* personal computer network

P-code 1. псевдокод, П-код □ Система команд абстрактной машины. 2 П-код □ 1. Псевдокод Паскаль-машины. 2. Технология программирования, при которой для написания сложной программы разрабатывается абстрактная машина, в командах которой удобно выразить эту программу. Абстрактная машина реализуется с помощью программного интерпретатора.

P-counter *см.* program counter

PC-relative address адрес относительно счётчика команд. *См. тж.* PC-relative addressing

PC-relative addressing адресация относительно счётчика команд □ Способ адресации, при котором в команде указывается значение, равное разности исполнительного адреса и адреса выполняемой команды; такой способ адресации не требует н а с т р о й к и.

PCU *см.* peripheral control unit

PDN *см.* public data network

PDP-11 □ Серия 16-разрядных мини-ЭВМ фирмы DEC.

PDS *см.* program development system

PEEK прочесть байт по машинному адресу *(в языке БЕЙ-СИК). Ср.* POKE

peep-hole optimization локальная оптимизация *(программ). См.* local optimization

pel *см.* pixel

pending interrupt отложенное прерывание

pending job повисшее задание, повисшая задача □ Задание, процесс или задача, ждущие наступления события, которое не может произойти в результате ошибки в программе или в вычислительной системе (например, задача может повиснуть в результате обращения к выключенному устройству). *См. тж.* deadlock

pending request ждущий запрос; отложенный запрос □ Необработанное обращение к операционной системе.

pen plotter перьевой графопостроитель

perforation skip переход к началу следующей страницы фальцованной бумаги

performance эффективность; производительность (external performance, internal performance)

performance specification требования к эффективности. *См. тж.* specification

period точка *(знак препинания)*

peripheral внешнее устройство, периферийное устройство □ Устройство, конструктивно отделённое от основного блока ЭВМ, имеющее собственное управление и выполняющее запросы центрального процессора без его вмешательства.

peripheral-bound program программа, скорость выполнения которой определяется быстродействием внешних устройств

peripheral controller контроллер внешнего устройства, контроллер ввода-вывода □ Процессор, управляющий обменом между внешним устройством и памятью ЭВМ.

peripheral control unit контроллер внешнего устройства, контроллер ввода-вывода. *См.* peripheral controller

peripheral device внешнее устройство, периферийное устройство. *См.* peripheral

peripheral interrupt прерывание от внешнего устройства, прерывание ввода-вывода

peripheral limited ограниченный быстродействием внешних устройств. *См. тж.* peripheral-bound program

peripheral storage внешняя память, внешнее запоминающее устройство *См.* backing storage

peripheral unit внешнее устройство, периферийное устройство. *См.* peripheral

personal computer персональная ЭВМ, ПЭВМ □ Однопользовательская ЭВМ на базе микропроцессора; типичная ПЭВМ имеет оперативную память от 64 Кбайт до 512 Кбайт, видеомонитор или выход на бытовой телевизор, внешнюю память на гибких магнитных дисках и последовательный интерфейс для подключения внешних устройств; многие ПЭВМ имеют также винчестерский диск и модем. *См. тж.* home computer, workstation

personal computer network сеть персональных ЭВМ. *См. тж.* local area network

personal data base личная база данных ☐ База данных, обслуживающая одного пользователя и содержащая его личную информацию. *Ср.* private data base

personal library личная библиотека, библиотека пользователя

PERT *см.* Project Evaluation and Review Technique

PERT network сетевой график

petal printer лепестковое печатающее устройство. *См.* daisy-wheel printer

Petri-net сеть Петри ☐ Абстрактный автомат для описания асинхронных алгоритмов в виде ориентированного графа, вершины которого соответствуют действиям, а дуги — значениям.

phrase-structure grammar грамматика непосредственных составляющих, НС-грамматика

physical физический ☐ Имеющий отражение в структуре устройства, в отличие от л о г и ч е с к о г о или в и р т у-а л ь н о г о.

physical address физический адрес ☐ 1. Число, идентифицирующее ячейку или область физической памяти. 2. Код, задающий физическое положение данных на внешнем устройстве. Для диска физический адрес имеет вид (номер поверхности, номер дорожки, номер сектора).

physical block физический блок ☐ Порция физического обмена с внешним устройством (обычно диском); участок носителя, на котором размещается порция обмена.

physical block number физический номер блока. *См. тж.* block number, physical address

physical data base физическая база данных ☐ База данных с точки зрения её представления на физических запоминающих устройствах (обычно дисках).

physical device физическое устройство. *См. тж.* logical device

physical interface 1. физический интерфейс. *См. тж.* interface 2. сопряжение, физическое подключение ☐ Наличие и способ физической связи.

physical layer физический уровень ☐ Уровень взаимодействия в сети передачи данных, обеспечивающий интерфейс между вычислительной машиной, участвующей во взаимодействии, и с р е д о й п е р е д а ч и сигналов. *См. тж.* open systems interconnection

physical (layer) protocol физический протокол ☐ Уровень протокола сети передачи данных, регламентирующий механические, электрические, функциональные и процедурные характеристики интерфейса между вычислительной машиной, участвующей во взаимодействии, и с р е д о й п е р е д а ч и сигналов. Стандартом для этого уровня служит, например, RS232. *См. тж.* open systems interconnection

physical record физическая запись ☐ Порция обмена с внешним устройством. Физическая запись может содержать одну л о г и ч е с к у ю з а п и с ь, несколько логических записей или часть логической записи. *См. тж.* block

physical storage физическая память ☐ Внешняя или оперативная память вычислительной системы, реализуемая определённым запоминающим устройством. *Ср.* virtual storage

pica face печать с плотностью 10 символов на дюйм

pick device указка, устройство указания ☐ В интерактивной графике — логическое устройство ввода для указания элемента изображения или сегмента. Реализуется с помощью «мыши», светового пера, шара трассировки, графического планшета или клавиш управления курсором.

pick identifier идентификатор указки, идентификатор указания

picture 1. изображение 2. шаблон *(в языке КОБОЛ)* □ Описатель формата переменной.

picture generation формирование изображения

Pierce operation стрелка Пирса, ИЛИ-НЕ. *См.* NOR

piggyback acknowledgement вложенное подтверждение □ Подтверждение приёма, передаваемое как часть другого информационного сообщения, а не оформленное как отдельное сообщение или сигнал.

piggyback card дополнительная плата расширения □ Плата, подключаемая в специальный разъём на основной плате и расположенная в параллельной ей плоскости.

piloting разработка прототипа, макетирование

pilot system 1. экспериментальная версия системы; прототип 2. □ Минимальная версия системы, используемая для генерации или разработки полной версии.

PIO (programmable input-output chip) программируемый контроллер

PIP (peripheral interchange program) программа работы с файлами

pipe канал, абстрактный файл □ Тип данных операционной системы. П р о ц е с с может читать данные из канала и писать в канал, как при работе с файлами. Каналы могут связываться с файлами, физическими устройствами или использоваться для обмена данными между процессами. Канал является базовым понятием операционной системы UNIX и используется для организации к о н в е й е р а и взаимодействия процессов.

pipeline конвейер □ Цепочка параллельно работающих процессов или процессоров, взаимодействующих так, что выход одного члена цепочки поступает на вход другого. В архитектуре ЭВМ конвейерный процессор состоит из нескольких последовательных элементов, каждый из которых выполняет часть обработки команды (выборку команды, дешифрацию кода операции, адресную арифметику, выборку операндов, выполнение операции); при этом следующая команда начинает выполняться раньше, чем завершается предыдущая. В операционных системах конвейер образуется несколькими задачами, выходной поток каждой из которых является входным потоком следующей.

pipelining организация конвейера, конвейерная обработка

pitch шаг □ Число знаков, печатаемых или перфорируемых на единицу длины.

pixel (picture element) элемент растра, точка растра □ В растровой графике — минимальная единица изображения, цвет и яркость которой можно задать независимо от остального изображения.

PL/1 (Programming Language) ПЛ/1 □ Язык программирования, разработанный фирмой IBM для ЭВМ серии IBM/360 и сочетающий черты языков КОБОЛ, ФОРТРАН и Алгол.

PLA *см.* programmable logic array

placeholder метка-заполнитель □ Текст в поле шаблона, указывающий тип значения поля или значение по умолчанию.

plaintext открытый текст □ Сообщение в незашифрованной форме.

plant самомодификация программы

plasma-panel display плазменный дисплей

PL/M (Programming Language for Microprocessors) язык системного программирования для микропроцессоров □ Разработан фирмой Intel на базе языка ПЛ/1.

plotter графопостроитель (data plotter, drum plotter, electrostatic plotter, flatbed plotter, pen plotter, printer-plotter, raster plotter)

plotter step size шаг графопостроителя, размер шага графопостроителя

plug 1. разъём 2. вставлять в разъём, подключать

plug-compatible совместимый по разъёмам

plug-in card плата расширения, вставляемая в разъём на основной плате; сменная плата

PL/Z (Programming Language for Zilog) □ Семейство языков системного программирования для микропроцессоров фирмы Zilog.

PMD см. postmortem dump

point 1. точка 2. указывать, ссылаться (actual decimal point, addressable point, assumed decimal point, control point, decimal point, entry point, load point, reentry point, rescue point, restart point, secondary entry point)

pointer указатель, ссылка (bottom-of-stack pointer, dangling pointer, embedded pointer, overflow pointer, roving pointer, stack pointer, top-of-stack pointer)

pointer arithmetic арифметические операции над указателями

pointer array массив указателей

pointer-threaded code шитый код. См. threaded code

pointing device устройство управления позицией □ Устройство, позволяющее указать позицию или элемент изображения на экране дисплея: «мышь», световое перо, планшет.

point-to-point line двухточечная линия □ Линия связи, соединяющая два устройства. Ср. multipoint line

POKE записать байт по машинному адресу (в языке БЕЙСИК) Ср. PEEK

POL см. problem-oriented language

policy алгоритм распределения ресурса

Polish notation польская запись, префиксная запись. См. prefix notation

poll опрашивать

polled network сеть с опросом □ Сеть передачи данных, в которой для доступа к передающей среде используется опрос.

polling опрос □ В сети ЭВМ или сети передачи данных — способ управления доступом к среде передачи, при котором центральная станция сети посылает периферийным станциям запрос, предлагающий передать имеющиеся данные. В ответ на приглашение периферийная станция начинает передачу или сообщает об отсутствии данных.

polling character символ опроса

polling interval интервал опроса. □ Промежуток времени между двумя последовательными опросами станции. *См. тж.* polling

polygon surface поверхность, составленная из многоугольников

polyline ломаная (линия) □ В машинной графике — графический примитив, состоящий из одного или нескольких смежных отрезков прямой.

polymarker последовательность точек □ В машинной графике — графический примитив, состоящий из нескольких точек.

polymorphic function полиморфная функция □ Функция, допускающая обращение с параметрами различных типов и выполняющаяся различным образом в зависимости от типов параметров.

polymorphic operator знак полиморфной операции □ Знак, обозначающий различные операции в зависимости от типов аргументов.

polynomial code полиномиальный код □ Код с обнаружением ошибок, в котором контрольные разряды являются остатком от деления передаваемых разрядов на фиксированное число.

pool динамическая область, динамически распределяемая область, пул □ Обычно подразумевается совокупность однородных динамически распределяемых объектов: блоков памяти одинаковой длины, элементарных процессоров. *См. тж.* dynamic area (buffer pool, page pool, storage pool)

pop выталкивать, снимать со стека □ Операция выборки верхнего элемента стека с уменьшением указателя вершины стека. *Ср.* push

P-operation операция «занять», занятие *(семафора)*. *См. тж.* semaphore

populated data base заполненная база данных. *См.* loaded data base

populating начальная загрузка *(данных в базу данных)*

pop-up menu всплывающее меню □ Меню, появляющееся на экране дисплея в текущем положении курсора и исчезающее после выбора команды. *См. тж.* pull-down menu

port 1. порт □ Точка подключения внешнего устройства к внутренней шине микропроцессора; программа может посылать данные в порты или получать их из портов. 2. переносить (communications port, I/O port)

portability переносимость, мобильность □ Возможность использования программы на различных ЭВМ. (product portability, programmer portability, tools portability)

portable computer портативная ЭВМ □ Персональная ЭВМ, конструктивно оформленная в удобном для транспортировки виде. Технические характеристики таких ЭВМ практически не отличаются от характеристик настольных ПЭВМ. *Ср.* laptop computer

portable software переносимое программное обеспечение, мобильное программное обеспечение. *См. тж.* portability

port page страница портов □ Интервал адресов памяти, соответствующих портам ввода-вывода. Используется в ЭВМ с процессором, применяющим для обращения к портам команды пересылки, а не специальные команды обмена.

portrait вертикальный □ О расположении текста или изображения на бумаге, при котором горизонтальное направление совпадает с узкой стороной листа. *Ср.* landscape

positional notation позиционная нотация, позиционная запись □ Представление чисел, при котором значение цифры зависит от её положения в числе (например, обычная десятичная запись).

positional parameter позиционный параметр □ Параметр, значение которого задаётся в определённой позиции списка параметров. *Ср.* keyword parameter

position-independent перемещаемый □ О программе или структуре данных, которая может быть размещена в любом месте памяти без н а с т р о й к и адресов. *Ср.* relocatable

positioning device устройство указания позиции; устройство управления курсором. *См. тж.* locator

positive acknowledgement подтверждение приёма, положительное квитирование □ Управляющее сообщение или сигнал, указывающие, что сообщение успешно принято. *Ср.* negative acknowledgement

positive zero положительный нуль. *См. тж.* negative zero

postcondition постусловие; выходное условие □ В доказательстве правильности программ и аксиоматической семантике языков программирования — логическое выражение, которое должно быть истинно после выполнения некоторого действия, если перед выполнением этого действия было истинно соответствующее п р е д у с л о в и е. *См. тж.* invariant

postdecrement addressing постдекрементная адресация □ А в т о и н к р е м е н т н а я адресация, при которой вычитание производится после выборки операнда. *Ср.* predecrement addressing

postediting постредактирование. □ Внесение исправлений в обработанный ЭВМ текст (например, в системах машинного перевода).

POS terminal (point-of-sale terminal) кассовый терминал □ Кассовый аппарат, подключённый к центральной ЭВМ.

postfix notation постфиксная запись, польская инверсная запись, полиз □ Бесскобочная запись арифметических выражений, при которой символ операции ставится после операндов; например, выражение X+(Y—Z)∗2 запишется как XYZ—2∗+. Используется в трансляторах и стековых языках. *Ср.* prefix notation

postfix operator постфиксная операция □ Операция, знак которой записывается после операнда (например, ↑в "input↑" в языке Паскаль). *Ср.* infix operator, prefix operator

postmortem dump аварийный дамп, «посмертный» дамп □ Распечатка содержимого памяти и регистров после аварийного завершения задачи.

postmortem routine постпрограмма, подпрограмма обработки аварийного завершения

postorder tree search поиск в глубину, перебор в глубину. *См.* depth-first search

196

PREFIX

P

postprocessor постпроцессор ☐ Программа, приводящая результат работы другой программы к необходимому формату.

power степень, показатель степени

power-fail interrupt прерывание по сбою (электро)питания

power supply unit блок питания

pragma псевдокомментарий, указания транслятору *(в языке Ада)*. *См. тж.* compiler directive

preanalysis предварительный анализ, преданализ

precedence старшинство операций, приоритет операций ☐ Приоритет операций определяет порядок выполнения операций в выражении в инфиксной записи: при отсутствии скобок операции с большим приоритетом выполняются раньше операций с меньшим приоритетом.

precedence grammar грамматика предшествования ☐ Контекстно-свободная грамматика, на символах которой заданы отношения, позволяющие определить во входной строке возможные границы синтаксических конструкций, рассматривая лишь пары соседних символов.

precondition предусловие; входное условие. *См. тж.* postcondition

predecrement addressing предекрементная адресация ☐ Автоинкрементная адресация, при которой вычитание производится до выборки операнда. *Ср.* postdecrement addressing

predefined предопределённый, встроенный. *См.* built-in

predefined type предопределённый тип, встроенный тип. *См.* built-in type

predicate предикат ☐ 1. Логическое условие. 2. Функция, возвращающая логическое значение.

prediction-correction method метод предсказаний и поправок, метод «предиктор — корректор»

preempt 1. выгружать, откачивать. *См.* preemption 2. резервировать

preemptible program выгружаемая программа ☐ Программа, которая может быть о т к а ч а н а. *Ср.* nonswappable. *См. тж.* swapping

preemption выгрузка, откачка ☐ В многозадачных системах — перемещение задачи из оперативной памяти на диск для освобождения места для работы задач с более высоким приоритетом. *См. тж.* checkpointing, swapping, swap out

preemptive program вытесняющая программа ☐ Программа более высокого приоритета, для запуска или возобновления которой прерывается и выгружается на диск менее приоритетная программа.

prefetch выборка с упреждением ☐ Режим работы процессора, при котором данные или команды считываются из памяти во внутренние регистры раньше, чем к ним происходит обращение из программы.

prefix code префиксный код ☐ Код, состоящий из слов различной длины, причём никакой более короткий код не является началом (префиксом) более длинного.

prefix notation префиксная запись, польская запись ☐ Бесскобочная запись арифметических выражений, при которой символ операции ставится перед операндами; например, X+(Y—

—Z)∗2 запишется как +X∗—YZ2. *Ср.* postfix notation

prefix operator префиксная операция □ Операция, знак которой записывается перед операндом. *Ср.* infix operator, postfix operator

preincrement addressing преинкрементная адресация □ Автоинкрементная адресация, при которой прибавление производится до выборки операнда.

preliminary design эскизный проект

prenormalize предварительно нормализовывать □ Выполнять нормализацию числа перед выполнением операции над ним. *См. тж.* normalization

preorder tree search поиск в ширину, перебор в ширину. *См.* breadth-first search

preprocessor препроцессор □ Программа, выполняющая предварительную обработку входных данных для другой программы.

presence bit бит наличия, признак наличия □ В системах управления виртуальной памятью—управляющий разряд дескриптора страницы или сегмента виртуальной памяти, указывающий на наличие данной страницы или сегмента в оперативной памяти.

presentation layer уровень представления данных □ Уровень взаимодействия в сети передачи данных, на котором осуществляется интерпретация передаваемых данных. *См. тж.* presentation(layer) protocol

presentation (layer) protocol протокол представления данных □ Уровень протокола сети передачи данных, определяющий способ представления осмысленных для операционной системы структур данных. К этому уровню относятся способ кодирования текстовых и управляющих символов, представление изображений, команды управления терминалом. *См. тж.* open systems interconnection

preset 1. инициализировать. *См. тж.* initialization 2. предварительно заданный; стандартный

press нажимать (*клавишу*)

presumptive address 1. исходный адрес □ Адрес операнда в той форме, как он записан в команде. *См. тж.* address computation 2. базовый адрес. *См.* base address

pretty print структурная распечатка программы □ Распечатка текста программы в удобном для чтения и анализа виде: каждый оператор размещается на отдельной строке, вложенность блоков, операторов и описаний отмечается сдвигом вправо.

preventive maintenance профилактика, профилактическое обслуживание

primary colors основные цвета

primary key первичный ключ □ 1. В базах данных — к л ю ч, о котором в схеме базы данных указано, что он является первичным для данного типа записи. Как правило, система управления базой данных обеспечивает эффективный доступ к записям по первичному ключу. 2. В методах доступа — поле записи, по которому определяется её положение в файле. *Ср.* secondary key

primary record первичная запись □ Запись, ссылка на которую имеется в индексе и через которую осуществляется доступ к записям расширения.

primary station первичная станция □ Станция HDLC, формирующая команды и интерпретирующая ответы одной или нескольких вторичных станций. *Ср.* secondary station

primary storage 1. основная память □ В системе управления виртуальной памятью — оперативная память, в которую отображаются блоки виртуальной памяти. *См. тж.* virtual storage 2. оперативная память. *См.* main memory

primary type 1. простой тип. *См.* primitive type 2. встроенный простой тип. *См. тж.* built-in type

primary word встроенная операция (*в языке Форт*)

prime attribute первичный атрибут

prime number простое число

primitive attribute элементарный атрибут

primitive type простой тип □ Тип данных, значения которого не содержат компонент (например, целое или символ, в отличие от массива или записи)

printer печатающее устройство, устройство печати, принтер (band printer, barrel printer, belt printer, bidirectional printer, chain printer, character printer, correspondence-quality printer, daisy-wheel printer, dot-matrix printer, drum printer, electrostatic printer, electrothermal printer, impact printer, ink-jet printer, laser printer, letter-quality printer, line printer, matrix printer, non-impact printer, on-the-fly printer, page printer, petal printer, serial printer, shaped-character printer, stylus printer, thermal printer, train printer, wire printer)

printer-plotter устройство графической печати, графический принтер □ Печатающее устройство, позволяющее печатать как тексты, так и растровые графические изображения.

print head печатающая головка

printing quality качество печати □ Характеристика печатающего устройства, определяемая качеством начертания литер (зависящим от числа точек растра для матричных печатающих устройств), наличием различных шрифтов и средствами изменения шага печати. *См. тж.* camera ready copy, correspondence-quality printer, draft-quality, letter-quality printer

print needle печатающая игла. *См.* print wire

printout распечатка *См.* listing

print server станция печати, процессор печати □ Специализированный узел локальной сети, управляющий одним или несколькими печатающими устройствами и печатающий файлы, указанные или переданные другими узлами.

print wire печатающая игла (*печатающей головки матричного печатающего устройства*)

priority приоритет □ Число, приписанное задаче, процессу или операции и определяющее очерёдность их выполнения или обслуживания. (interrupt priority, job priority)

privacy lock замок секретности □ В базах данных — код, связываемый с набором, областью или другой группой данных для ограничения доступа к ним.

private 1. приватный, закрытый. *См. тж.* private type 2. частный, закрытый □ Об информации или информационной системе, доступ к которой открыт только ограниченной группе пользователей (обычно её владельцу). *Ср.* public

private circuit частный канал; выделенный канал

private data 1. приватные данные, закрытые данные. *См. тж.* private type 2. частные данные, частная информация; личные данные, личная информация ☐ Данные, доступные только их владельцу (человеку). *Ср.* public data

private data base частная база данных, закрытая база данных ☐ База данных, информация в которой доступна лишь владельцу базы данных. *Ср.* personal data base, public data base

private library личная библиотека, библиотека пользователя

private type приватный тип ☐ В языке Ада — тип данных, представление которого скрыто от пользователя и с переменными которого можно работать только экспортируемыми процедурами. *См. тж.* abstract data type, restricted type

priviledge привилегии, права ☐ Указание доступности данному пользователю или программе определённых действий или определённых объектов.

priviledged привилегированный ☐ О пользователе или программе, имеющих доступ к данным и операциям, не предоставляемым другим пользователям или программам.

priviledged instruction привилегированная команда ☐ Машинная команда, выполнение которой разрешено только в привилегированном режиме; в режиме задачи попытка выполнить такую команду вызывает внутреннее прерывание. В некоторых системах имеется несколько уровней привилегированности; например, в режиме супервизора может выполняться только часть привилегированных команд, все команды могут выполняться только в режиме ядра операционной системы.

priviledged user привилегированный пользователь

priviledge violation нарушение полномочий ☐ Попытка пользователя или программы выполнить неразрешённую операцию.

probabilistic logic вероятностная логика ☐ Логика, в которой истинностные значения представляются вероятностями.

probability value вероятность

problem 1. задача 2. прикладной (benchmark problem, direction-finding problem, multi-objective problem, toy problem, troubleshooting problem)

problem-oriented language проблемно-ориентированный язык ☐ Язык программирования, предназначенный для решения задач определённого класса.

problem programmer прикладной программист. *См.* application programmer

problem reformulation преобразование постановки задачи

problem space пространство состояний

procedural abstraction процедурная абстракция ☐ Методология программирования, при которой программа описывается как совокупность процедур; каждая процедура описывает некоторое законченное действие посредством элементарных операций или действий, определённых другими процедурами. *Ср.* data abstraction

procedural language процедурный язык. *См.* procedure-oriented language

procedural representation процедурное представление ☐ Способ представления знаний или описания алгоритма, при котором единицей описания является процедура.

procedure процедура. *См. тж.* subroutine (attached procedure, cataloged procedure, command procedure, data-base procedure, emdedded procedures, generic procedure, HDLC procedure, proof procedure)

procedure body тело процедуры □ Исполняемая часть процедуры; описание реализуемого процедурой алгоритма. *См. тж.* procedure declaration

procedure call вызов процедуры, обращение к подпрограмме □ Подразумевается оператор или действия вызывающей программы. *Ср.* procedure invocation

procedure declaration описание процедуры □ Описание процедуры состоит из з а г о л о в к а п р о ц е д у р ы, задающего её имя и список формальных параметров с их типами, и т е л а п р о ц е д у р ы, определяющего выполняемые при вызове процедуры действия.

procedure division раздел процедур. □ В языке КОБОЛ — часть программы, содержащая описания исполняемой части программы.

procedure header заголовок процедуры □ Часть описания процедуры, задающая имя процедуры и определяющая число, тип, форму задания и способ передачи параметров. *См. тж.* procedure declaration

procedure invocation вызов процедуры □ Действия и данные, связанные с конкретным обращением к подпрограмме. *Ср.* procedure call

procedure-oriented language процедурный язык □ Императивный язык программирования, основанный на понятиях процедуры и переменной. Процедура выполняет некоторое действие, используя и изменяя значения переменных, являющихся её параметрами, а также глобальных и локальных переменных. Действие процедуры описывается последовательностью более простых действий, выполняемых обращениями к другим процедурам и базовыми операторами языка. Процедурными языками являются Паскаль, Ада, ПЛ/1 и др. *Ср.* functional language, object-oriented language, rule-oriented language

procedure-oriented programming процедурное программирование. *См. тж.* procedure-oriented language

process 1. процесс □ Последовательность операций при выполнении программы или части программы и данные, используемые этими операциями. «Процесс» является единицей диспетчеризации и потребления ресурсов системы. *См. тж.* task **2.** обрабатывать **3.** выполнять (background process, concurrent processes, foreground process, hibernating process, iterative process, parent process, system process, user process, waiting process)

process image образ процесса □ Содержимое оперативной памяти, относящейся к процессу, записываемое на диск при выгрузке процесса.

processing 1. обработка **2.** выполнение (automated data processing, background processing, batch processing, concurrent processing, continuous processing, conversational processing, data processing, demand processing, distributed processing, FIFO processing, image processing, interactive processing, job processing, LIFO processing, list processing, multiple processing, on-line processing, parallel processing, real-time processing, serial processing, text processing, time-bound processing, transaction processing, word processing).

processing element элементарный процессор *(многопроцессорной ЭВМ)*

processor процессор ⬜ 1. Устройство, выполняющее команды; центральный процессор. 2. Программа, обрабатывающая данные определённого типа (ancillary control processor, array processor, back-end processor, bit-slice processor, central processor, command processor, console command processor, data-base processor, dedicated word processor, display processor, distributed array processor, dyadic processor, floating-point processor, front-end processor, horizontal processor, idea processor, language processor, macro processor, math processor, network processor, outline processor, raster processor, target processor, terminal processor, vertical processor, word processor)

processor-active task текущая задача. *См.* active task

processor-bound task счётная задача ⬜ Программа, скорость выполнения которой определяется быстродействием процессора.

processor defined function встроенная машинно-зависимая функция, предопределённая машинно-зависимая функция ⬜ Функция, которая имеется во всех вариантах системы программирования для разных ЭВМ, но работа которой зависит от конкретной используемой ЭВМ.

processor flags флаги процессора ⬜ Разряды слова состояния процессора, описывающие результат выполнения последней команды и режим работы процессора.

processor interrupt прерывание процессора

processor state состояние процессора

processor status word слово состояния процессора. *См. тж.* status word

processor time время счёта. *См.* CPU time

process state состояние процесса. *См. тж.* task state

process status word слово состояния процесса. *См. тж.* status word

product произведение *(результат умножения)* (Cartesian product, logical product)

production 1. продукция, правило вывода, порождающее правило *См. тж.* productions system 2. промышленный, сданный в эксплуатацию

production rule продукция, правило вывода, порождающее правило *См. тж.* productions system

production run производственный счёт; эксплуатация ⬜ Работа программного обеспечения в реальных промышленных условиях, в отличие от отладки или опытной эксплуатации.

productions system система продукций ⬜ Форма представления знаний или непроцедурного описания программы в виде множества правил (продукций) вида «если A, то B», где A — некоторое условие, а B — соответствующее действие, причём B может содержать переменные, используемые в A. На каждом шаге выполнения программы, заданной в виде системы продукций, выбирается одно или несколько правил, условия которых истинны, и выполняются соответствующие действия. *См. тж.* **rule-oriented programming**

productive time полезное время. ☐ Время, затраченное на производственный счёт.

product portability переносимость разрабатываемых программ, мобильность разрабатываемых программ. *См. тж.* **portability**

profile 1. параметры пользователя ☐ Совокупность заданных пользователем параметров, используемых системой для настройки на потребности или стиль работы данного пользователя. 2. профиль программы ☐ Информация о ходе выполнения программы (например, число выполнений для каждого оператора или указанных операторов, число обращений к переменным). (program profile, terminal profile, user profile)

profile file файл параметров пользователя. *См. тж.* **profile** 1.

profiler система построения профиля программы. *См. тж.* **profile** 2.

program 1. программа ☐ 1. Последовательность операций или несколько параллельных последовательностей операций, выполняемых ЭВМ для достижения определённой цели. *См. тж.* **process, task** 2. Описание действий, выполняемых ЭВМ, на языке программирования или в машинном коде. 2. программировать, составлять программу 3. программировать, записывать информацию в ППЗУ (absolute program, application program, background program, benchmark program, brittle program, channel program, command control program, consulting program, control program, conversational program, despooling program, diagnostic program, execute-only program, foreground program, I/O limited program, learning program, library program, linear program, main program, monitor program, object program, overlay program, paintbrush program, peripheralbound program, preemptible program, preemptive program, source program, supervisory program, support program, test program, unsupported program, utility program)

program background фон программы ☐ Время, когда программа находится в состоянии ожидания и не занимает центральный процессор.

program body тело программы ☐ Исполняемая часть программы.

program breakpoint контрольная точка

program checkout 1. отладка программы 2. испытания программы при сдаче в эксплуатацию

program competition конкуренция программ, межпрограммная конкуренция. *См. тж.* **competition**

program-control instruction 1. команда перехода 2. управляющая конструкция. *См.* **control structure**

program counter счётчик команд ☐ Регистр процессора, содержащий адрес выполняемой команды или адрес команды, следующей за выполняемой.

program design проектирование программы; разработка спецификаций программы

program development разработка программ

program development system система разработки программ ☐

PROGRAM-DRIVEV

Совокупность программных средств, состоящая из редакторов программ, систем подготовки документации, трансляторов, библиотекаря, компоновщика, отладчика и, возможно, других вспомогательных программ. *См. тж.* programming environment

program-driven программно-управляемый

program editor редактор текстов программ □ Текстовый редактор, имеющий специальные команды для более эффективной работы с текстами программ: автоматическое форматирование, средства вставки и шаблонов операторов, элементы синтаксического анализа.

program element элемент программы □ Структурная единица описания программы: описание, блок, процедура, контекст, цикл, оператор и др

program error ошибка в программе

program input входные данные программы

program loading загрузка программы □ Считывание программы в оперативную память, инициализация и настройка адресов.

programmable logic array (PLA) программируемая *логическая* матрица, ПЛМ

programmable read-only memory (PROM) программируемое постоянное запоминающее устройство, ППЗУ □ Постоянное запоминающее устройство (ПЗУ), в которое можно занести различную информацию; различают ППЗУ с однократной записью и стираемые ППЗУ, содержимое которых может быть изменено. *См. тж.* EEPROM, EPROM, PROM programmer

program maintenance сопровождение программы □ Исправление ошибок, внесение модификаций и проведение консультаций по программе, находящейся в эксплуатации.

programmed key программируемая клавиша □ Клавиша, выдающая заданную программой последовательность кодов.

programmer 1. программист 2. программатор. *См.* PROM programmer (application programmer, chief programmer, problem programmer, PROM programmer, system programmer)

programmer portability «мобильность» программиста □ Независимость интерфейса программиста с системой разработки программ от конкретно используемой ЭВМ. *См. тж.* APSE

programming программирование □ 1. Составление программ. 2. Раздел математики, исследующий задачи оптимизации. (discrete programming, dynamic programming, egoless programming, integer programming, linear programming, logical programming, mathematical programming, minimum-access programming, modular programming, object-oriented programming, on-line programming, procedure-oriented programming, rule-oriented programming, structured programming, system programming)

programming environment среда программирования □ Интегрированная система разработки программ, в которой все программные средства, обеспечивающие разработку программ, имеют единый пользовательский интерфейс, общую базу данных и не требуют специального вызова. *См. тж.* program development system

programming language язык программирования

programming system система программирования □ Язык

программирования и совокупность программных средств и
соглашений о связях, обеспечивающие разработку
и выполнение программ на данном языке. Программные средства
системы программирования включают транслятор (компилятор
или интерпретатор), компоновщик, исполняющую систему,
библиотеку стандартных программ. Система программирования
может также поддерживать разработку программ с использованием нескольких языков программирования.

program origin начальный адрес программы *(в машинном
коде или на языке ассемблера)*

program profile профиль программы. *См.* profile 2.

program scheduler планировщик ☐ Часть операционной
системы, занимающаяся диспетчеризацией процессов и распределением ресурсов. *См. тж.* scheduler 1.

program segment сегмент программы ☐ Часть программы,
отдельно обрабатываемая загрузчиком.

program segmenting сегментация программ ☐ Разделение
программы на сегменты для раздельной загрузки или организации перекрытий.

program specification спецификация программы. *См. тж.*
specification

program status word (PSW) слово состояния программы.
См. тж. status word

program translation 1. конвертирование программы ☐ В базах данных — модификация текста программы, работающей в
одной системе управления данными, для выполнения тех же
функций применительно к конвертированным дан-
ным в той же или в другой системе. **2.** трансляция программы

program unit модуль *(программы)*. *См.* module 1.

program verification верификация программ, доказательство
правильности программ. *См. тж.* verification 1.

progress report промежуточный отчёт

Project Evaluation and Review Technique (PERT) планиро-
вание с использованием сетевого графика

projection проекция ☐ **1.** Операция реляционной алгебры,
выбирающая часть атрибутов отношения и исключающая по-
вторения. **2.** В машинной графике — построение плоского
изображения трёхмерного объекта. В трёхмерной графике
проекция соответствует преобразованию просмотра в двумерной графике.

project librarian библиотекарь проекта ☐ В бригаде главного
программиста — член «бригады», отвечающий за программную
документацию и обеспечивающий согласованность и сохранность модулей программного продукта. *См. тж.* chief programmer team

project software программное обеспечение управляющей
системы ☐ Программное обеспечение, работающее в режиме
реального времени в составе сложной информационной системы
или системы управления реальными объектами. Например,
система заказа авиабилетов, система управления спутниковой
связью.

Prolog (programming in logic) Пролог ☐ Язык программирования, основанный на исчислении предикатов и используемый
в задачах искусственного интеллекта. Программа на языке

PROM

Пролог представляет собой совокупность утверждений и правил. Утверждения состоят из предикатов, логических связок и констант и образуют базу данных. Правила (дизъюнкты Хорна) имеют вид «А если B_1 и B_2 и ... B_k», где А и B_i — предикаты, содержащие переменные. Выполнение программы на Прологе инициируется запросом, состоящим из предикатов, логических связок, констант и переменных.

PROM *см.* programmable read-only memory

PROM burner программатор ППЗУ *(с однократной записью)*

PROM programmer программатор ППЗУ □ Устройство записи в программируемое запоминающее устройство.

prompt 1. приглашение; вопрос □ Текст или изображение, выдаваемые программой на экран дисплея и указывающие, что система ожидает ввод команд или данных пользователем. Текст или форма приглашения определяют тип и характер вводимой информации. 2. запрашивать *(данные у пользователя)*

prompter метка-заполнитель. *См.* placeholder

proof procedure процедура доказательств

proofreader (орфографический) корректор. *См.* spelling corrector

propagated error 1. накапливающаяся ошибка; унаследованная ошибка □ Ошибка, являющаяся следствием ошибки или неточности в предшествующих вычислениях. 2. наведённая ошибка □ Конструкция программы, воспринимаемая транслятором как ошибочная в результате ошибки в предшествующей части программы.

proper subset собственное подмножество □ Подмножество, отличное от самого множества.

property list список свойств. *См.* attribute-value list

protected field защищённое поле □ Часть экрана дисплея, изображение в которой не может быть отредактировано.

protected file защищённый файл. *См. тж.* file security

protection защита (boundary protection, data protection, error protection, file protection, memory protection, password protection, storage protection)

protection lock замок защиты

protocol протокол □ Совокупность правил, регламентирующих формат и процедуры обмена информацией между двумя или несколькими независимыми устройствами или процессами. (application protocol, CSMA/CD protocol, data link protocol, data presentation protocol, high-level protocol, internet protocol, line protocol, network protocol, physical protocol, presentation protocol, session protocol, transport protocol)

prototyping макетирование □ Разработка упрощённой версии системы. (rapid prototyping, software prototyping)

prototyping board макетная плата

prototyping system 1. макет системы 2. система макетирования

pruning отсечение, подрезка *(малоперспективных ветвей при поиске по дереву)*

pseudo instruction псевдокоманда □ Управляющее предложение программы на языке ассемблера, не порождающее машинных команд, но влияющее на работу транслятора.

PSN *см.* packet switching network

PSU *см.* power supply unit

PSW *см.* 1. processor status word 2. program status word

public 1. экспортируемый; общий □ Термин применяется в языках программирования, не имеющих специальных средств описания интерфейса. *Ср.* exported **2.** общий, открытый □ Об информации или информационной системе, доступ к которой открыт всем пользователям вычислительной системы. *Ср.* private

public data 1. общие данные □ Данные программного модуля, доступные другим модулям. **2.** общедоступная информация. *Ср.* private data

public data base общая база данных, база данных общего пользования □ База данных, доступная всем пользователям вычислительной системы. Как правило, базы данных общего пользования доступны через сеть передачи данных. *Ср.* private data base

public data network сеть передачи данных общего пользования

public domain software бесплатное программное обеспечение

public key system криптосистема с ключом общего пользования

public library общая библиотека

pull-down menu спускающееся меню □ Меню, вызываемое указанием его заголовка, расположенного у верхнего края экрана дисплея, появляющееся непосредственно под этим заголовком и исчезающее после выбора команды. *См. тж.* pop-up menu

punch 1. перфоратор □ Устройство подготовки или вывода из ЭВМ информации на перфокартах или перфоленте. **2.** перфорировать

punched card перфокарта

punch tape перфолента

pure code «чистый код» □ Программа или часть программы в машинных командах, не содержащая изменяемых ячеек. Такая программа реентерабельна, а также пригодна для записи в ПЗУ. *См. тж.* reenterable

pure data константы, неизменяемые данные

pure function функция без побочного эффекта. *См. тж.* side effect

purge чистить □ Производить чистку дисковой памяти, уничтожая ненужные файлы.

purge date дата истечения срока хранения □ Дата, хранящаяся в дескрипторе файла или другой структуры данных и указывающая, начиная с какого момента занимаемое им пространство может быть освобождено.

push помещать на стек □ Операция над с т е к о м, при которой указатель вершины стека увеличивается и операнд помещается на (новую) вершину стека. *Ср.* pop

push-down automaton магазинный автомат, автомат с магазинной памятью

push-down list стек □ Обычно подразумевается стек, реализованный в виде списка, в котором первый элемент является вершиной и каждый элемент содержит указатель на предыдущий. *См.* stack

push-down stack стек. *См.* stack

push-up list очередь. *См.* queue

put выводить □ 1. Помещать запись в файл или базу данных. *Ср.* get, write 2. Выводить изображение в форме точечной матрицы на экран дисплея.

Q

QBE *см.* query by example
QISAM *см.* queued indexed sequential access method
QSAM *см.* queued sequential access method
QTAM *см.* queued telecommunication access method
quad-density disk гибкий диск для записи с учетверённой плотностью
quadtree дерево квадрантов, 4-дерево □ Способ задания двумерного изображения в виде дерева. Каждая вершина дерева соответствует квадрату плоскости. Если соответствующий квадрат окрашен одним цветом, вершина является листом и указывает этот цвет, иначе из неё выходят четыре ребра, соответствующие разбиению квадрата на квадраты меньшего размера.
qualification уточнение; префикс *(составного имени)*
qualified name составное имя, уточнённое имя □ Имя члена структуры или множества, включающее имя объекта, элементом которого он непосредственно является. *См. тж.* hierarchical addressing, pathname
qualifier 1. уточнитель, спецификатор; префикс *(составного имени)* 2. указательный бит. *См.* qualifying bit
qualifying bit указательный бит □ Однобитное поле сообщения, определяющее использование другого поля.
quantifier квантор
query запрос □ Задание на поиск определённых данных в базе данных. (ad hoc query, data-base query)
query by example запрос по образцу □ Способ задания запроса заполнением анкеты, пункты которой соответствуют именам атрибутов.
query facilities средства поиска; возможность поиска
query language язык запросов
question-answering system вопросно-ответная система □ Интеллектуальная база данных с доступом на естественном языке.
queue очередь □ Структура данных для хранения списка объектов, подлежащих обработке. (background queue, FIFO queue, input queue, job queue, LIFO queue, output queue, sequential queue, task queue)
queued access method метод доступа с очередями □ Группа методов доступа, автоматически синхронизующих передачу данных между программой и внешними устройствами. *Ср.* basic access method. *См. тж.* QISAM, QSAM, QTAM
queued indexed sequential access method (QISAM) индексно-последовательный метод доступа с очередями □ Метод доступа, позволяющий обращаться к записям файла как последовательно, так и по ключу. При этом буферизация записей и организация очередей запросов к устройствам производится автоматически.

queue discipline организация очереди, алгоритм планирования. *См. тж.* scheduler

queued sequential access method (QSAM) последовательный метод доступа с очередями □ Метод доступа, позволяющий обращаться к записям файла последовательно. При этом б у ф е р и з а ц и я записей и организация очередей запросов к устройствам производится автоматически.

queued telecommunication access method (QTAM) телекоммуникационный метод доступа с очередями □ Метод доступа для работы с терминалом, обеспечивающий автоматическую синхронизацию физического ввода-вывода.

queuing организация очереди

queuing discipline организация очереди, алгоритм планирования. *См. тж.* scheduler

queuing theory теория массового обслуживания

quick sort быстрая сортировка □ Алгоритм в н у т р е н н е й с о р т и р о в к и, работающий за время $O(N*\log(N))$.

quinbinary двоично-пятиричный

quoted string строка в кавычках, строковая константа

quotient частное

QWERTY keyboard □ Клавиатура со стандартным американским расположением текстовых клавиш. Название происходит от литер, расположенных слева в первом ряду. *Ср.* AZERTY keyboard, Dvorak keyboard

R

radix основание системы счисления

Radix-50 код Radix-50 □ Способ кодирования текстовой информации, позволяющий хранить три символа в 16-разрядном слове. В коде Radix-50 латинские буквы, цифры, пробел, точка и знак доллара представляются числами от 1 до 40 (до 50 в восьмиричной системе). Последовательность из трёх символов с кодами C_1, C_2 и C_3 представляется числом $C_1 + 40 \cdot (C_2 + 40\ C_3)$.

radix complement точное дополнение □ Положительное число, которое при сложении с данным положительным числом в данной системе счисления даёт 0 во всех разрядах и перенос из старшего разряда. Например, в десятичной системе точное дополнение 847 равно 153, т. к. $847 + 153 = 1000$. Используется для представления отрицательных чисел в дополнительном коде.

radix-minus-one complement поразрядное дополнение □ Положительное число, которое при сложении с данным положительным числом даёт во всех разрядах цифру, максимальную в данной системе счисления. Например, в десятичной системе точное дополнение 847 равно 152, т. к. $847 + 152 = 999$. Используется для представления отрицательных чисел в обратном коде.

ragged array (двумерный) массив со строками разной длины

raise возбуждать *(особую ситуацию)*

RAM (random-access memory) оперативная память, оперативное запоминающее устройство, ОЗУ. *См.* main memory

RAM

RAM disk псевдодиск □ Логическое устройство, обеспечивающее хранение файлов в специально выделенной области оперативной памяти. Используется на микроЭВМ и ПЭВМ.

random access 1. прямой доступ. *См.* direct access 2. произвольный доступ. *См.* arbitrary access

random-access device 1. запоминающее устройство с произвольной выборкой, ЗУПВ 2. запоминающее устройство прямого доступа, ЗУПД. *См.* direct-access storage device

random-access memory 1. запоминающее устройство с произвольной выборкой, ЗУПВ 2. оперативная память, оперативное запоминающее устройство, ОЗУ. *См.* main memory

random file файл прямого доступа. *См.* direct file

randomizing хеширование. *См.* hashing

random number случайное число

random number generator генератор (псевдо)случайных чисел □ Программа, выдающая при каждом обращении (псевдо-) случайное число.

random sample случайная выборка. *См.* sample 2.

random-scan display векторный дисплей. *См.* vector-mode display

random variable случайная величина

random walk метод случайного блуждания

range 1. диапазон; отрезок 2. область значений функции. *Ср.* domain

range check проверка принадлежности к диапазону, контроль границ □ Проверка принадлежности значения переменной допустимому диапазону или принадлежности значения индекса границам массива.

range sensing определение расстояния □ При обработке трёхмерных изображений — определение расстояния до анализируемого объекта.

rapid prototyping быстрое макетирование

raster растр □ Представление изображения в виде двумерного массива точек (элементов растра), упорядоченных в ряды и столбцы. Для каждой точки растра указывается цвет и яркость. *См. тж.* bit-map

raster-display device растровое устройство отображения □ Устройство отображения, генерирующее изображение средствами растровой графики (например, растровый дисплей, электростатический графопостроитель).

raster graphics растровая графика □ Машинная графика, в которой изображение представляется двумерным массивом точек (элементов растра), цвет и яркость каждой из которых задаются независимо. *Ср.* coordinate graphics

rasterization «растеризация» □ Преобразование изображения из координатного представления в растровое. *См. тж.* raster processor

raster plotter растровый графопостроитель □ Графопостроитель, рисующий заданное растровой матрицей изображение, сканируя строку за строкой.

raster processor растровый процессор □ Специализированный процессор, преобразующий изображение, заданное в виде совокупности линий или других выходных примитивов, в растровое изображение для вывода на экран дисплея или растровый графопостроитель.

raster unit единица растра, шаг растра

rated номинальный; паспортный

raw data исходные данные; необработанные данные; неструктурированные данные

ray-casting method метод отслеживания лучей

Rayleigh-Ritz method метод Релея — Ритца □ Разновидность п р о е к ц и о н н о г о м е т о д а.

reachability достижимость □ В теории графов — вершина A достижима из вершины B, если граф содержит путь из A в B.

read читать, считывать □ 1. Перемещать информацию с более низкого уровня и е р а р х и и п а м я т и на более высокий: с внешнего устройства или внешней памяти в оперативную память, из оперативной памяти в регистр процессора. 2. Операция чтения блока из файла или внешнего устройства. *Ср.* get, write (backward read, check read, destructive read, nondestructive read)

readable 1. удобочитаемый 2. в пригодном для чтения виде

reader 1. читающее устройство, считыватель 2. программа чтения

read-only неизменяемый; доступный только для чтения

read-only memory постоянное запоминающее устройство, ПЗУ □ Запоминающее устройство, не способное выполнять операцию записи.

read operation операция чтения, чтение

readout вывод (*во внешнюю память или на экран дисплея*); отсчёт

read rate скорость чтения

read time время считывания

read-write head головка чтения-записи

ready(-to-run) task задача, готовая продолжать □ В многозадачной системе — задача, имеющая все необходимые ей ресурсы и ждущая в очереди задач предоставления кванта времени процессора. *См. тж.* task state

real 1. вещественный, действительный □ О числах, представляющих нецелые величины. *Ср.* integer 2. реальный. *Ср.* logical, virtual

real address mode режим реальной адресации, режим абсолютной адресации □ Режим работы процессора, при котором отключены средства преобразования виртуальных адресов в физические. *Ср.* virtual address mode

real constant вещественная константа, действительная константа

realm область □ В базах данных — поименованная область базы данных. Распределение записей по областям задаётся независимо от их типов и связей. Понятие области в языке описания данных даёт некоторые средства управления физическим размещением записей.

real part вещественная часть (*комплексного числа*)

real storage физическая оперативная память, основная память. *См. тж.* virtual storage

real time реальное время. *См.* real-time processing

real-time clock часы реального времени □ Логическое или физическое устройство вычислительной системы, выдающее абсолютное или относительное астрономическое время.

real-time environment режим реального времени; условия реального времени

real-time executive операционная система реального времени □ Операционная система, предоставляющая программам средства для работы в режиме реального времени. *См. тж.* real-time processing

real-time mode режим реального времени

real-time processing обработка в реальном времени; работа в режиме реального времени □ Режим обработки данных, при котором обеспечивается взаимодействие вычислительной системы с внешними процессами в темпе, соизмеримом со скоростью протекания этих процессов. Система реального времени должна обеспечивать достаточную скорость реакции на внешние прерывания и параллельную работу процессов, обслуживающих разные внешние устройства.

real-time system система реального времени □ 1. Система работающая в реальном времени. 2. Операционная система, позволяющая программам работать в режиме реального времени. *См. тж.* real-time processing

real-world реальный, практический *(о решаемой задаче или применении системы)*

reasoning рассуждения, вывод □ В экспертных системах и искусственном интеллекте — процесс получения новых фактов (заключений) по имеющимся фактам и правилам вывода. (bottom-up reasoning, monotonic reasoning, nonmonotonic reasoning)

reassign переназначать. *См. тж.* assignment 2.

recast привести □ В языке Си — операция явного п р и в е д е н и я т и п о в без преобразования внутреннего представления.

reciprocal обратная величина

recompile перетранслировать, перекомпилировать

reconfiguration реконфигурация □ Изменение параметров и состава операционной системы в соответствии с изменением оборудования вычислительной системы или режима её использования. *См. тж.* system generation

reconstruct восстанавливать *(удалённые или испорченные данные)*

record запись □ 1. Группа взаимосвязанных элементов данных, рассматриваемая как единое целое; составной элемент данных. В реляционных базах данных соответствующее понятие называется кортеж. 2. В языках программирования — составное значение с компонентами разных типов. *См. тж.* record type (activation record, addition record, amendment record, change record, data record, fixed-length record, home record, logical record, overflow record, physical record, primary record, semifixed record, target record, transaction record, unit record, variable-length record, variant record)

record gap промежуток между записями □ Расстояние между последовательными записями на носителе данных (обычно магнитной ленте).

record locking захват записей □ Разновидность з а х в а т а

REDUCTION

ф а й л а, при которой запирается только та часть файла, с которой работает задача, что позволяет нескольким задачам одновременно работать с непересекающимися участками одного файла.

record-oriented device устройство с доступом записями □ Устройство, обмен с которым производится отдельными записями (например, устройство ввода или вывода перфокарт). *Ср.* block-oriented device, stream-oriented device

record type 1. запись, тип записи □ В языках программирования — составной тип данных, значения которого состоят из поименованных компонент разных типов. 2. тип записи □ В базах данных — тип, к которому относится данная запись.

recoverable error исправимая ошибка

recovery восстановление □ Средства, обеспечивающие способность системы восстанавливать ц е л о с т н о с т ь хранимой информации после сбоя. *См. тж.* error recovery

recursion рекурсия

recursive call рекурсивное обращение □ Обращение к подпрограмме из неё самой или из вызванной ею подпрограммы.

recursive definition рекурсивное определение □ Определение, ссылающееся на определяемый объект. Например, «идентификатор — это буква или идентификатор, за которым следует буква или цифра».

recursive descent рекурсивный спуск

recursive function рекурсивная функция □ Функция, определение которой использует саму определяемую функцию.

recursive procedure рекурсивная процедура. *См. тж.* recursive subroutine

recursive subroutine рекурсивная подпрограмма □ Подпрограмма, при выполнении которой прямо или косвенно вызывается эта же подпрограмма. *См. тж.* recursive function

recursive transition network рекурсивная сеть переходов □ Описание рекурсивного автомата в виде сети переходов. Вершины сети соответствуют состояниям автомата, а дуги — переходам, соответствующим входным символам. Дуги могут соответствовать либо простому переходу, либо вызову подсети. *См. тж.* augmented transition network

redeclaration 1. повторное определение 2. переопределение

redirect переназначать. *См. тж.* redirection

redirection переназначение (ввода-вывода) □ Задание программе файлов, устройств или программных каналов для использования в качестве с т а н д а р т н о г о в в о д а с т а н д а р т н о г о в ы в о д а и, возможно, других её логических файлов. Переназначение позволяет указывать обрабатываемый программой файл при её вызове, а не при её составлении.

redisplay «перерисовать», восстановить изображение

REDUCE система программ для аналитических преобразований

reduction machine редукционная машина □ Организация ЭВМ, при которой программа представляет собой набор правил подстановки и выражение, подвыражения которого заменяются (редуцируются) в соответствии с правилами. Правила и подвы-

213

ражения могут обрабатываться с произвольной степенью параллелизма. Такая организация соответствует языкам логического программирования.

redundancy check контроль за счёт избыточности □ Способ контроля искажений элемента данных при хранении или передаче, при котором вместе с информацией хранятся или передаются функционально зависящие от неё величины; повторное вычисление контрольных величин при считывании или приёме позволяет обнаружить ошибки. (horizontal redundancy check, longitudinal redundancy check, vertical redundancy check)

reel катушка (*магнитной ленты*)

reenterability реентерабельность. *См. тж.* reenterable

reenterable реентерабельный □ О подпрограмме или модуле программы, которые могут быть вызваны рекурсивно или несколькими параллельными процессами одновременно.

reenterant реентерабельный. *См.* reenterable

reentry point точка повторного входа

reference 1. указатель, ссылка 2. ссылка □ Использование в описании одного объекта имени другого объекта. 3. эталонный (ambiguous reference, backward reference, circular reference, dangling reference, external reference, forward reference, intermodular reference, internal reference, intersegment reference, upward reference, weak external reference)

reference manual справочник, справочное описание; справочное руководство

reference table таблица ссылок

referential transparency отсутствие побочного эффекта

refresh 1. регенерация □ 1. Периодическое воспроизведение изображения на поверхности экрана дисплея. 2. Периодическое считывание и перезапись данных в динамическом запоминающем устройстве для их сохранения. 2. регенерировать

refresh buffer буфер изображения □ Буфер, в котором изображение хранится в виде цветового растра и из которого оно выводится на экран дисплея. *См. тж.* frame buffer, video RAM

refresh RAM видеопамять, память изображения *См.* video RAM

refresh rate частота регенерации

refutation противоречие, неуспех □ При переборе с возвратами — ситуация, при которой необходимо выполнить возврат. *См. тж.* backtracking

regenerate регенерировать. *См. тж.* refresh

register регистр □ Внутреннее запоминающее устройство процессора или адаптера для временного хранения обрабатываемой или управляющей информации. (accumulator register, address register, base-limit registers, base-bound registers, boundary register, buffer register, circulating register, current address register, current instruction register, datum-limit register, E-register, extension register, general-purpose register, index register, instruction register, look-aside registers, shift register, stepping register)

register allocation распределение регистров, назначение регистров □ Определение соответствия регистров процессора в обрабатываемых данных; выполняется транслятором или программистом при программировании на языке ассемблера.

register capacity разрядность регистра □ Число информационных битов в регистре.

register file массив регистров □ Набор рабочих регистров процессора.

register-to-register instruction команда типа «регистр — регистр» □ Команда, операнды и результат которой располагаются в регистрах процессора.

register-to-storage instruction команда типа «регистр — память» □ Команда, операнды которой располагаются в регистрах, а результат записывается в оперативную память.

register transfer language язык межрегистровых пересылок □ Язык высокого уровня для описания архитектуры процессора.

register-transfer-level simulator программа моделирования на уровне регистровых операций □ Часть системы проектирования логических схем.

register variable регистровая переменная □ В языке Си — переменная, для которой транслятор выделяет регистр процессора, а не ячейку оперативной памяти.

regular entity регулярная сущность, регулярный объект □ Объект, существование которого не зависит от существования других объектов. *Ср.* weak entity

regular expression регулярное выражение

regular grammar регулярная грамматика, автоматная грамматика, грамматика с конечным числом состояний □ Грамматика, все правила которой имеют вид A→B, A→xB или A→x, где A и B — нетерминальные символы, а x — терминальный символ. Класс языков, задаваемых регулярными грамматиками, совпадает с классом языков, распознаваемых конечными автоматами.

regular language регулярный язык. *См. тж.* regular grammar

relation отношение □ 1. Подмножество декартова произведения нескольких множеств. 2. В реляционных базах данных — совокупность к о р т е ж е й с одинаковыми атрибутами; отношение можно представлять как прямоугольную таблицу, строки которой соответствуют экземплярам (записям), а столбцы — атрибутам. (binary relation, one-to-many relation, one-to-one relation, ordering relation)

relational algebra реляционная алгебра □ Язык для описания операций над отношениями. Основные операции реляционной алгебры: проекция, соединение, пересечение и объединение. Язык запросов к реляционной базе данных, основанный на реляционной алгебре, позволяет задать последовательность операций над отношениями, которая приводит к ответу на запрос. *Ср.* relational calculus

relational calculus реляционное исчисление □ Декларативный язык для описания отношений через другие отношения; является основой языков запросов к реляционным базам данных. Языки запросов, основанные на реляционном исчислении, позволяют описать поисковое условие, не задавая последовательности действий, необходимых для получения ответа. *Ср.* relational algebra

relational data base реляционная база данных □ База данных, логически организованная как набор отношений (прямоугольных таблиц) над областями определения элементов данных.

relational language реляционный язык ☐ Язык, используемый в реляционных базах данных для описания данных и запросов.

relational operator 1. операция сравнения ☐ Бинарная операция, вырабатывающая логическое значение. 2. реляционная операция, операция реляционной алгебры.

relationship связь ☐ В базах данных различаются понятия «отношение» и «связь». Первое относится к информации, второе — к описываемым сущностям.

relative address относительный адрес, смещение ☐ Адрес, заданный относительно некоторой базы.

relative addressing относительная адресация. *См. тж.* relative address

relative command относительная команда ☐ В машинной графике — команда отображения, параметры которой интерпретируются как координаты относительно предыдущей точки. *Ср.* absolute command

relative coordinates относительные координаты ☐ Координаты, задающие положение точки относительно некоторой другой точки. *Ср.* absolute coordinates

relative error относительная ошибка; относительная погрешность. *Ср.* absolute error

relative file файл прямого доступа. *См.* direct file

relative pathname относительное составное имя, относительный путь ☐ Составное имя файла или каталога, префикс которого указывает путь от т е к у щ е г о к а т а л о г а; для файлов текущего каталога относительное составное имя имеет пустой префикс.

relative vector относительный вектор ☐ Вектор, конечная точка которого задана смещением относительно начальной точки. *Ср.* absolute vector

relaxation релаксация ☐ В вычислительной математике — метод решения неустойчивой задачи, при котором параметры решаемой задачи изменяются на небольшую случайную величину; в результате получается устойчивая задача, близкая к исходной.

release 1. версия, редакция ☐ Очередной распространяемый изготовителем вариант программного продукта. 2. выпускать 3. освобождать ☐ Возвращать системе распределения ресурсов ранее полученный ресурс (например, блок памяти, линию связи). 4. отпускать *(нажатую клавишу)*

relink выполнять повторную компоновку *(программы)*. *См. тж.* link

relinquish освобождать. *См.* release 3.

relocatable 1. настраиваемый, перемещаемый ☐ О программе, которая может быть настроена на работу в любом месте памяти. *См. тж.* relocation 2. перемещаемый. *Ср.* position-independent

relocatable address настраиваемый адрес ☐ Адрес в загрузочном модуле, который изменяется во время загрузки при настройке на конкретное положение программы в оперативной памяти.

relocatable linking loader настраивающий компоновщик-загрузчик

relocatable loader настраивающий загрузчик. *См. тж.* relocation

relocatable subroutine переместимая подпрограмма, настраиваемая подпрограмма

relocate 1. настраивать, перемещать. *См. тж.* relocation 2. перемещать

relocating loader настраивающий загрузчик. *См. тж.* relocation

relocation настройка □ Модификация адресов в объектном или загрузочном модуле, выполняемая компоновщиком или загрузчиком при размещении его по определённому адресу. Настройке подвергаются заданные в абсолютной форме адреса, указывающие внутрь модуля; к такому адресу прибавляется адрес начала модуля. (address relocation, dynamic relocation)

relocation dictionary таблица настройки. *См.* relocation table

relocation factor константа настройки □ Величина, прибавляемая к настраиваемым адресам при настройке. *См. тж.* relocation

relocation table таблица настройки □ Часть загрузочного или объектного модуля, содержащая список адресов, которые должны быть изменены при настройке, и информацию для этого изменения. *См. тж.* relocation

remainder остаток *(от деления)*

remedial maintenance ремонт

remote удалённый, дистанционный □ Об устройстве, взаимодействие с которым осуществляется по линии связи.

remote batch entry дистанционный ввод заданий. *См.* remote job entry

remote batch terminal терминал пакетной обработки □ Терминал для ввода заданий, пакетов заданий и пакетов данных в центральную ЭВМ по линии связи. Обеспечивает обмен крупными порциями. Терминал пакетной обработки обычно включает устройство ввода данных с заранее подготовленного носителя, видеотерминал и печатающее устройство.

remote console удалённый терминал. *См.* remote terminal

remote debugging дистанционная отладка

remote file дистанционный файл □ Файл, физически расположенный на другом узле сети ЭВМ.

remote file server удалённый файловый процессор. *См. тж.* file server

remote host удалённая главная ЭВМ

remote job задание, введенное с удалённого терминала.

remote job entry дистанционный ввод заданий □ Ввод заданий по линии связи с удалённого терминала или терминала пакетной обработки.

remote procedure call дистанционный вызов □ Вызов подпрограммы на одном узле сети ЭВМ программой, работающей на другом узле.

remote terminal удалённый терминал □ Терминал, подключённый к вычислительной системе по линии связи (обычно с небольшой скоростью передачи данных).

remote user удалённый пользователь, дистанционный поль-

зователь □ Пользователь, работающий на удалённом терминале.

removable disk съёмный диск, сменный диск. *Ср.* fixed disk, Winchester disk

rename переименовать

rendezvous рандеву □ В языке Ада — высокоуровневый механизм взаимодействия и синхронизации процессов. При организации рандеву вызывающий процесс формирует запрос, состоящий из имени точки входа в вызываемом процессе и списка параметров, и переходит в состояние ожидания; когда вызываемый процесс доходит до блока обработки рандеву, он либо переходит в состояние ожидания до поступления запроса, либо обрабатывает полученный запрос; после завершения обработки запроса вызывающий процесс возобновляет выполнение. С точки зрения вызывающего процесса рандеву выглядит как обращение к процедуре, с точки зрения вызываемого — как разновидность оператора ввода-вывода.

rendition table таблица соответствия, таблица преобразования

reorder переупорядочивать

repeat-statement оператор цикла с условием завершения. *См.* repeat-until loop

repeat-until loop цикл с условием завершения, цикл «пока не» □ В языках программирования — конструкция, обеспечивающая повторение последовательности действий до тех пор, пока не станет истинно заданное условие, причём условие проверяется после каждого выполнения цикла.

repetition instruction повторяемая команда, команда с повторителем

repetitive addressing адресация с повторением адреса □ Разновидность неявной адресации, при которой адрес берётся из предыдущей команды.

repetitive statement оператор цикла

report generator генератор отчётов □ Программа распечатки данных в формате, задаваемом пользователем.

representation представление (array representation, binary coded representation, data representation, declarative representation, external representation, floating-point representation, incremental representation, internal representation, knowledge representation, list representation, procedural representation, sweep representation, unpacked decimal representation, wire frame representation)

representation specification описание представления. *См. тж.* implementation specification

representative sample представительная выборка. *См. тж.* sample 1.

request запрос

request input mode ввод с приглашением (по запросу) □ В машинной графике — способ организации взаимодействия с вводным устройством, при котором устройство выдаёт данные по запросу программы. *Ср.* event input mode, sample input mode

requeue повторно ставить в очередь, возвращать в очередь

required parameter обязательный параметр

required space обязательный пробел □ В системах подготовки текстов — символ, отображаемый как пробел, но обрабатываемый при форматировании как буква или разделитель.

requirement specification 1. техническое задание 2. описание требований к программному средству. *См. тж.* specification

reraise распространить (особую ситуацию) ☐ Операция обработчика особой ситуации, возбуждающая особую ситуацию с тем же именем в объемлющем элементе программы.

rerun 1. перезапуск, повторный запуск 2. перезапускать ☐ Как правило, подразумевается повторение с начала.

reschedule переупорядочивать очередь *(о диспетчере операционной системы). См. тж.* scheduler

reschedule interval период переупорядочения очереди

rescue dump полный дамп, дамп контрольной точки ☐ Запись на внешний носитель состояния памяти, содержимого регистров процессора и другой информации, необходимой для возобновления выполнения задачи.

rescue point контрольная точка

research and development научно-исследовательский

reserved зарезервированный ☐ О коде операции или поле структуры данных, которые не используются системой, но не должны использоваться и пользователем.

reserved code зарезервированная команда, запрещённая команда. *См.* reserved instruction

reserved instruction зарезервированная команда, запрещённая команда ☐ Машинная команда, код которой не входит в систему команд.

reserved word зарезервированное слово, служебное слово ☐ В языках программирования — последовательность букв, которая не может использоваться в качестве идентификатора, так как имеет специальное назначение в языке, например, является частью синтаксической конструкции.

reset 1. сброс ☐ Приведение в исходное состояние. 2. сбрасывать ☐ Присваивать разряду значение 0.

reset button кнопка сброса; кнопка перезапуска

resident 1. резидентный ☐ Постоянно находящийся в оперативной памяти. 2. резидент ☐ Резидентная часть программы. (co-resident, executive resident, operating system resident, supervisor resident)

resident compiler резидентный транслятор ☐ Транслятор, постоянно находящийся в оперативной памяти.

resident executive резидентная операционная система ☐ Операционная система, постоянно располагающаяся в оперативной памяти.

resident library резидентная библиотека ☐ Группа загруженных в оперативную память подпрограмм, к которым могут обращаться другие программы.

resident software резидентная программа

residue остаток *(от деления)*

resolution 1. разрешающая способность, разрешение ☐ Для растровых дисплеев определяется числом точек растра на экране, для растровых печатающих устройств — числом точек растра на единицу длины. 2. резолюция ☐ Правило вывода в исчислении предикатов, удобное для использования при автоматическом построении доказательств.

RESOLUTION

resolution error ошибка в результате недостаточной разрешающей способности или разрядности

resolution theorem proving доказательство теорем методом резолюции

resource ресурс ☐ Логическая или физическая часть вычислительной системы, которая может быть выделена процессу: время центрального процессора, область оперативной или внешней памяти, логическое или физическое внешнее устройство.

resource allocation 1. распределение ресурсов 2. предоставление ресурса, выделение ресурса

resource sharing совместное использование ресурса

response time время ответа, время реакции; время отклика ☐ Интервал между нажатием на клавишу и получением первого знака ответа; в сети передачи данных — интервал между окончанием ввода сообщения и началом вывода ответного сообщения.

restart 1. перезапуск, повторный запуск; возобновление 2. перезапускать; возобновлять (checkpoint restart, cold restart, warm restart)

restartable instruction прерываемая команда ☐ Команда, выполнение которой может быть приостановлено при возникновении прерывания и продолжено после обработки прерывания.

restart point точка возобновления ☐ Адрес, с которого продолжается выполнение программы после аварийного прерывания.

restore восстанавливать ☐ Придавать переменной исходное или предыдущее значение или приводить информационный объект в исходное состояние.

restricted data защищённые данные, информация с ограниченным доступом ☐ Данные (файл, запись, часть базы данных), доступ к которым разрешён только части пользователей.

restricted type ограниченный тип, строгий тип ☐ Приватный тип данных, для переменных которого запрещены операции присваивания и сравнения на равенство.

result address адрес результата ☐ Адрес, по которому записывается значение результата операции.

result data item элемент данных — результат ☐ В базах данных — производный элемент данных, значение которого является копией значения другого элемента данных. *См. тж.* **actual source data item, virtual source data item**

resume продолжать ☐ Операция вызова сопрограммы или процесса, возобновляющая работу с точки, в которой она закончилась при предыдущем обращении.

retarget перенастраивать ☐ Изменять в трансляторе генератор объектного кода так, чтобы транслятор порождал код для другой системы команд или другой операционной системы.

retention членство ☐ В сетевых базах данных, основанных на стандарте КОДАСИЛ,— характеристика набора, определяющая способ включения и исключения записей. (fixed retention, mandatory retention, optional retention)

retrieval поиск; выборка (block retrieval, data retrieval, multiple-key retrieval)

return возврат ☐ Выход из подпрограммы и возврат управления вызвавшей программе.

return address адрес возврата □ Адрес, указывающий точку возврата в вызывающей программе. Адрес возврата записывается в регистр или на стек при вызове подпрограммы.

return code код возврата; код завершения. *См.* completion code

return instruction команда возврата □ Команда перехода, осуществляющая выход из подпрограммы и возврат в вызвавшую программу.

return key клавиша «возврат каретки»

reusable многократного пользования

reverse assembler дисассемблер. *См.* disassembler

reverse execution обратное выполнение □ Имитация выполнения программы от точки останова или конца программы к началу. Для обеспечения обратного выполнения при каждом присваивании значения переменной сохраняется её старое значение. При обратном выполнении переменные восстанавливают сохранённые значения.

reverse index 1. обратный индекс 2. перемещение текущей позиции вверх *(в обработке текста)*

reverse Polish notation постфиксная запись, польская инверсная запись, полиз. *См.* postfix notation

rewind перематывать к началу *(магнитную ленту)*

rewrite rule правило подстановки

RGB model RGB-модель □ В машинной графике — способ задания характеристик цвета указанием доли содержащихся в нём основных цветов. При этом в качестве основных цветов используются красный, зелёный и синий. *Ср.* HLS model, HSV model

right justified выравненный по правому краю; выравненный по правому полю

rigid disk жёсткий диск. *См.* hard disk

ring кольцо □ Множество S, на котором определены две операции (сложение и умножение), причём S является группой по отношению к сложению и моноидом по отношению к умножению, сложение коммутативно, а умножение дистрибутивно по отношению к сложению. Например, множество целых чисел. *См. тж.* semiring

ring network кольцевая сеть, сеть типа «кольцо» □ Топология сети ЭВМ, при которой каждый узел связан с двумя другими; все узлы вместе образуют кольцо. Узел получает сообщение от одного из своих соседей и либо обрабатывает его сам, либо ретранслирует его другому соседу.

ring structure кольцевая структура; кольцевой список □ Список, последний элемент которого указывает на первый.

ring topology кольцевая топология, топология типа «кольцо». *См. тж.* ring network

RISC architecture (reduced instruction set computer) RISC-архитектура □ Подход к организации ЭВМ на базе упрощённого набора машинных команд, обеспечивающего простоту изготовления и простоту написания трансляторов.

riser надстрочный элемент *(литеры)*

RJE *см.* remote job entry

robustness ошибкоустойчивость

roll прокручивать; просматривать. *См. тж.* scrolling

roll-in 1. загрузка, подкачка. *См. тж.* swap in **2.** загрузка, считывание □ Считывание группы данных из внешней памяти в оперативную память.

roll-out 1. выгрузка, откачка. *См. тж.* swap out **2.** выгрузка, сохранение □ Запись группы данных из оперативной памяти во внешнюю память.

ROM постоянное запоминающее устройство, ПЗУ. *См.* read-only memory

ROMable пригодный для записи в ПЗУ

ROM monitor управляющая программа, записанная в ПЗУ

root корень □ Исходный узел древовидной структуры, от которого доступны все остальные узлы.

root directory корневой каталог

root segment корневой сегмент. *См. тж.* overlay tree

rotate 1. вращать **2.** циклически сдвигать. *См. тж.* circular shift

rotation 1. поворот; вращение **2.** циклический сдвиг. *См.* circular shift

round down округлять в меньшую сторону

rounding округление. *См. тж.* round down, round off, round up, truncate

rounding error ошибка округления

round off округлять; округлять до ближайшего целого □ Прибавлять к округляемому числу величину, равную половине единицы последнего сохраняемого разряда, и затем округлять в меньшую сторону.

round-off error ошибка округления

round-robin «карусель» □ Кольцевой список готовых к продолжению задач, каждой из которых последовательно предоставляется квант времени центрального процессора.

round up округлять в большую сторону

route маршрут. □ Последовательность узлов сети передачи данных, по которой данные передаются от источника к приёмнику.

routine 1. подпрограмма. *См.* subroutine **2.** программа (AST routine, closed routine, error routine, housekeeping routine, interrupt service routine, output routine, postmortem routine, service routine, tape bootstrap routine, trace routine, transient routine, troubleshooting routine)

routine maintenance сопровождение, обслуживание; профилактика. *См. тж.* maintenance

routing маршрутизация □ Выбор последовательности узлов сети передачи данных, по которой данные передаются от источника к приёмнику. (adaptive routing, centralized routing, directory routing, distributed routing, fixed routing, hot potato routing)

routing directory таблица маршрутизации. *См.* routing table

routing table таблица маршрутизации □ Таблица, связанная с узлом сети коммутации пакетов или сообщений и указывающая для каждого адресата оптимальный выходной канал; может быть указано несколько каналов в порядке их предпочтительности.

roving pointer указатель на внешний контекст

row строка (*матрицы или многомерного массива*)

RPG (Report-Program Generator) генератор отчётов □ Специализированный язык программирования для описания формата и структуры распечатки данных.

RPM (rotations per minute) оборотов в минуту

RPN *см.* reverse Polish notation

RS (record separator) управляющий символ «разделитель записей» □ В коде ASCII представлен числом 30.

RS-232C interface стандартный последовательный интерфейс для медленных устройств (*со скоростью передачи до 19 200 бод*)

RSX (Resource Sharing Executive) □ Многопользовательская многозадачная операционная система для мини-ЭВМ серии PDP-11.

RT-11 □ Операционная система для младших моделей ЭВМ, совместимых с серией PDP-11, обеспечивающая эффективную работу для задач реального времени.

RTC *см.* real-time clock

rubber banding метод резиновой нити □ В интерактивной графике — перемещение общих концов набора отрезков, при котором другие их концы остаются зафиксированными.

rule language язык правил

rule-oriented language продукционный язык; язык логического программирования. *См. тж.* rule-oriented programming

rule-oriented programming продукционное программирование; логическое программирование □ Подход к программированию, при котором программа задаётся совокупностью правил без явного указания последовательности их применения. Правила содержат либо условие и действия, которые должны быть выполнены в случае истинности этого условия, либо условие и совокупность других условий, достаточных для истинности этого условия. *См. тж.* productions system, Prolog

run 1. выполнение; запуск; счёт, работа ЭВМ 2. отрезок □ В растровой графике — группа точек растра, цвет которых задаётся для всей группы одновременно. (computer run, production run, test run)

rundown закрытие, процедура завершения □ Действия системы при окончании работы.

Runge-Kutta methods методы Рунге — Кутта □ Класс методов численного решения обыкновенных дифференциальных уравнений.

run-length encoding групповое кодирование □ В растровой графике — способ компактного представления изображения, при котором цвет задаётся для группы точек растра (отрезка) одновременно. Точки отрезка могут иметь один цвет или цвет, непрерывно изменяющийся между двумя заданными цветами.

running task текущая задача. *См.* active task

run time время выполнения, время счёта

run-time 1. исполняющая система; модуль исполняющей системы. *См. тж.* run-time system 2. динамический □ Выполняемый или происходящий во время выполнения программы. *Ср.* compile-time

run-time check динамический контроль, динамическая проверка □ Проверка, которая производится при выполнении программы. *Ср.* compile-time check

run-time constant константа времени выполнения □ Константа, значение которой определяется при запуске программы. *Ср.* compile-time constant

run-time diagnostics сообщения (об ошибках) во время выполнения ☐ Сообщения исполняющей системы об обнаруженных ошибках работы программы. *См. тж.* run-time system

run-time enviroment среда выполнения, условия выполнения ☐ Программные и аппаратные ресурсы, с которыми взаимодействует программа во время выполнения.

run-time library библиотека исполняющей системы, библиотека поддержки

run-time system исполняющая система, административная система, система поддержки выполнения ☐ Входящая в состав системы программирования совокупность подпрограмм, в обращения к которым транслируются некоторые операторы программы и к которым программа обращается во время работы (например, файловые операции или операции над строками).

rvalue (right value) значение переменной. *См. тж.* lvalue

S

safe безопасный; надёжный

salvager программа восстановления (*разрушенной базы данных, потерянных файлов*)

SAM *см.* sequential access method

sample 1. выборка ☐ Совокупность элементов из некоторого множества, выбранная для его статистического исследования. 2. замер 3. пример, образец 4. замерять; производить выборку 5. опрашивать (balanced sample, biased sample, multistage sample, random sample, representative sample)

sample input mode ☐ В машинной графике — способ организации взаимодействия с вводным устройством, при котором программе доступно последнее выданное устройством значение. *Ср.* event input mode, request input mode

sample program пример программы

sample space выборочное пространство

sampling 1. дискретизация ☐ Измерение значения непрерывной величины через определённые (дискретные) промежутки времени. 2. опрос 3. выборка, взятие образцов. *См. тж.* sample 1. (acceptance sampling, bulk sampling, cluster sampling, crude sampling, two-stage sampling)

sanserif гротесковый шрифт ☐ Шрифт, знаки которого не имеют засечек.

satellite computer периферийная ЭВМ ☐ В многомашинном комплексе — ЭВМ (обычно мини-ЭВМ), выполняющая вспомогательные функции по запросам главной ЭВМ (например, связь с терминалами, печать).

satisfiability выполнимость ☐ Логическое выражение выполнимо, если существует такая комбинация значений его свободных переменных, при которой оно истинно.

saturation насыщенность (*цвета*). *См. тж.* shade, tint, tone

save сохранять, записывать

save area область сохранения ☐ Область памяти, в которую записываются значения регистров при сохранении состояния процесса.

SBC *см.* **single-board computer**

scalar скаляр

scalar type скалярный тип ☐ Тип данных, значения которого не имеют компонент.

scalar variable 1. простая переменная, скалярная переменная ☐ Переменная с к а л я р н о г о т и п а. 2. скалярная переменная (*в математике*)

scale 1. масштаб 2. масштабировать

scale factor масштабный коэффициент; коэффициент масштабирования

scaling масштабирование ☐ Умножение координат элементов изображения на некоторое число (к о э ф ф и ц и е н т м а с ш т а б и р о в а н и я), вызывающее изменение их размера, сжатие или растяжение.

scaling factor коэффициент масштабирования

scan 1. просмотр, поиск 2. лексический анализ; анализ. *См.* **lexical scan** 3. развёртка; сканирование 4. просматривать, сканировать (access scan, lexical scan, mark scan, status scan)

scan line строка развёртки

scanner 1. лексический анализатор. *См. тж.* **lexical scan** 2. устройство ввода изображений, сканирующее устройство ☐ Устройство, обеспечивающее ввод двумерного, возможно полутонового, изображения в ЭВМ в виде растровой матрицы с высоким разрешением. *См. тж.* **graphics digitizer, graphics pad**

scatter разброс ☐ Размещение логически смежных объектов в несмежных областях памяти.

scatter loading загрузка вразброс

scene analysis анализ сцен, распознавание (трёхмерных) изображений

schedule планировать. *См. тж.* **scheduler**

schedule off деактивировать ☐ Перевести задачу или процесс в остановленное состояние. *См. тж.* **task state**

scheduler 1. планировщик; диспетчер ☐ Программа (часть операционной системы), определяющая порядок предоставления некоторого общего ресурса, в первую очередь центрального процессора, различным процессам. Планировщик нижнего уровня определяет, какой задаче или какому процессу из очереди готовых продолжать будет предоставлен процессор на ближайший период времени. Планировщик верхнего уровня определяет совокупность задач, выполняемых системой. 2. планировщик ☐ Часть системы логического вывода, определяющая порядок применения знаний (фактов и правил). (job scheduler, master scheduler, program scheduler, task scheduler)

scheduling algorithm алгоритм планирования, алгоритм диспетчеризации. *См. тж.* **scheduler**

schema схема ☐ 1. Описание логической или физической структуры базы данных. 2. По определению КОДАСИЛ — схема состоит из статей языка описания данных и полностью описывает все области, экземпляры наборов, записей, элементов и агрегатов данных базы данных. (canonical schema, conceptual schema, external schema, internal schema)

scientific computer ЭВМ для научных расчётов □ ЭВМ с большой памятью и быстрым арифметическим процессором, работающим с числами большой разрядности с плавающей запятой и ограниченными средствами ввода-вывода.

scientific notation экспоненциальный формат □ Формат ввода или печати действительных чисел в виде мантиссы и порядка. Например, .31415E1 (число pi).

scissoring отсечение □ В машинной графике — выделение части, лежащей в заданных границах. *См. тж.* clipping. *Ср.* shielding

scope область видимости; хонтекст □ Часть текста программы, где могут быть использованы данное имя (идентификатор) или группа имён. (dynamic scope, embedded scopes, enclosing scope, static scope, visibility scope)

scope mode экранный режим

scope rules правила видимости. *См.* visibility rules

scrambled зашифрованный

scratch 1. рабочий, временный □ О структуре данных, используемой только в течение выполнения некоторой операции. *Ср.* temporary 2. затирать (*информацию на магнитном носителе*)

scratch file рабочий файл. *См.* temporary file

scratch-pad memory сверхоперативная память. *См.* cache memory

scratch tape рабочая лента

screen экран (data entry screen, split-screen, touch screen)

screen editor экранный редактор □ Текстовый редактор, обеспечивающий отображение состояния редактируемого фрагмента текста на экране дисплея; команды редактирования и просмотра задаются с помощью управляющих клавиш, посредством меню или (редко) в текстовом виде в специальном поле экрана.

screenful экранный □ О порции текста, полностью заполняющей экран дисплея.

screen generator программа формирования экранных форм □ Программа для описания и формирования изображений (обычно текстовых) для использования в интерактивных системах.

screen hard copy копия экрана □ Вывод изображения с экрана на бумагу.

screen image отображаемое изображение. *См.* display image

screen refresh регенерация изображения (*на экране дисплея*); восстановление изображения

script сценарий □ В искусственном интеллекте — структурное описание действия или процесса для анализа или синтеза текстов на естественном языке.

scroll прокручивать, перемещать; просматривать. *См. тж.* scrolling

scroll bar линейка прокрутки □ В системах непосредственного взаимодействия — область границы окна для управления прокруткой изображения. *См. тж.* menu bar, title bar

scrolling прокрутка; просмотр □ Вертикальное или горизонтальное перемещение изображения в окне экрана. «Прокрутка» относится к действиям с точки зрения программы или пользователя; «просмотр» — только с точки зрения пользователя. *См. тж.* panning

scrolling bar линейка прокрутки. *См.* scroll bar

sculptured keyboard рельефная клавиатура, клавиатура с рельефными клавишами

SD *см.* single-density disk

SDLC (synchronous data link control) протокол SDLC □ Протокол передачи данных, разработанный фирмой IBM и положенный в основу протокола HDLC. Протоколы SDLC и HDLC совместимы. *См. тж.* HDLC

search 1. поиск; перебор 2. искать (binary search, breadth-first search, case-insensitive search, case-sensitive search, conjunctive search, depth-first search, dichotomizing search; exhaustive search, Fibonacci search, limit-type search, linear search, logarithmic search, parallel search, serial search, tree search)

search area область поиска □ Обычно подразумевается область памяти, в пределах которой производится поиск. *См. тж.* search domain

search attribute поисковый атрибут, атрибут поиска

search domain область поиска □ Множество, среди элементов которого производится поиск.

search image поисковый образ, образец

search key ключ поиска □ Имя элемента данных, значения которого рассматриваются при поиске.

search space область поиска □ В системах логического вывода — множество всех возможных решений.

search tree дерево поиска □ Древовидная структура данных, используемая для организации к л ю ч е в о г о д о с т у п а. Внутренние вершины дерева поиска содержат ключи, указывающие, какие ключи содержатся в соответствующих поддеревьях. *См. тж.* binary tree, B-tree

search word признак □ Значение, задаваемое при выборке слова из ассоциативной памяти.

secondary вторичный □ 1. Вспомогательный, дополнительный; подчинённый. 2. Относящийся ко второму уровню иерархии.

secondary access method вторичный метод доступа □ В базах данных — совокупность средств для обеспечения эффективного доступа по в т о р и ч н ы м к л ю ч а м.

secondary attribute вторичный атрибут (*отношения реляционной базы данных*) □ Атрибут, не входящий ни в один ключ отношения.

secondary entry point дополнительная точка входа

secondary index 1. вторичный индекс □ Индекс, содержащий в т о р и ч н ы е к л ю ч и. 2. детальный индекс, вторичный индекс. *Ср.* master index

secondary key вторичный ключ □ 1. В базах данных — ключ, не являющийся п е р в и ч н ы м к л ю ч о м. 2. В методах доступа — поле записи, различающее записи с одинаковыми первичными ключами. *Ср.* primary key

secondary station вторичная станция □ Станция HDLC, работающая под управлением п е р в и ч н о й с т а н ц и и.

SECONDARY

Вторичная станция интерпретирует команды первичной станции и формирует ответы на них. *Ср.* primary station

secondary storage внешняя память ☐ Как правило, подразумеваются внешние запоминающие устройства в иерархической памяти или в системе с виртуальной памятью, к которым не происходит явных обращений из прикладной программы. *См. тж.* backing storage

secondary word вторичная команда ☐ В языке Форт — невстроенная операция; аналог имени подпрограммы в других языках.

second-generation computer ЭВМ второго поколения. *См. тж.* computer generation

second-level address косвенный адрес. *См.* indirect address

second normal form вторая нормальная форма (*отношения реляционной базы данных*) ☐ Отношение задано во второй нормальной форме, если каждый его непервичный атрибут полностью функционально зависит от любого ключа отношения.

section 1. секция; сегмент 2. сечение (*в машинной графике*)

sector сектор ☐ Минимальная физически адресуемая единица запоминающего устройства на диске.

sector buffer буфер секторов ☐ Системный буфер ввода-вывода для хранения считанных с диска секторов. *См. тж.* disk cache

sectoring разбиение на секторы; разметка. *См. тж.* hard-sectored disk, soft-sectored disk

security защита (*информации от несанкционированного доступа*)

security attribute атрибут секретности

seek установка, подвод головок ☐ Операции по подводу и установке головок чтения-записи дискового запоминающего устройства к указанной дорожке.

seek error ошибка установки, ошибка при поиске дорожки

seek time время установки. *См. тж.* seek

segment 1. сегмент перекрытий 2. сегмент памяти ☐ Логическая или физическая единица подкачки в системе с виртуальной памятью. *См. тж.* virtual storage 3. сегмент изображения ☐ Совокупность элементов изображения, которой можно манипулировать как единым целым. Сегмент может состоять из нескольких отдельных точек, отрезков или других элементов изображения. 4. область памяти (display segment, exclusive segments, overlay segments, program segment, root segment)

segment and offset сегмент-смещение ☐ Способ представления адреса в виде пары чисел: номера сегмента и адреса ячейки относительно начала сегмента. *Ср.* base and displacement

segmentation сегментация

segment base начало сегмента

segment descriptor дескриптор сегмента. *См. тж.* segment 2.

segment display file дисплейный файл сегментов ☐ Ф а й л с е г м е н т о в, используемый в качестве д и с п л е й н о г о ф а й л а при наличии развитого дисплейного процессора.

segmented system система с сегментной организацией (виртуальной) памяти. *См. тж.* virtual storage

segment file файл сегментов □ Представление изображения в виде совокупности с е г м е н т о в.

segment-relative address адрес относительно начала сегмента

segment table таблица сегментов □ Структура данных операционной системы, содержащая информацию о сегментах (дескрипторы сегментов). *См. тж.* segment 2.

select 1. выбирать 2. выделять □ В экранных редакторах и машинной графике — операция, указывающая фрагмент текста или элемент изображения, над которым выполняется следующая операция. 3. устанавливать связь (*с внешним устройством*)

select error ошибка «отсутствие связи» (*с внешним устройством*)

selection 1. выбор □ Операция реляционной алгебры, выбирающая из отношения подмножество кортежей, удовлетворяющих заданному условию. 2. селекция 3. выделение; выделенный фрагмент (*текста или изображения*); выделенный текст. *См. тж.* select 2. (field selection, menu selection)

selective dump выборочный дамп □ Дамп, при котором распечатываются только заданные фрагменты памяти.

selective trace условная трассировка, выборочная трассировка

selector channel селекторный канал

self-adapting адаптивный, самонастраивающийся

self-checking code код с обнаружением ошибок

self-compiling compiler транслятор, транслирующий сам себя □ Транслятор, написанный на своём в х о д н о м я з ы к е и способный оттранслировать свой собственный текст. *См. тж.* bootstrap

self-contained system 1. замкнутая система. *См.* close system 2. полная система

self-descriptive 1. самодокументированный □ О программе, текст которой достаточен для использования в качестве технической документации. 2. не требующий дополнительного описания □ О программном средстве, применение которого не требует обращения к документации, так как все необходимые сведения можно получить в интерактивном режиме.

self-dual самодвойственный

self-learning самообучающийся

self-modifying самомодифицирующийся □ О программе или части программы, которая изменяет свой код в процессе выполнения.

self-organizing самоорганизующийся

self-relative addressing относительная адресация □ Способ адресации, при котором адрес указывается относительно ячейки памяти, в которой он записан. *См. тж.* PC-relative addressing

semanteme семантема □ Единица смысла, элементарное значение.

semantic error семантическая ошибка □ Ошибка в программе, не нарушающая правил синтаксиса языка программирования.

semantic grammar семантическая грамматика □ Описание синтаксиса естественного языка, основывающееся на семантических признаках слов.

semantic network семантическая сеть □ В искусственном интеллекте — способ представления знаний или смысла текста в виде ориентированного графа, в котором вершины соответствуют понятиям, объектам, действиям, ситуациям или сложным отношениям, а дуги — свойствам и элементарным отношениям. *См. тж.* abstract semantic network

semantics 1. семантика □ 1. Изучение связи знака и значения. 2. Часть определения языка программирования, приписывающая смысл его конструкциям. 2. семантика, смысл (*конструкции языка программирования*) (axiomatic semantics, operational semantics)

semaphore семафор □ Тип данных, обеспечивающий средства низкого уровня для синхронизации параллельных процессов. Значением семафора является целое неотрицательное число; над семафором определены две операции: операция «освободить», увеличивающая его значение, и операция «занять», уменьшающая его значение, если оно отлично от нуля, или при нулевом значении приостанавливающая процесс до тех пор, пока другой процесс не выполнит операцию «освободить». *См. тж.* binary semaphore

semicompiled полутранслированный, частично транслированный □ 1. О программе, одни конструкции которой оттранслированы в машинные команды, а другие оставлены в исходном виде или оттранслированы в псевдокод и интерпретируются при выполнении. 2. Оттранслированный в псевдокод. *См. тж.* P-code

semiconductor memory полупроводниковое запоминающее устройство

semifixed record запись ограниченной длины □ Запись, длина которой может изменяться в пределах, заданных при её создании.

semigroup полугруппа □ Множество, на котором определена одна ассоциативная операция.

semiring полукольцо □ Множество S, на котором определены две операции (сложение и умножение), причём S является моноидом по каждой из этих операций, сложение коммутативно, а умножение дистрибутивно по отношению к сложению. Например, множество натуральных чисел с обычным сложением и умножением. *См. тж.* ring

sense light (программно-доступный) световой индикатор

sense switch (программно-доступный) пультовый переключатель

sensor-based computer управляющая ЭВМ □ ЭВМ, обрабатывающая информацию от подключённых к ней датчиков.

sensor-based system управляющая ЭВМ. *См.* sensor-based computer

sentence предложение; оператор программы

sentence symbol начальный символ □ В порождающих грамматиках — нетерминальный символ, встречающийся только в левых частях правил вывода.

sentential form сентенциальная форма □ В формальных грамматиках — выводимая строка, содержащая нетерминальные символы.

separate compilation раздельная трансляция □ Организация системы программирования, при которой части исходного текста программы могут транслироваться по отдельности и затем объединяться в загрузочный модуль компоновщиком. Обычно подразумевается, что система программирования обеспечивает при этом некоторую проверку согласованности. *См. тж.* compilation unit, consistent compilation

separator разделитель □ 1. Символ, разделяющий лексемы или предложения языка программирования (например, пробел, точка с запятой, знак операции). 2. Управляющий символ, разделяющий порции данных при передаче.

sequence error нарушение упорядоченности, неправильный порядок (*например, перфокарт в пакете*)

sequence monitor планировщик. *См.* scheduler

sequencing упорядочение

sequencing key ключ упорядочения □ Ключ, по которому физически упорядочиваются записи и поиск по которому наиболее эффективен.

sequential последовательный □ Как правило, подразумевает логическую упорядоченность и относится к процессам. *См. тж.* serial

sequential access последовательный доступ □ Способ доступа, при котором записи файла обрабатываются в порядке их записи при создании файла. *Ср.* direct access. *См. тж.* serial access

sequential access method последовательный метод доступа □ Метод доступа, позволяющий последовательно обрабатывать записи файла.

sequential-access storage память с последовательным доступом

sequential computer последовательная ЭВМ □ ЭВМ, выполняющая команды в определяемой программой последовательности. *См. тж.* von Neumann machine

sequential file последовательный файл □ Файл, к записям которого можно обращаться только последовательно. *Ср.* direct file

sequential queue (простая) очередь □ Очередь, члены которой обслуживаются в порядке постановки в очередь.

serial последовательный □ Как правило, подразумевает временную или физическую упорядоченность и относится к устройствам. *См. тж.* sequential

serial access последовательный доступ □ Способ доступа, при котором данные считываются в оперативную память в порядке физического размещения на носителе внешнего запоминающего устройства. *Ср.* sequential access

serial adder последовательный сумматор □ Устройство для вычисления суммы двух многозначных чисел, обрабатывающее разряды слагаемых последовательно. *Ср.* parallel adder

serial by bit поразрядный. *См.* bit-serial

serial by byte посимвольный, побайтовый. *См.* byte-serial

serial by character посимвольный, побайтовый. *См.* byte-serial

serial by word пословный. *См.* word-serial

serial interface последовательный интерфейс □ Средства подключения и передачи данных по последовательному каналу.

SERIALIZE

serialize преобразовывать в последовательную форму

serial number 1. порядковый номер 2. серийный номер

serial printer посимвольное печатающее устройство

serial processing последовательная обработка □ Обработка данных в порядке их физического расположения или поступления.

serial search последовательный поиск. □ Поиск, при котором элементы области поиска анализируются по одному, но не обязательно в соответствии с их естественной упорядоченностью. *Ср.* parallel search

serial transfer последовательная пересылка *(данных)*; последовательная передача *(данных)*

series 1. ряд, числовая последовательность 2. серия

server 1. (специализированная) станция, спецпроцессор □ Узел локальной сети, выполняющий определённые функции по запросам других узлов. 2. обслуживающее устройство *(в теории массового обслуживания)* (file server, gateway server, print server, remote file server, telex server)

service bit служебный разряд

service routine сервисная программа; служебная программа. *См. тж.* utility

session сеанс □ Цикл работы пользователя с диалоговой системой от входа в систему (вызова системы) до выхода из системы. (edit session, terminal session)

session layer сеансовый уровень □ Уровень взаимодействия в сети передачи данных, поддерживающий взаимодействие между задачами, выполняющимися на узлах сети. *См. тж.* open systems interconnection

session (layer) protocol сеансовый протокол, протокол сеансового уровня □ Уровень протокола сети передачи данных, регламентирующий взаимодействие между определёнными типами задач, выполняющихся на узлах сети. *См. тж.* open systems interconnection

set 1. набор □ В сетевых базах данных — структура данных, используемая для представления связи типа «один-ко-многим». Набор состоит из одной записи — в л а д е л ь ц а н а б о р а и произвольного числа записей — ч л е н о в н а б о р а. 2. множество □ Неупорядоченная совокупность различимых объектов или структура данных, используемая для представления множества. *Ср.* bag 3. набор; комплект 4. устанавливать, присваивать разряду значение 1 5. задавать (cataloged data set, character set, checkpoint data set, chip set, data set, direct data set, empty set, finite set, fuzzy set, instruction set, universal set, working set)

set difference разность множеств, дополнение □ Множество, являющееся разностью множеств А и В, состоит из элементов, принадлежащих А и не принадлежащих В.

set type 1. тип набора □ В сетевых базах данных — описание н а б о р а, задающее тип владельца набора, тип или типы членов набора, способ включения записей в набор и исключения их из набора, процедуры базы данных, связанные с набором, и другие его атрибуты. 2. множество, тип множества □ Составной тип данных, значения которого представляют множества элементов некоторого типа.

severe error серьёзная ошибка □ Ошибка, при которой невозможно выполнение следующего шага задания.

severity code код серьёзности ошибки. *См. тж.* completion code

S-expression S-выражение □ В языке Лисп — а т о м или список, CAR и CDR которого являются S-выражениями.

shade оттенок □ Цвет, получаемый из чистого цвета добавлением чёрного. *Ср.* tint, tone

shading обработка полутонов

shallow binding поверхностное связывание □ В языке Лисп — способ представления связывания переменных, при котором с каждой переменной связан список пар вида ⟨указатель-на-контекст, значение⟩. Текущее значение переменной находится в первом элементе связанного с ней списка. *Ср.* deep binding

shannon шеннон □ Единица информации, равная информации, содержащейся в сообщении, которое переводит адресата в одно из двух равновероятных состояний. Информация в 1 шеннон представляется одной двоичной цифрой. *Ср.* hartley

shaped-character printer печатающее устройство со шрифтоносителем. *Ср.* matrix printer

share совместно использовать

shareable общий □ Допускающий совместное использование.

shareable area общая область □ 1. Область памяти, к которой могут иметь доступ несколько задач одновременно. 2. Область памяти, динамически распределяемая между задачами.

shareable data общие данные, разделяемые данные □ Данные, которые могут обрабатываться несколькими процессами одновременно.

shareable data base 1. общая база данных □ База данных, с которой могут работать несколько прикладных программ или пользователей одновременно. 2. база данных коллективного пользования

shareable file файл совместного доступа, общий файл □ Файл, который может быть использован (открыт) несколькими задачами одновременно.

shareable image file многопользовательский загрузочный модуль □ Файл, содержащий з а г р у з о ч н ы й м о д у л ь задачи, один экземпляр которого может использоваться несколькими процессами.

shareable resource общий ресурс, разделяемый ресурс

shared общий □ Совместно используемый в данный момент.

shared file общий файл □ Файл, открытый и обрабатываемый несколькими задачами одновременно.

shear □ В машинной графике — преобразование фрагмента изображения, при котором один отрезок остаётся на месте, а над другим выполняется с д в и г. Промежуточные точки изображения перемещаются в зависимости от расстояний от закреплённого и перемещаемого отрезков.

sheet feed автоподача страниц. *См.* cut form feed

shell 1. командный процессор 2. □ Командный язык и процессор командного языка операционной системы UNIX и её разновидностей. Shell — один из наиболее развитых командных языков,

SHIELDING

являющийся полным языком программирования. *См. тж.* command processor

shielding экранирование □ В машинной графике — подавление отображения элементов изображения, попадающих внутрь заданной области. *Ср.* scissoring

shift 1. сдвиг □ Операция, при которой разряды машинного слова сдвигаются вправо или влево. 2. смена регистра □ Изменение соответствия клавиш клавиатуры и выдаваемых ими кодов или способа интерпретации кодов. 3. сдвиг. *См.* translation 4. сдвигать (arithmetic shift, circular shift, cyclic shift, end-around shift, logical shift)

shift character символ смены регистра, символ переключения. *См. тж.* shift 2.

shift-in character символ переключения на стандартный регистр. *См. тж.* shift 2.

shift key регистровая клавиша, клавиша регистра □ Клавиша, при нажатии которой происходит смена регистра; возврат к исходному регистру происходит при отпускании клавиши. *См. тж.* shift 2.

shift lock key регистровая клавиша с фиксацией, клавиша переключения регистра □ Клавиша, при нажатии которой происходит с м е н а р е г и с т р а; возврат к исходному регистру происходит при повторном нажатии.

shift-out character символ переключения на дополнительный регистр. *См. тж.* shift 2.

shift register сдвиговый регистр

shift vector вектор сдвига. *См. тж.* translation 1.

short integer короткое целое □ Целое число, представляемое полусловом (обычно 16 бит).

shrink 1. уменьшать размер окна; закрывать окно 2. уплотнять, сдвигать *См.* squeeze

shutdown закрытие системы □ Прекращение работы системы разделения времени.

SI *см.* shift-in character

sibling nodes вершины дерева, имеющие одну родительскую вершину. *См. тж.* tree

side effect побочный эффект □ Изменение значений параметров или глобальных переменных при вычислении функции.

sign знак □ Символ или разряд, указывающий, является ли число положительным или отрицательным.

signal operation операция «освободить», освобождение (*семафора*). *См. тж.* semaphore

sign bit знаковый разряд □ Разряд машинного слова, указывающий знак представляемого им числа.

signed field поле значения со знаком

signed integer целое (число) со знаком

signed number число со знаком

significant digit значащий разряд, значащая цифра. *Ср.* nonsignificant digit

significant event существенное событие □ Событие, реакция на которое предусмотрена операционной системой.

sign off выходить (*из системы*). *См.* log out

sign on входить (*в систему*). *См.* log in

sign test проверка знака

silicon compiler САПР СБИС, СБИС-транслятор ☐ Один из основных компонентов программного обеспечения системы автоматизации проектирования СБИС. Входными данными СБИС-транслятора является описание функциональной структуры проектируемой СБИС, выходными — описание фотошаблонов и другой документации для изготовления кристаллов.

SIMD architecture (Single-Instruction Multiple Data stream) архитектура (параллельной) ЭВМ с одним потоком команд и несколькими потоками данных. *См. тж.* array processor

simple name простое имя ☐ Последняя часть с о с т а в н о г о   и м е н и.

simple statement простой оператор ☐ Оператор, в состав которого не входят другие операторы. В большинстве языков это оператор присваивания и оператор вызова процедуры. *Ср.* compound statement

simple variable простая переменная ☐ Переменная, не имеющая компонент.

simplex circuit симплексный канал ☐ Канал, позволяющий передавать данные только в одном направлении. *Ср.* duplex circuit, half-duplex circuit

SIMULA-67 Симула-67 ☐ Алголоподобный язык программирования для задач моделирования; в языке Симула-67 были введены понятия, ставшие основой языков с абстрактными типами данных и объектно-ориентированного программирования.

simulation language язык моделирования ☐ Язык программирования, ориентированный на задачи исследовательского моделирования.

simulator модель; имитатор ☐ Программа или устройство, моделирующие функционирование некоторого объекта. Обычно «модель» подразумевает моделирование устройства объекта и используется для его исследования, «имитатор» относится к моделированию внешних проявлений для применения вместо моделируемого объекта. (fault simulator, functional simulator, register-transfer-level simulator)

single-address instruction одноадресная команда

single-assignment language язык с однократным присваиванием ☐ Язык программирования, в котором значения динамически присваиваются именам, но после присваивания значение имени не может быть изменено. Такие языки близки к языкам   ф у н к ц и о н а л ь н о г о   п р о г р а м м и р о в а н и я   и связаны с потоковой архитектурой ЭВМ.

single-board computer одноплатная ЭВМ

single-density disk диск для записи с одинарной плотностью. *Ср.* double-density disk

single-directory device устройство с одним каталогом. *См. тж.* directory device

single-keystroke command одноклавишная команда ☐ В интерактивных системах — команда, задаваемая нажатием одной клавиши.

single-level address прямой адрес. *См.* direct address

single-precision с одинарной точностью ☐ О числах и переменных, представляемых одним машинным словом и об операциях над такими числами. В большинстве ЭВМ для чисел с одинарной точностью используется 32 бита.

SINGLE-SIDED

single-sided disk односторонняя дискета. *Ср.* double-sided disk

single-step пошаговый

single-stepping выполнение в пошаговом режиме ☐ Способ отладки, при котором программа выполняется под управлением отладчика и останавливается после выполнения каждой машинной команды или оператора исходного языка, позволяя проконтролировать результаты и состояние памяти.

single-task system однозадачная система ☐ Операционная система, позволяющая выполнять только одну задачу в каждый момент.

single-user однопользовательский ☐ О вычислительной системе (обычно микроЭВМ) или операционной системе, обслуживающей или имеющей только один терминал и обеспечивающей работу только одного пользователя одновременно.

singular matrix вырожденная матрица, сингулярная матрица ☐ Квадратная матрица с нулевым определителем.

sink приёмник. *См.* data sink

sink tree корневое дерево ☐ Совокупность маршрутов сети передачи данных с фиксированной маршрутизацией, по которым проходят пути передачи пакетов от всех других узлов сети к данному узлу.

SISD architecture (Single Instruction Single Data) архитектура ЭВМ с одним потоком команд и одним потоком данных ☐ Обычная фон-неймановская архитектура. *См. тж.* von Neumann architecture

size размер; длина. *См.* length (increment size, item size, plotter step size)

sizing оценка размера (*в обработке изображений*)

skeletal code план программы, «скелет» программы ☐ При нисходящей разработке — программа, части которой не детализированы, а только дано описание их назначения в виде комментариев.

skip 1. пропуск 2. прогон бумаги (*в печатающем устройстве*) 3. пропускать; игнорировать ☐ Не обрабатывать один или несколько последовательных элементов данных или позиций носителя данных, в частности, символов или строк при печати.

skip code код пропуска ☐ Управляющий символ, указывающий, что несколько следующих элементов данных должны быть проигнорированы.

skip instruction команда пропуска (*следующей команды*)

slash символ /; наклонная черта вправо

slave computer 1. дублирующая ЭВМ ☐ ЭВМ, выполняющая те же операции, что и основная ЭВМ, и принимающая управление непосредственно после сбоя в основной. 2. подчинённая ЭВМ ☐ В многомашинной вычислительной системе — ЭВМ, выполняющая программы под управлением главной ЭВМ.

slave mode непривилегированный режим, режим задачи ☐ Режим работы процессора, в котором выполняются прикладные программы и в котором попытка выполнить привилегированную команду вызывает прерывание. *Ср.* master mode

slave terminal подчинённый терминал ☐ Терминал, который работает под управлением прикладной программы и не может

SOFTWARE

S

быть использован для работы с системой разделения времени.

slew прогон бумаги (*в печатающем устройстве*)

slice вырезка □ 1. Часть массива, получающаяся фиксацией значения одного или нескольких индексов, например, строка матрицы. 2. Часть массива, получающаяся ограничением изменения значения одного индекса.

slot 1. позиция; поле; участок □ Часть структуры данных или область памяти, которая должна быть заполнена элементом данных определённого типа. 2. валентность, слот □ В представлении знаний — составляющая фрейма, характеризующая некоторое свойство или связь описываемого фреймом понятия или объекта.

slot grammar грамматика валентностей, слот-грамматика

Smalltalk □ Объектно-ориентированный язык и интерактивная среда программирования, разработанные в Xerox PARC.

smart интеллектуальный □ О периферийном устройстве с собственным управлением; обычно подразумевает выполнение более простых функций, чем "intelligent". *См. тж.* intelligent

smoothing algorithm алгоритм хеширования. *См.* hashing algorithm

SNA (Systems Network Architecture) сетевая архитектура систем, протокол SNA □ Разработанная фирмой IBM организация сети ЭВМ. В SNA определено три уровня взаимодействия компонентов сети — уровень управления передачей, уровень функционального управления и прикладной уровень.

snapshot dump выборочный динамический дамп. *См. тж.* dynamic dump, selective dump

SNOBOL СНОБОЛ □ Язык программирования, ориентированный на обработку строк.

SO *см.* shift-out character

soft 1. программируемый, программно-управляемый 2. непостоянный. *Ср.* hard

soft copy изображение на экране дисплея. *Ср.* hard copy

soft error неповторяющаяся ошибка, нерегулярная ошибка

soft key программируемая клавиша. *См.* programmed key

soft keyboard программируемая клавиатура. *См. тж.* programmed key

soft page break «мягкая» граница страницы □ В системах подготовки текстов -- автоматически устанавливаемая граница страницы. Расположение «мягких» границ страницы изменяется при переустановке длины страницы или при изменении числа строк в документе. *Ср.* hard page break

soft-sectored disk диск с программной разметкой □ Магнитный диск, р а з м е т к а которого производится записью управляющих блоков в определённые места дорожки; такой диск может быть переразмечен различными способами. *Ср.* hard-sectored disk

software 1. программное обеспечение, программные средства □ Программы, процедуры, правила и документация, входящие в состав вычислительной системы. Часть вычислительной системы, не являющаяся аппаратными средствами. *Ср.* hardware 2. программа, программное средство 3. программный (applications software, bundled software, business software, canned soft-

SOFTWARE

ware, common software, copyprotected software, cross software, custom software, embedded software, friendly software, in-house software, integrated software, interrupt software, portable software, project software, public domain software, reliable software, resident software, standard software, system software)

software compatibility программная совместимость

software compatible программно-совместимый. *См.* compatible 1.

software development разработка программного обеспечения, программирование

software development environment среда программирования. *См.* programming environment

software engineering программирование, разработка программного обеспечения □ Техническая дисциплина, изучающая методы программирования и производства программного продукта.

software environment программная среда □ Программные средства, с которыми взаимодействует программа.

software error программная ошибка, ошибка в программном обеспечении

software failure программная ошибка, ошибка в (используемом) программном обеспечении

software house фирма по разработке программного обеспечения

software interrupt программное прерывание □ Прерывание, вызванное машинной командой (обычно для передачи управления операционной или исполняющей системе).

software life-cycle жизненный цикл программы

software package пакет программ □ Совокупность программ, объединённых общим приложением.

software piracy □ Незаконная деятельность, заключающаяся в копировании и распространении программного обеспечения без соответствующей лицензии.

software prototyping 1. программное моделирование (*разрабатываемого объекта*) 2. моделирование разрабатываемых программ (*исследуемого объекта*)

software simulation программное моделирование

software support программная поддержка; программная реализация

software tools 1. вспомогательные программы 2. инструментальные программные средства; сервисные программы. *См.* tools

solution решение

solve решать (*задачу, уравнение*)

son file новая версия (основного) файла *См. тж.* file updating

sort 1. сортировка □ Упорядочивать совокупность объектов в соответствии с заданным отношением порядка. 2. вид 3. сортировать (ascending sort, balanced merge sort, block sort, bubble sort, discending sort, external sort, internal sort, merge exchange sort, merge sort, quick sort)

sorting сортировка. *См. тж.* sort (depth sorting, disk sorting, key sorting)

sorting item элемент сортировки

sorting key ключ сортировки □ Поле или группа полей элемента сортировки, которые используются при сравнении во время сортировки.

sorting scheme способ сортировки.

sort key ключ сортировки. *См.* sorting key

sort utility программа сортировки

sound output звуковой вывод; устройство звукового вывода

source 1. источник 2. исходный текст, исходная программа. *См.* source code

source address 1. адрес источника данных ☐ Адрес устройства, откуда поступают пересылаемые данные. 2. адрес операнда ☐ Адрес ячейки или области памяти, откуда извлекаются обрабатываемые данные.

source alphabet входной алфавит ☐ Алфавит, из символов которого состоит входная последовательность. *Ср.* target alphabet

source code исходный текст, исходная программа ☐ Программа на языке программирования.

source computer инструментальная ЭВМ. *См.* host computer

source data item элемент данных — копия источника ☐ В сетевых базах данных — п р о и з в о д н ы й э л е м е н т д а н н ы х, значение которого является копией значения другого элемента данных. *См. тж.* actual source data item, virtual source data item

source debugger отладчик, работающий в терминах языка программирования ☐ Отладчик, позволяющий анализировать и отлаживать программу в терминах языка, на котором она написана: просматривать исходный текст, задавать трассировку и точки останова в указанных операторах, просматривать переменные программы в формате, соответствующем их типам.

source editor редактор текстов программ. *См.* program editor

source field исходное поле, исходный элемент данных

source file 1. исходный файл 2. текст программы; файл, содержащий текст программы

source language исходный язык ☐ Язык, с которого производится трансляция. *Ср.* object language

source language debugger отладчик, работающий в терминах языка программирования. *См.* source debugger

source library библиотека исходных модулей, библиотека текстов программ

source listing распечатка программы ☐ Выдаваемая транслятором распечатка исходного текста программы.

source program исходная программа. *См.* source code

source statement оператор исходной программы

SP *см.* space character

space 1. пространство, место 2. пробел 3. интервал; промежуток 4. пространство. ☐ Множество, на котором определено некоторое отношение. (address space, checkpoint space, decision space, free space, hard space, name space, problem space, required space, sample space, search space, state space, trailing spaces, virtual space, working space)

space character пробел ☐ Текстовый символ, отображаемый пустой позицией при выводе на экран или печать. В коде ASCII представлен числом 32.

SPACEFILL

spacefill заполнять *(область памяти)* пробелами

space suppression удаление пробелов □ Удаление ненужных пробелов (например, в конце строки) при хранении или пересылке данных.

spaghetti code неструктурная программа □ Программа, написанная без учёта правил структурного программирования.

span диапазон; интервал

span-dependent optimization оптимизация локальных переходов □ Оптимизация при генерации кода программы, использующая специальные команды для переходов на короткие расстояния.

spare запасной; свободный

sparse array разреженный массив; разреженная матрица. *См.* disperse array

spawn порождать *(подзадачу)*

speaker-dependent зависящий от диктора *(о системе распознавания речи)*

speaker-independent независящий от диктора *(о системе распознавания речи)*

spec см. specification

special file специальный файл □ В операционной системе UNIX — логический файл, соответствующий конкретному физическому внешнему устройству.

specification 1. спецификация, описание; техническое задание □ Спецификации задают условия и эффект действий программы, не указывая способа достижения необходимого эффекта. 2. описание. *См. тж.* declaration (algebraic specification, data specification, external specification, formal specification, functional specification, implementation specification, input-output specification, interface specification, internal specification, package specification, parameter specification, performance specification, representation specification, type specification)

specification language язык спецификаций □ Декларативный язык для задания спецификаций программ.

specification statement описание, оператор описания. *См. тж.* declaration

specifier 1. описатель, спецификатор. *См.* declarator 2. спецификатор, признак □ Элемент данных или передаваемого сообщения, задающий некоторый признак.

speech input речевой ввод

speech synthesizer синтезатор речи

spelling checker программа поиска опечаток, корректор. *См. тж.* spelling corrector

spelling correction исправление орфографических ошибок

spelling corrector (орфографический) корректор □ Часть системы подготовки текстов, сравнивающая слова текста со словарём, обнаруживающая и отмечающая несоответствия и предлагающая возможные варианты исправления.

spelling error орфографическая ошибка

split-screen полиэкран □ Режим работы видеотерминала, при котором экран разбивается на два или более окон по горизонтали или вертикали, в каждом из которых независимо отображаются данные и выполняется прокрутка. *См. тж.* windowing system

spool 1. буферизовать, записывать в буферный файл. *См. тж.* **spooling 2.** катушка магнитной ленты

spooled print печать с буферизацией. *См. тж.* spooling

spooler система буферизации входных и выходных потоков. *См. тж.* spooling

spool file буферный файл. *См. тж.* spooling

spooling (simultaneous peripheral operation on line) буферизация входных и выходных потоков □ В многозадачных операционных системах — способ организации обмена вводными и выводными устройствами (например, печатающими устройствами, устройствами перфоввода, графопостроителями), при котором все выводимые задачей данные временно запоминаются в буферном файле, а после её окончания выводятся независимо от других задач; аналогично, при вводе все данные, предназначенные для задачи, загружаются в буферный файл до её выполнения.

spooling area область буферизации. *См. тж.* spooling

spreadsheet электронная таблица □ Интерактивная система обработки данных, представляющая собой прямоугольную таблицу, ячейки которой могут содержать числа, строки или формулы, задающие зависимость значения ячейки от других ячеек. Пользователь может просматривать, задавать и изменять значение ячеек. Изменение ячейки приводит к изменению зависящих от неё ячеек с немедленным отображением на экране дисплея. Электронные таблицы обеспечивают также задание формата отображения, поиск и сортировку.

sprite спрайт □ Аппаратное или программное средство формирования динамического графического изображения. Спрайт представляет собой растровое графическое изображение небольшого размера (например, 32 на 32 точки), которое может перемещаться по экрану независимо от остального изображения. Спрайт накладывается поверх основного изображения, «перекрывая» его в точках, в которых цвет спрайта не нулевой.

sprite hardware аппаратная поддержка спрайтов. *См. тж.* sprite

sprite-oriented graphics спрайтовая графика

sprocket feed подача бумаги с помощью звездчатки

squeeze 1. уплотнять, сдвигать □ Перераспределять динамически распределяемую память (обычно на диске) так, чтобы свободное пространство занимало непрерывный участок. *См. тж.* compacting garbage collection **2.** упаковывать. *Ср.* unsqueeze

SR *см.* shift register

SS *см.* single-sided disk

SST *см.* synchronous system trap

SST routine программа реакции на синхронное (внутреннее) прерывание. *См. тж.* synchronous system trap

stack стек, магазин □ Структура данных, в которой можно добавлять и удалять элементы данных; при этом доступен только последний добавленный элемент, и программа может получить его значение или удалить его со стека. Стек реализуется в виде списка или в виде массива с двумя указателями — указателем на первый элемент (дно стека) и указателем на последний элемент (вершину стека); операции над стеком увеличивают или уменьшают указатель вершины стека. При аппаратной реализации указатель вершины стека является регистром процессора.

STACK

stack algorithm магазинный алгоритм □ Алгоритм, основанный на использовании стека. Обычно относится к алгоритмам синтаксического анализа.

stack architecture стековая архитектура, магазинная архитектура □ Организация ЭВМ, при которой большинство машинных команд являются безадресными и выполняют операции над значениями на вершине стека.

stack bottom дно стека, нижняя граница стека. *См. тж.* stack

stacked multiprocessor многопроцессорная система с сильной связью

stack frame запись активации. *См.* activation frame

stacking of parameters засылка параметров в стек

stack pointer указатель вершины стека. *См.* top of stack pointer

stack underflow выход за нижнюю границу стека □ Попытка взять или вытолкнуть элемент из пустого стека.

staging перемещение □ Перераспределение данных на более быстрые уровни иерархической памяти для обработки запроса. (anticipatory staging, demand staging)

stand-alone автономный □ 1. Об устройстве или системе, функционирующих независимо от других устройств или систем. 2. О программе, которая может выполняться на машине без операционной системы.

stand-alone system автономная система

standard deviation среднеквадратичное отклонение. □ Характеристика разброса случайной величины, равная квадратному корню из дисперсии. *См. тж.* interquartile range, variance

standard input стандартный ввод □ Логический файл для ввода данных, связываемый с физическим файлом или стандартным выводом другой программы при запуске; по умолчанию стандартный ввод в пакетном режиме связывается с входным потоком, а в диалоговом режиме — с терминалом.

standardize нормализовать. *См.* normalization 1.

standard output стандартный вывод □ Логический файл вывода данных, связываемый с физическим файлом или стандартным вводом другой программы при запуске; по умолчанию стандартный ввод в пакетном режиме связывается с выходным потоком, а в диалоговом режиме — с терминалом.

standard product of sums нормальная конъюнктивная форма

standard software стандартное программное обеспечение

standard subroutine стандартная подпрограмма □ 1. Библиотечная подпрограмма. 2. Предопределённая подпрограмма.

standard sum of products нормальная дизъюнктивная форма

standby резервирование (cold standby, hot standby, maintenance standby, warm standby)

star topology звездообразная топология, топология типа «звезда» □ Топология сети, при которой все узлы сети соединены с одним центральным узлом. (active star, passive star)

start-stop envelope стартстопный конверт. *См. тж.* start-stop operation

start-stop operation стартстопный режим □ Режим асинхронной передачи данных, при котором начало и конец передачи определяются поступлением стартового (STX) и стопового (ETX) символов.

start-stop transmission асинхронная передача (данных), старт-стопная передача (данных)

start symbol начальный символ. *См.* sentence symbol

start time время разгона. *См.* acceleration time

startup начальные действия

starvation «зависание», перегрузка □ Состояние, когда время ожидания процесса при обращении к какому-либо ресурсу становится слишком большим.

state состояние (processor state, process state, supervisor state, task state, transient state)

state information информация о состоянии

statement оператор □ Элемент текста программы, выражающий целостное законченное действие. *См. тж.* expression (assert statement, assignment statement, case statement, collateral statement, comment statement, compile-time statement, compound statement, conditional statement, data definition statement, DD-statement, debugging statement, declarative statement, DO-statement, dummy statement, editing statement, GOTO statement, IF-statement, imperative statement, iteration statement, job control statement, JOB statement, null statement, repeat-statement, repetitive statement, simple statement, source statement, specification statement, WHILE-statement)

statement function оператор-функция □ В языке ФОРТРАН—оператор, задающий функцию внутри подпрограммы.

statement number номер оператора; метка оператора

state space пространство состояний □ 1. Описание системы в виде множества её состояний и правил перехода между ними. 2. Множество возможных комбинаций значений переменных программы.

state variable переменная состояния; фазовая переменная.

static статический □ Выполняемый или определяемый до начала работы программы — при проектировании, трансляции или компоновке. *Ср.* dynamic

static allocation статическое распределение □ Распределение ресурсов, выполняемое до начала работы и не меняющееся в процессе её. *Ср.* dynamic allocation

static check статический контроль, статическая проверка. *См.* compile-time check

static expression статическое выражение, константное выражение □ Выражение, значение которого не зависит от параметров программы и входных данных и вычисляется при трансляции.

static linking статическая компоновка □ Построение загрузочного модуля до его выполнения. *Ср.* dynamic linking

static memory статическое запоминающее устройство □ Запоминающее устройство, не требующее периодической регенерации хранимых данных. *Ср.* dynamic memory

static memory allocation статическое распределение памяти □ Способ распределения памяти, при котором положение объектов программы (переменных, констант и процедур) и объём занимаемой ими памяти определяется заранее и не меняется в процессе выполнения. *Ср.* dynamic memory allocation

static scope статический контекст, контекст описания □ Соответствие между именами и переменными в некоторой точке

программы, определяемое описаниями, «видимыми» в этой
точке при трансляции программы. Статический контекст определяется описаниями блоков, объемлющих данный блок, и гло-
бальными описаниями. Статический контекст используется в
компилируемых языках программирования. *Ср.* dynamic scope

static variable статическая переменная □ Переменная, сохраняющая значение при повторном входе в блок, где она определена.

station станция, узел сети (combined station, data station,
destination station, HDLC station, primary station, secondary
station, teller work station)

status byte байт состояния. *См. тж.* status word

status scan опрос (состояния) □ Просмотр регистров состояний группы устройств.

status word слово состояния □ Регистр, разряды которого
соответствуют характеристикам состояния устройства или процесса. (channel status word, device status word, processor status
word, program status word)

stepped addressing адресация с повторением адреса. *См.* repetitive addressing

stepping register сдвиговый регистр

step-wise refinement пошаговое уточнение. *См.* incremental
refinement

stilus иголка *(головки матричного печатающего устройства)*

stop instruction 1. команда останова. *См.* halt instruction
2. оператор останова *(программы)*

stop loop ждущий цикл. *См.* busy wait

stopped task остановленная задача. *См. тж.* suspended state

storage 1. память □ Функциональная часть вычислительной
системы, предназначенная для приёма, хранения и выдачи данных. "Storage" и "memory" являются синонимами, однако "storage" употребляется чаще по отношению к запоминающим устройствам, а "memory" — по отношению к способу использования памяти программой; "memory" также чаще используется
применительно к новым видам запоминающих устройств и запоминающим устройствам микроЭВМ. 2. хранение *(информации)*
(actual storage, backing storage, buffer storage, bulk storage,
control storage, disk storage, external storage, hierarchical stor-
age, main storage, mass storage, nesting storage, off-line storage,
peripheral storage, physical storage, primary storage, real storage,
secondary storage, sequential-access storage, temporary storage,
virtual storage, working storage, zero-access storage)

storage allocation распределение памяти. *См.* memory allocation

storage area область памяти

storage cell ячейка запоминающего устройства □ Совокупность запоминающих элементов, реализующих ячейку памяти.

storage class класс памяти

storage device запоминающее устройство

storage dump дамп памяти. *См. тж.* dump

storage element запоминающий элемент □ Часть запоминающего устройства, хранящая наименьшую единицу данных.

storage fragmentation фрагментация памяти. *См. тж.* fragmentation

storage hierarchy иерархия памяти. *См. тж.* **hierarchical storage**

storage key ключ памяти

storage location ячейка памяти. *См.* **cell**

storage map карта (распределения) памяти. *См.* **load map**

storage medium носитель данных. *См.* **data medium**

storage pool динамическая область памяти, динамически распределяемая область памяти. *См. тж.* **pool**

storage protection защита памяти. *См. тж.* **data protection**

storage structure представление (*данных в памяти*)

storage-to-register instruction команда типа «память — регистр» □ Команда, при выполнении которой данные из оперативной памяти перемещаются в регистр(ы) процессора.

storage-to-storage instruction команда типа «память — память» □ Команда, операнды и результат которой располагаются в оперативной памяти.

storage unit запоминающее устройство

store 1. хранить (*информацию*); записывать в память. *См. тж.* **save, write** 2. память. *См.* **storage** (**computer store, microprogram store, object store**)

store-and-forward transmission передача с промежуточным накоплением, передача с буферизацией

stored logic «зашитый» алгоритм

stored-program computer ЭВМ с хранимой программой □ ЭВМ, в которой программа расположена в оперативной памяти вместе с данными. Концепция хранимой программы была впервые предложена фон Нейманом и привела к созданию современных вычислительных систем.

strategy стратегия □ Общее определение подцелей, достижение которых необходимо для достижения цели. *См. тж.* **discipline**

stratified language стратифицированный язык □ Язык, который не может быть описан своими собственными средствами и для описания которого необходим другой язык (метаязык).

stream поток; абстрактный последовательный файл. *См. тж.* **logical file** (**input stream, instruction stream, job input stream, job output stream, job stream, output stream**)

stream encryption поточное шифрование □ Способ шифрования данных, при котором каждый знак шифруется независимо. *Ср.* **block encryption**

streaming tape бегущая лента □ Запоминающее устройство на магнитной ленте с большим временем разгона и остановки ленты и с большей скоростью движения ленты, чем у старт-стопных устройств. Обеспечивает эффективное использование при большом размере порции обмена (более 10'000 байтов).

stream input потоковый ввод □ Способ ввода, при котором вводимые данные интерпретируются как последовательность литер, представляющих различные значения.

stream-oriented device потоковое устройство □ Устройство, порцией обмена с которым является последовательность байтов. *Ср.* **block-oriented device, record-oriented device**

strict type checking строгий контроль типов. *См. тж.* **type checking**

string строка □ Тип данных, значениями которого являются последовательности литер; массив литер. (alphabetic string, bit string, character string, empty string, null string, quoted string, terminal string, text string)

string constant строковая константа

string descriptor дескриптор строки. *См. тж.* array descriptor

string designation запись строки ☐ Непоименованная строковая константа, записываемая в виде последовательности обозначений входящих в неё литер и связующих их символов.

string device устройство ввода строк ☐ В интерактивной графике — логическое вводное устройство для ввода текстовых строк.

string manipulation обработка строк; операции над строками, строковые операции

string variable строковая переменная

strip off удалять ☐ Удалять из текста или набора записей ненужную в данном приложении информацию, например, удалять команды форматирования и непечатаемые символы из текста.

stroke character generator штриховой генератор символов, векторный генератор символов ☐ Генератор символов, формирующий изображения, состоящие из отрезков линий. *Ср.* dot-matrix character generator

stroke device устройство ввода массива позиций ☐ В интерактивной графике — логическое вводное устройство для координат последовательности точек, фиксирующих задаваемую линию.

strongly-typed language язык со строгим контролем типов ☐ Язык программирования, в котором тип любого выражения может быть определён во время трансляции. *См. тж.* data type

strong typing строгий контроль типов. *См. тж.* type checking

structure структура (control structure, data structure, deep structure, network structure, ring structure, storage structure, surface structure, tree structure, underlying structure)

structured programming структурное программирование ☐ Методология программирования, основанная на предположении, что логичность и понятность программы обеспечивает надёжность, облегчает модификацию и ускоряет разработку; характерными чертами структурного программирования являются отказ от неструктурных передач управления, ограниченное использование глобальных переменных, модульность.

STX (start of text) символ «начало текста» ☐ Управляющий символ, указывающий на начало передаваемой информации в стартстопном режиме. В коде ASCII представлен числом 2.

stylus printer матричное печатающее устройство с игольчатой головкой. *См. тж.* matrix printer

subcommand команда подсистемы; подоперация

subdirectory подкаталог ☐ Каталог, имя которого является элементом другого каталога.

subexpression подвыражение

subgraph подграф

submit запустить ☐ Операция инициации выполнения процесса.

submodel подмодель. *См. тж.* subscheme

subnetwork базовая сеть передачи данных ☐ Подсистема

сети ЭВМ, выполняющая собственно пересылку данных; может быть основана на средствах связи общего пользования.

subnotion подпонятие, видовое понятие

subprocedure подпрограмма. *См.* subroutine

subprogram подпрограмма. *См.* subroutine

subroutine подпрограмма □ Поименованная часть программы, которая вызывается и получает параметры, выполняет определённые действия и возвращает управление в точку вызова. Во многих языках программирования различают два вида подпрограмм: процедуры, действие которых заключается в изменении значений параметров и побочном эффекте, и функции, возвращающие зависящий от параметров результат. (closed subroutine, generic subroutine, in-line subroutine, library subroutine)

subroutine call вызов подпрограммы, обращение к подпрограмме. *См.* call

subroutine library библиотека подпрограмм

subroutine linkage компоновка, связывание подпрограмм

subscheme подсхема □ Описание части базы данных с точки зрения использующей её программы; описание логической базы данных, данные которой расположены в имеющейся базе данных.

subscript 1. индекс □ Выражение, указывающее номер элемента массива. 2. нижний индекс

subscripted variable переменная с индексами, индексированная переменная; элемент массива

subset подмножество □ Множество A является подмножеством множества B тогда и только тогда, когда все элементы A принадлежат B.

subset Algol подмножество Алгола

subset language подмножество языка □ Язык программирования, односторонне совместимый с основным языком.

substitution подстановка; замена

substring подстрока

subsystem подсистема

subtotal промежуточная сумма

subtract вычитать

subtraction вычитание

subtype подтип □ Тип данных, все элементы которого являются элементами другого типа. Например, отрезок 0..255 является подтипом типа integer (целое).

Sun MicroSystems Inc □ Американская фирма, выпускающая мощные микроЭВМ, АРМ, локальные сети и Лисп-машины.

supercomputer супер-ЭВМ □ Вычислительная система, относящаяся к классу самых мощных систем в данное время; ЭВМ с быстродействием более 50 млн. операций в секунду.

super-mini супер-мини-ЭВМ □ ЭВМ, относящаяся по архитектуре, размерам и стоимости к классу мини-ЭВМ, но по эффективности не уступающая большим ЭВМ.

superscript верхний индекс

super-set надмножество □ Множество, подмножеством которого является данное множество.

supervisor 1. супервизор; диспетчер; управляющая программа □ Часть операционной системы, выполняющая операции низкого уровня: управление процессами, виртуальной памятью и обменом с физическими устройствами, обработка обращений к супервизору. Супервизор также управляет процессами, реализующими другие функции операционной системы. 2. операционная система. *См.* operating system (executive supervisor, overlay supervisor)

supervisor call обращение к операционной системе, операция операционной системы, обращение к супервизору □ Команда в прикладной программе, вызывающая прерывание и передающая управление и параметры операционной системе для выполнения определённой операции.

supervisor-call interrupt обращение к операционной системе, обращение к супервизору □ Прерывание, вызванное командой в программе для обращения к операционной системе. *См. тж.* supervisor call

supervisor mode привилегированный режим, режим операционной системы; режим супервизора. *См. тж.* executive mode priviledged instruction

supervisor resident резидент операционной системы. *См.* operating system resident

supervisor state режим супервизора

supervisory program 1. супервизор; управляющая программа. *См.* supervisor 2. системная программа

support 1. поддержка, обеспечение 2. поддерживать, обеспечивать □ Предоставлять необходимые средства. 3. поддерживать, сопровождать □ Продолжать работу над программным изделием, сданным в эксплуатацию: исправлять ошибки, реагировать на замечания пользователей, давать консультации, распространять новые версии. (hardware support, multitasking support, software support)

support program служебная программа; вспомогательная программа

support system 1. исполняющая система, административная система, система поддержки выполнения. *См.* run-time system 2. система разработки программ. *См.* program development system

surface grammar поверхностная грамматика □ Описание поверхностной структуры (синтаксиса) естественного языка.

surface structure поверхностная структура □ Структура, отражающая синтаксические связи между элементами текста.

surrogate суррогат, идентификатор объекта. *См. тж.* entity identifier

suspend 1. (при)остановить □ Перевести задачу или процесс в состояние ожидания. *См. тж.* task state 2. подвесить □ Привести систему (в результате ошибки) в состояние, когда она не выполняет полезной работы и не реагирует на запросы.

suspended state состояние ожидания, остановленное состояние □ В многозадачной системе — состояние задачи или процесса, выполнение которых приостановлено и которые временно исключены из рассмотрения п л а н и р о в щ и к о м. Остановленный процесс может быть сделан г о т о в ы м п р о д о л-

ж а т ь командой другого процесса или оператора. *См. тж.* task state

suspended task остановленная задача. *См. тж.* suspended state

suspension 1. приостановка 2. подвешивание, зависание. *См. тж.* suspend

SVC *см.* supervisor call

swap 1. подкачивать. *См. тж.* swapping, virtual memory 2. переставлять, менять местами.

swap area область подкачки, область сохранения □ В многозадачной операционной системе — быстродействующее устройство прямого доступа или его часть, используемые для сохранения состояния памяти выгружаемых задач или процессов; обычно область подкачки размещается на дисках.

swap in подкачивать, загружать □ Считывать в оперативную память страницу или сегмент виртуальной памяти или образ выгруженной задачи.

swap out выгружать, откачивать □ Записывать во внешнюю память содержимое освобождаемой страницы или сегмента виртуальной памяти или о б р а з з а д а ч и.

swapper программа подкачки □ Часть операционной системы, выполняющая подкачку.

swapping подкачка □ Перемещение страниц или сегментов виртуальной памяти или о б р а з о в з а д а ч между оперативной и внешней памятью, обеспечивающее нахождение используемой в данный момент информации в оперативной памяти. *См. тж.* paging, swap in, swap out, virtual memory

swapping file файл подкачки, файл выгрузки задач. *См. тж.* swapping

sweep representation «заметание» □ В машинной графике — задание поверхности перемещением кривой вдоль образующей.

switch 1. переключатель □ Массив адресов точек перехода. 2. оператор выбора, переключатель. *См. тж.* case statement 3. ключ, параметр □ Управляющий параметр команд командного языка. 4. коммутировать.

switched circuit коммутируемая линия; коммутируемый канал

switched line коммутируемый канал; коммутируемая линия

switching 1. коммутация 2. переключение (channel switching, circuit switching, context switching, task switching, time-division switching)

symbol 1. символ, обозначение 2. символ, идентификатор. *См.* identifier 3. символ, знак; литера. *См.* character (aiming symbol, declared symbol, external symbol, flowchart symbol, illegal symbol, match-all symbol, nonterminal symbol, sentence symbol, start symbol, terminal symbol, terminating symbol, undeclared symbol, undefined symbol)

symbolic address символический адрес

symbolic coding программирование в условных обозначениях (*на языке ассемблера*)

symbolic debugger символьный отладчик □ Отладчик, обеспечивающий просмотр и модификацию программы в символических обозначениях, а не в машинном коде.

Symbolics Inc □ Американская фирма, выпускающая Лисп-машины.

SYMBOL

symbol table таблица идентификаторов □ Выдаваемый транслятором или компоновщиком список использованных в программе идентификаторов и их атрибутов.

Symphony □ Интегрированная система для персональных ЭВМ типа IBM PC, объединяющая различные виды информации на основе электронных таблиц. Разработана фирмой Lotus.

SYN (synchronous idle) символ синхронизации □ Служебный символ, передаваемый в промежутках между передачей блоков данных. В коде ASCII представлен числом 22.

synchronization 1. синхронизация □ Обеспечение некоторой временной упорядоченности действий параллельных процессов. Синхронизация необходима в двух случаях: во-первых, когда определённое действие одного процесса должно быть выполнено только после завершения определённого действия другого процесса; во-вторых, когда действие процесса над некоторым объектом (неразделяемым ресурсом) не должно быть прервано никаким действием другого процесса над тем же объектом. *См. тж.* critical section, monitor, rendezvous, semaphore 2. выравнивание. *См. тж.* address alignment

synchronous 1. синхронный, с ожиданием □ Об обмене, при котором программа не выполняется во время операции ввода-вывода. 2. синхронный

synchronous network синхронная сеть

synchronous system trap синхронное прерывание □ Прерывание, возникающее в определённой точке программы; как правило, это внутреннее прерывание, вызванное самой программой. *Ср.* asynchronous system trap

synchronous transmission синхронная передача (данных) *Ср.* synchronous transmission

syntactical error синтаксическая ошибка. *См.* syntax error

syntactic sugar «синтаксический сахар» □ Конструкция языка программирования, полностью эквивалентная другой его конструкции, но имеющая более естественную запись.

syntax синтаксис □ Правила, определяющие последовательности символов, допустимые в языке; синтаксис определяет только внешнюю правильность и ничего не говорит о смысле (семантике) допустимых последовательностей. (extensible syntax, object-verb syntax, verb-object syntax)

syntax analysis синтаксический анализ

syntax analyzer синтаксический анализатор

syntax-directed compiler синтаксически-ориентируемый транслятор □ Транслятор, получающий на вход описание синтаксиса и семантики языка и текст на описанном языке, транслируемый в соответствии с заданным описанием. *Ср.* compiler-compiler

syntax error синтаксическая ошибка □ Последовательность символов, нарушающая правила синтаксиса данного языка.

syntax-oriented editor синтаксически-ориентированный редактор □ Редактор текстов программ, учитывающий синтаксис языка программирования и обеспечивающий операции над текстом в терминах конструкций языка: вставку шаблонов операторов, пооператорное или попроцедурное перемещение, форматирование, а также частичный синтаксический контроль.

system 1. система 2. вычислительная система, ЭВМ *См.* computer system 3. системный □ Относящийся к операционной системе или к системному программированию. (accounting system, application system, buddy system, closed system, code-dependent system, code-independent system, code-sensitive system, code-transparent system, data base management system, data processing system, decentralized system, decision support system, desktop system, development system, disk operating system, distributed system, distributed file system, evolutionary system, executive system, expert system, fail-safe system, fault-tolerant system, file system, host system, information management system, information retrieval system, information system, interactive system, management information system, mapped system, master-slave system, modeless system, multiaccess system, multiprocessing system, multitasking system, multiuser system, number system, numeration system, open system, operating system, paged system, pilot system, productions system, program development system, programming system, prototyping system, public key system, question-answering system, real-time system, run-time system, segmented system, self-contained system, sensor-based system, single-task system, standalone system, support system, target system, text-retrieval system, time-sharing system, transaction-oriented system, turnkey system, unmapped system, virgin system, windowing system)

system accounting учёт системных ресурсов. *См.* accounting

system activity действия операционной системы

system administrator администратор системы ☐ Лицо или группа лиц, контролирующие применение системы пользователями и определяющие её конфигурацию, режим работы и используемые программные средства.

system analysis системный анализ

system architect разработчик архитектуры вычислительной системы или программы, архитектор вычислительной системы. *См. тж.* architecture

system call обращение к операционной системе, операция операционной системы. *См.* supervisor call

system-call interrupt обращение к операционной системе. *См.* supervisor-call interrupt

system constant константа операционной системы ☐ Параметр операционной системы, доступный пользовательским задачам по фиксированному адресу или посредством системной операции.

system documentation документация по системе; системная документация

system generation генерация (операционной) системы ☐ Настройка операционной системы на конкретную конфигурацию вычислительной системы и режим её использования.

system generation option параметр генерации ☐ Характеристика или средство, выбираемые при генерации системы.

system image образ системы ☐ Состояние оперативной памяти ЭВМ с загруженной операционной системой и, возможно, другими задачами, сохранённое на внешнем носителе для последующей загрузки и запуска.

system interrupt обращение к операционной системе. *См.* supervisor-call interrupt

system librarian библиотекарь системы

system log системный журнал ☐ Файл, в котором регистрируются события операционной системы: начало и окончание выполнения задач, смена носителей на внешних запоминающих устройствах, особые действия операторов.

system management сопровождение системы, координация работы системы ☐ Административное управление системой: распределение ресурсов и разрешение конфликтов между группами пользователей, определение оптимального режима использования системы. *См. тж.* maintenance

system manager 1. системный программист. *См.* system programmer 2 2. администратор системы. *См.* system administrator

system name системное имя, системный идентификатор

system process системный процесс ☐ Часть операционной системы, выполняемая как отдельный процесс.

system programmer системный программист ☐ 1. Программист, разрабатывающий системное программное обеспечение. *См. тж.* system software. 2. Программист, сопровождающий операционную систему и системное программное обеспечение.

system programming системное программирование ☐ Разработка системного или высококачественного программного обеспечения.

system software системное программное обеспечение ☐ Программное обеспечение, используемое для разработки и выполнения прикладных программ. Понятия «системный» и «прикладной» относительны: транслятор является прикладной программой по отношению к операционной системе и системной — по отношению к транслируемой программе.

system variable системная переменная, системный параметр

T

tab 1. символ табуляции 2. клавиша табуляции.

table look-up табличное преобразование. *См. тж.* look-up table

tablet (графический) планшет. *См.* graphic tablet

tab stop позиция табуляции

tabulation табуляция ☐ Перемещение текущей позиции вывода к следующей позиции табуляции.

tabulator key клавиша табуляции ☐ Клавиша клавиатуры терминала, выдающая символ табуляции и вызывающая перемещение курсора к следующей позиции табуляции.

tabulator setting установка позиций табуляции

tactile keyboard сенсорная клавиатура

tag тег, признак ☐ Часть элемента данных (поле записи, один или несколько разрядов слова), определяющая его тип. *См. тж.* tagged architecture

tag field поле признака ☐ Поле вариантной записи, определяющее совокупность имён и типов остальных её компонент. *См. тж.* variant record

tagged architecture теговая архитектура ☐ Организация ЭВМ, при которой с каждым словом памяти связан аппаратно-анализируемый т е г, указывающий тип хранимой информации (команды, данные, указатель, неинициированные данные) и определяющий множество применимых операций и способ их выполнения.

tail хвост списка □ 1. Список без первого элемента. 2. Последний элемент списка.

tally 1. подсчёт 2. подсчитывать □ Считать число повторений некоторого события, обычно с помощью отметок (точек, чёрточек, засечек).

tape bootstrap routine программа начальной загрузки с магнитной ленты

tape-bound □ О задаче или вычислительной системе, скорость работы которой ограничена быстродействием магнитной ленты.

tape-bounded ограниченная по памяти □ О машине Тьюринга, которая при обработке слова длины 1 использует не более $F(i)$ ячеек ленты, где F — не зависящая от обрабатываемого слова функция. *Ср.* **time-bounded**

tape deck лентопротяжное устройство

tape drive 1. лентопротяжное устройство 2. запоминающее устройство на магнитной ленте, накопитель на магнитной ленте

tape file ленточный файл □ Файл, расположенный на магнитной ленте.

tape label метка (магнитной) ленты □ Первая запись на магнитной ленте, содержащая информацию; описывающую ленту

tape leader начальный участок (магнитной) ленты, на который не записывается информация

tape-limited ограниченная по памяти. *См.* **tape-bounded**

tape mark ленточный маркер □ Управляющая запись или физическая метка на магнитной ленте, обрабатываемая контроллером как специальный признак — признак начала или конца блока или файла

tape trailer хвост ленты □ Участок магнитной ленты после маркера конца ленты.

tape transport лентопротяжное устройство

target 1. адресат □ Элемент данных или область памяти, куда пересылается результат или где производится поиск. *Ср.* **source** 2. выходной; объектный; целевой

target alphabet выходной алфавит □ Алфавит, из символов которого строится выходная последовательность.

target computer целевая ЭВМ, объектная ЭВМ □ При к р о с с - р а з р а б о т к е — ЭВМ, программа для которой разрабатывается с использованием системы разработки программ на другой ЭВМ. *Ср.* **host computer**

target conversion адаптация программы к особенностям целевой ЭВМ. *См. тж.* **retarget**

target language объектный язык, выходной язык. *См.* **object language**

target processor целевой процессор, объектный процессор □ При к р о с с - р а з р а б о т к е — процессор, на котором будет работать разрабатываемая система.

target record целевая запись □ Запись, удовлетворяющая условиям поискового запроса.

target system целевая система □ Система, для которой предназначена разрабатываемая программа.

TASK

task задача □ 1. Программа или часть программы, выполняющая некоторое логически единое действие и являющаяся единицей, для которой операционная система выделяет ресурсы. В ряде операционных систем "task" имеет тот же смысл, что "process", в других системах понятие "task" совпадает с понятием "job". 2. В языке Ада — модуль, описывающий п р о ц е с с. (active task, attached task, background task, checkpointable task, CPU-bound task, current task, dormant task, hibernating task, input-bound task, I/O-bound task, installed task, offspring task, output-bound task, processor-bound task, ready-to-run task, stopped task, suspended task, waiting task)

task body тело задачи □ В языке Ада — описание реализации з а д а ч и, содержащее определение локальных переменных и процедур и описание действий.

task identification идентификатор задачи □ Символьный код, приписанный выполняющейся или готовой к выполнению задаче.

task image 1. загрузочный модуль, образ задачи □ Файл, представляющий содержимое сегмента оперативной памяти в момент начала выполнения задачи; для запуска задачи достаточно прочитать файл в оперативную память и передать управление в точку входа. 2. образ задачи □ Состояние оперативной памяти задачи, записываемое на диск при выгрузке задачи. *См. тж.* swapping

tasking управление задачами. *См.* task management

task management управление задачами □ Действия операционной системы по планированию и распределению ресурсов, в первую очередь процессора и памяти, между задачами.

task mode непривилегированный режим, режим задачи. *См.* slave mode

task queue очередь задач □ Поддерживаемый операционной системой список управляющей информации о выполняемых задачах, из которого выбираются задачи для занятия процессора.

task scheduler планировщик □ Часть операционной системы, ответственная за управление задачами. *См. тж.* task management

task specification описание задачи □ В языке Ада — о п и с а н и е и н т е р ф е й с а задачи, перечисляющее её входы и параметры входов.

task state состояние задачи □ В многозадачной системе — одно из четырёх состояний, в которых может находиться задача (процесс): текущая, готовая продолжать, ждущая события, остановленная. (active task, ready-to-run task, suspended task, waiting task)

task switching переключение задач □ Прерывание выполнения и запоминание состояния одной задачи и продолжение выполнения другой.

task-to-task communication межзадачное взаимодействие. *См.* intertask communication

tautology тавтология □ Логическое выражение, истинное при всех значениях входящих в него переменных. Например, «А или не А».

TCAM *см.* telecommunication access method

TCB (task control block) блок управления задачей □ Структура данных операционной системы,. содержащая параметры выполняемой задачи. *См. тж.* task queue

TDM *см.* time-division multiplexing

TDMA *см.* time-division multiple access

telecommunication access method (TCAM) общий телекоммуникационный метод доступа ☐ Основной метод доступа для работы с терминалом в операционных системах для ЭВМ типа IBM/370.

telecommunications network сеть связи; сеть передачи данных

teleprocessing телеобработка. *См. тж.* distributed processing.

telex server станция телексной связи ☐ Узел локальной сети, обеспечивающий связь других узлов сети с телексной сетью.

teller work station банковский терминал

template шаблон

temporary временный, рабочий ☐ О структуре данных (обычно во внешней памяти), время существования которой ограничено временем работы использующей её задачи. *См. тж.* scratch

temporary disk рабочий диск

temporary error неповторяющаяся ошибка, нерегулярная ошибка

temporary file рабочий файл, временный файл ☐ Файл, который удаляется или может быть удалён после завершения создавшей его задачи или последовательности задач.

temporary realm временная область ☐ В базах данных — область (множество записей), которая существует только в течение выполнения создавшего её процесса.

temporary storage 1. рабочая память; буфер 2. временное хранение (*данных*)

ten's complement (точное) дополнение в десятичной системе счисления. *См. тж.* radix complement.

term 1. термин 2. терм ☐ Элементарный член арифметического или логического выражения, именующий элемент данных или являющийся значением функции или константой.

terminal 1. терминал ☐ 1. Устройство для взаимодействия пользователя или оператора с вычислительной системой. Терминал представляет собой два относительно независимых устройства: устройство ввода (клавиатура) и устройство вывода (экран или печатающее устройство). 2. В сети ЭВМ — любое устройство, являющееся и с т о ч н и к о м или п о л у ч а т е л е м данных. *См. тж.* data terminal equipment 2. терминальный символ. *См.* terminal symbol (alphanumeric terminal, ASCII terminal, character terminal, console terminal, control terminal, CRT terminal, dumb terminal, editing terminal, graphics terminal, hard-copy terminal, intelligent terminal, job-oriented terminal, packet-mode terminal, POS terminal, remote batch terminal, remote terminal, slave terminal, video terminal, virtual terminal)

terminal emulator эмулятор терминала ☐ Программные средства, позволяющие использовать ЭВМ (обычно персональную ЭВМ или АРМ) в качестве терминала другой ЭВМ.

terminal handler 1. терминальный комплекс, терминальный интерфейсный процессор ☐ Средства подключения посимвольного устройства к сети передачи данных. 2. драйвер терминала. *См. тж.* device driver

terminal node лист (дерева). *См.* leaf node

terminal processor терминальный процессор ☐ Аппаратные и программные средства, управляющие терминалами в сети с коммутацией пакетов.

terminal profile параметры терминала ☐ Используемое **в и р т у а л ь н ы м т е р м и н а л о м** описание конкретного терминала, включающее число строк, скорость передачи, кодирование символов и управляющих последовательностей.

terminal session сеанс диалога, сеанс работы за терминалом

terminal string терминальная строка ☐ В порождающих грамматиках — строка, не содержащая **н е т е р м и н а л ь н ы х с и м в о л о в.**

terminal support network сеть поддержки терминалов ☐ Л о к а л ь н а я с е т ь, используемая для подключения терминалов к большой ЭВМ.

terminal symbol 1. терминальный символ. *Ср.* nonterminal symbol 2. признак конца. *См.* terminating symbol

terminal tailoring настройка терминала

terminal transactions system диалоговая система обработки запросов ☐ Система, состоящая из большой ЭВМ, на которой работает система управления базами данных, и сети удалённых терминалов, посылающих запросы к этой базе данных.

terminal user диалоговый пользователь, терминальный пользователь ☐ Пользователь, работающий с вычислительной системой в режиме диалога с использованием терминала.

terminate завершать(ся), прекращать(ся) (*о процессе, задаче или операции*)

terminating symbol признак конца ☐ Символ, указывающий конец сообщения или фрагмента текста (строки, абзаца, файла).

termination завершение (*выполнения процесса, задачи или операции*) (abnormal termination, loop termination)

termination\code код завершения. *См.* completion code

ternary 1. троичный ☐ О системе счисления или о числах в ней. 2. трёхзначный

ternary logic трёхзначная логика ☐ Логика, оперирующая тремя истинностными значениями (например, «истина», «ложь», «неопределённость»).

test 1. тестирование, проверка 2. тест ☐ Данные и программы, используемые для тестирования. 3. проверка (*условия*) 4. испытание 5. тестировать, проверять ☐ Запускать программу со специально подобранными данными, чтобы обнаружить имеющиеся в ней ошибки или убедиться в отсутствии некоторой определённой ошибки. Доказать полного отсутствия ошибок тестирование не может. 6. проверять 7. испытывать (alpha test, A-test, B-test, benchmark test, beta test, leapfrog test, logical test, sign test)

test-and-set instruction команда установки семафора ☐ Команда, которая проверяет значение ячейки памяти и, если значение равно нулю, заносит в неё заданный код. Такая неделимая операция используется для организации входа в к р и т и ч е с к у ю с е к ц и ю.

test bed система отладки

test condition условие, логическое выражение (*в языке КОБОЛ*)

test envelope отладочная система □ Программы, предназначенные для отладки разрабатываемой программы и генерирующие для неё входные данные и отвечающие на её запросы.

test problem тестовая задача *См. тж.* test program

test program тестовая программа □ Программа для обнаружения неисправности или ошибки в системе.

test routine тестовая программа. *См.* test program

test run тестовый запуск

text текст □ 1. Напечатанная, написанная или отображённая на экране дисплея последовательность литер. 2. Данные, последовательные байты которых интерпретируются как коды литер. 3. Информационная часть сообщения. 4. Части объектного модуля, содержащие команды программы.

text editor текстовый редактор, редактор текстов □ Программа, обеспечивающая редактирование текстов программ и документов в соответствии с задаваемыми пользователем командами. *См. тж.* word processor

text file текстовый файл □ Файл, содержащий информацию в виде последовательности текстовых символов, разделённых символами новой строки, и не содержащий управляющих символов. Такой файл можно распечатать командой TYPE.

text formatting форматирование текста □ В системах подготовки текстов — преобразование текста в вид, в котором он должен печататься: формирование абзацев, центрирование заголовков, выравнивание полей, разбиение на страницы.

text origination ввод текста с клавиатуры (*в системе подготовки текстов*)

text processing 1. обработка текста 2. подготовка текстов. *См. тж.* word processor

text-retrieval system документальная информационная система □ База данных или информационная система, элементы которой являются текстовыми фрагментами произвольной длины (документами) и доступ к которым производится по дескрипторам или ключевым словам.

text revision редактирование текста *См. тж.* editing

text string текстовая строка *См. тж.* alphabetic string

thermal printer устройство термопечати, устройство термографической печати □ Матричное печатающее устройство с низким разрешением, воспроизводящее символы на термочувствительной бумаге нагретыми иголками печатающей головки.

third-generation computer ЭВМ третьего поколения. *См. тж.* computer generation

third-level address дважды косвенный адрес □ Адрес слова, содержащего адрес слова, которое содержит фактический адрес.

third normal form третья нормальная форма (*отношения реляционной базы данных*) □ Отношение задано в третьей нормальной форме, если оно является отношением во в т о р о й н о р м а л ь н о й ф о р м е и каждый непервичный атрибут непосредственно зависит от любого ключа отношения.

thrashing перегрузка (*системы управления виртуальной памятью*) ☐ Несбалансированность размеров физической памяти ЭВМ и р а б о ч и х м н о ж е с т в выполняемых задач. Вследствие чрезмерной частоты обращений к страницам, отсутствующим в оперативной памяти, большая часть времени процессора тратится на подкачку, а не на выполнение прикладных программ. (buffer thrashing, goals thrashing)

threaded code шитый код ☐ Представление программы для интерпретатора, состоящее из адресов подпрограмм, выполняющих отдельные операции. Такое представление обеспечивает высокую эффективность интерпретации: проигрыш во времени по сравнению с работой программы в машинных кодах может составлять всего лишь 50%. *См. тж.* Forth

threaded file цепочечный файл. *См.* chained file

threaded language язык, транслируемый в шитый код

threaded list список на указателях, связный список. *См.* linked list

three-plus-one address instruction четырёхадресная команда (формата 3+1) ☐ Команда, содержащая код операции, адреса двух операндов, адрес результата и адрес следующей команды.

threshold function пороговая функция ☐ Функция, отображающая значения, меньшие заданного значения, в «истину», а большие — в «ложь».

throughput производительность (*вычислительной системы*); пропускная способность (*канала связи*)

tier уровень

tightly-coupled system система с сильной связью ☐ Многопроцессорная система с общей памятью.

tiling управление окнами (*с непересекающимися окнами*). *См. тж.* windowing system

time-bound processing срочная обработка ☐ Обработка данных, которая должна быть завершена в течение заданного времени.

time-bounded ограниченная по времени ☐ О машине Тьюринга, которая при обработке слова длины l останавливается не более, чем за F(l) шагов, где F — не зависящая от обрабатываемого слова функция. *Ср.* tape-bounded

time-division multiple access (TDMA) множественный доступ с квантованием, множественный доступ с временным уплотнением ☐ В сети передачи данных — способ у п р а в л е н и я д о с т у п о м к с р е д е п е р е д а ч и, при котором каждому узлу выделяется квант времени для передачи одного символа по общему (кольцевому) каналу.

time-division multiplexing (TDM) временное мультиплексирование, временное уплотнение. *См. тж.* bit-interleaved, byte-interleaved, character-interleaved

time-division switching временная коммутация

timeout истечение времени ожидания события, тайм-аут

timer таймер, часы ☐ Устройство, выдающее прерывания через установленные промежутки времени и обеспечивающее измерение интервалов астрономического времени.

timer interrupt прерывание по таймеру ☐ Прерывание от сигнала таймера, выдаваемого через регулярные промежутки времени.

time sharing режим разделения времени □ Мультипрограммирование, при котором ресурсы вычислительной системы предоставляются каждому процессу на интервалы времени, длительность и очерёдность предоставления которых определяется диспетчером для обеспечения одновременной работы процессов в интерактивном режиме.

time-sharing executive операционная система разделения времени

time-sharing monitor монитор разделения времени □ Операционная система или часть операционной системы разделения времени.

time-sharing system система разделения времени □ 1. Операционная система, обеспечивающая работу в режиме разделения времени. 2. Вычислительная система, используемая в режиме разделения времени.

time slice квант времени

time slicing квантование (времени) □ Предоставление некоторого ресурса каждому из группы пользователей на короткий промежуток (квант) времени в циклическом порядке.

time stamp временная метка □ 1. Код, присоединяемый к адресу выделяемого блока (обычно внешней) памяти, обеспечивающий уникальность ссылки: после освобождения и повторного выделения данного блока ссылка будет содержать другую временную метку. В качестве временной метки может использоваться порядковый номер выделяемого блока. 2. Поле сообщения или другого информационного объекта, указывающее время создания.

timing error ошибка синхронизации.

tint оттенок □ Цвет, получаемый из чистого цвета добавлением белого. *Ср.* shade, tone

title bar заголовок окна □ Часть окна или его границы, содержащая описание окна и командные позиции. *См. тж.* menu bar, scroll bar

toggle 1. флаг; переключатель (*переменная или устройство*) 2. ключ. 3. переключать □ Изменять состояние или значение на противоположное. *См. тж.* switch

token 1. лексема □ В языках программирования — минимальная единица языка, имеющая значение (идентификатор, буквальная константа, знак операции, разделители). 2. элементарное значение 3. маркер. *См. тж.* token passing

token passing эстафетная передача, передача маркера □ В сети передачи данных с кольцевой архитектурой — способ управления доступом к среде передачи, при котором от станции к станции передаётся специальный сигнал (маркер). Станция может начать передачу сразу после поступления к ней маркера и должна передать маркер дальше в течение короткого интервала времени.

token ring эстафетное кольцо. *См. тж.* ring network

tone оттенок □ Цвет, получаемый из чистого цвета добавлением белого и чёрного одновременно. *Ср.* shade, tint

toolkit пакет разработчика □ Библиотека программ, поставляемая разработчиком системного программного средства (например, операционной системы или операционной среды) для разработчиков прикладных систем, которые будут работать под управлением или с использованием данного системного средства. Пакет включает процедуры для обращения к системе из различных языков программирования, макеты программ и средства отладки.

tools 1. вспомогательные программы; библиотечные программы □ Программы, обеспечивающие выполнение определённых операций (например, графика, управление данными) и предназначенные для использования в разрабатываемом программном обеспечении. 2. инструментальные программные средства, средства разработки; сервисные программы

tools portability переносимость средств разработки, мобильность средств разработки

top-down analysis нисходящий анализ. *См.* top-down parsing

top-down design нисходящее проектирование □ Способ разработки, при котором основная задача разбивается на ряд более простых подзадач, каждая из которых независимо решается таким же образом. Процесс продолжается до тех пор, пока решение выделенных подзадач не становится очевидным.

top-down development нисходящая разработка, разработка сверху вниз □ Способ разработки программного обеспечения, при котором на каждом шаге детализации для каждой задачи составляется программа в терминах выделенных в ней подзадач. Подпрограммы для подзадач заменяются «заглушками», выполняющими минимум действий или никаких действий. При этом в каждый момент имеется работающий макет разрабатываемой программы, и разработка заканчивается одновременно с проектированием без отдельного этапа отладки.

top-down parsing нисходящий анализ □ Способ синтаксического анализа, при котором д е р е в о   р а з б о р а   строится от вершины. *Ср.* bottom-up parsing.

top-level goal цель верхнего уровня (*в системах логического вывода*)

top of form начало страницы □ Самая левая позиция первой строки страницы.

top of stack вершина стека □ Последний занятый или (реже) первый свободный элемент стека. *Ср.* bottom of stack

top of stack pointer указатель вершины стека □ Регистр или ячейка памяти, содержащие адрес   в е р ш и н ы   с т е к а.

TOS *см.* top of stack

touch panel сенсорный экран

touch screen сенсорный экран

touch-type печатать слепым методом

toy problem модельная задача □ Задача, используемая для отладки или демонстрации системы.

TPI (tracks per inch) число дорожек на дюйм □ Единица измерения плотности записи на дисковом запоминающем устройстве. *См. тж.* track density

trace 1. трассировка; след □ Распечатка выполняемых программой команд и изменений переменных или распечатка информации о других событиях, связанных с выполнением программы. 2. трассировать, выполнять трассировку

trace facility средства трассировки □ Встраиваемые в отлаживаемую программу или оформленные в виде независимой программы-отладчика средства для вывода выполняемых программой команд и их результатов.

trace routine программа трассировки. *См. тж.* trace facility

track дорожка *(ленты, диска, барабана)*

track address адрес дорожки □ Числовой код, идентифицирующий дорожку магнитного диска в вычислительной системе. Полный адрес дорожки состоит из номера (адреса) диска, номера цилиндра и номера поверхности.

track ball шар трассировки □ Устройство ввода координат в виде частично выступающего над плоскостью вращающегося шара.

track density поперечная плотность (записи) □ Число дорожек на единицу ширины носителя.

track hold блокировка дорожки □ Средства, предотвращающие одновременное обращение двух программ к одной дорожке.

track index индекс дорожки □ Индекс, описывающий записи, расположенные на данной дорожке диска. *См. тж.* index 1.

tracking трассировка □ Перемещение графического курсора.

tracking symbol графический курсор, символ трассировки □ Перемещающаяся по экрану дисплея отметка, указывающая позицию, соответствующую данным, введённым устройством ввода координат.

track number номер дорожки; номер цилиндра

tractor feed подача бумаги с помощью звездчатки

traffic трафик □ Поток сообщения в сети передачи данных.

traffic requirement matrix матрица трафика □ Матрица M, в которой m_{ij} обозначает интенсивность пересылки сообщений из узла i в узел j.

trailer завершитель; хвост (batch trailer, message trailer, tape trailer)

trailer label маркер конца

trailing blanks конечные пробелы □ Пробелы в конце текстовой строки.

trailing spaces конечные пробелы. *См.* trailing blanks

trailing zeros конечные нули □ В записи числа — нули правее последней ненулевой значащей цифры.

train printer цепное печатающее устройство. *См.* chain printer

transaction 1. транзакция, обработка запроса. □ 1. В диалоговых системах — приём порции данных (сообщения, запроса) от пользователя, её обработка и выдача ответного сообщения. 2. В базах данных и файловых системах — выполнение элементарной целостной операции над данными (например, постановка, удаление или модификация записи), в течение которой база данных или файловая система находятся в неустойчивом состоянии. 2. запрос, запись файла изменений. *См. тж.* file updating

transaction data параметры транзакции

transactions file файл изменений. *См. тж.* file updating

transaction-oriented system диалоговая система обработки запросов. *См.* transaction processing

transaction processing диалоговая обработка запросов □ Режим работы многопользовательской системы, при котором каждый запрос пользователя обрабатывается как независимая задача, взаимодействующая с пользователем. *Ср.* time sharing

transaction record управляющая запись, запись транзакции. *См. тж.* file updating

transactions file 1. журнал транзакций ☐ Файл, в который копируется информация транзакций. 2. файл изменений *См. тж.* file updating

transactions log журнал транзакций

transceiver приёмопередатчик

transducer преобразователь

transfer 1. пересылка (*данных*); передача (*данных*) ☐ Перемещение данных из одной области памяти в другую или с одного устройства на другое. *См. тж.* move 2. переход, передача управления (block transfer, control transfer, data transfer, serial transfer, unconditional transfer)

transfer control переходить, передавать управление.

transfer function функция преобразования типа ☐ В языках программирования со строгим контролем типов — функция, преобразующая значение одного типа в соответствующее значение другого типа с изменением или без изменения внутреннего представления этого значения.

transfer instruction команда перехода

transfer rate скорость передачи (*данных*)

transfer table таблица переходов, переключатель ☐ Обычно подразумевается реализация переключателя в виде массива команд перехода. *См. тж.* switch

transfer time время пересылки (*данных*)

transfer unit блок; слово; порция обмена ☐ Порция данных, пересылаемая как единое целое. Размер порции зависит от обменивающихся устройств: при пересылке внутри процессора или между регистрами и памятью — слово, при обмене с внешней памятью — блок, сегмент или страница.

transformational grammar трансформационная грамматика

transient нерезидентный ☐ 1. О программе или сегменте программы, которые загружаются в оперативную память по мере необходимости и освобождают её после завершения. 2. Об областях оперативной памяти, выделенных для нерезидентных программ. *Ср.* resident

transient area нерезидентная область ☐ Область оперативной памяти, в которую загружаются н е р е з и д е н т н ы е п р о г р а м м ы.

transient command нерезидентная команда ☐ Команда д и а л о г о в о г о м о н и т о р а, выполняемая н е р е з и д е н т н о й п р о г р а м м о й или нерезидентной частью операционной системы. *Ср.* intrinsic command

transient error неповторяющаяся ошибка, нерегулярная ошибка

transient routine нерезидентная программа ☐ Программа, загружаемая в оперативную память при каждом вызове.

transient state промежуточное состояние, неустойчивое состояние

transition переход (*из одного состояния в другое*)

translate 1. сдвигать, перемещать 2. переводить; транслировать 3. преобразовывать (*из одного кода в другой*). *См. тж.* translation

translation 1. сдвиг ☐ В машинной графике — прибавление

постоянного вектора (в е к т о р а с д в и г а) к координатам одного или нескольких элементов изображения, вызывающее их перемещение. 2. перевод; трансляция; конвертирование □ Применительно к программам может обозначать как перевод (трансляцию) на машинный язык, так и немедленную интерпретацию или перевод на другой язык программирования. (data translation, machine translation, one-for-one translation, program translation)

translation table адресная таблица, таблица страниц □ Программная или аппаратная структура данных, используемая для преобразования виртуальных адресов в физические.

translation vector вектор сдвига

translator 1. конвертор □ Программа, транслирующая текст на одном языке программирования в текст на другом языке программирования. 2. транслятор. *См. тж.* compiler, language processor

transmission передача (*данных по линии связи*) (asynchronous transmission, code-transparent transmission, start-stop transmission, store-and-forward transmission, synchronous transmission, transparent transmission)

transparency прозрачность (data transparency, referential transparency)

transparent прозрачный, скрытый □ О промежуточных средствах взаимодействия, применение которых незаметно пользователю (человеку или программе), так как они сохраняют интерфейс, используемый при их отсутствии.

transparent data «прозрачные» данные, абстрактные данные □ Данные, физическая организация которых скрыта от программы; программа работает только с существенными для неё элементами данных и не обрабатывает служебных подструктур. *См. тж.* data independence

transparent interface прозрачный интерфейс □ Организация интерфейса, при которой интерфейсные средства не преобразуют передаваемые данные и логически незаметны для пользователя.

transparent language язык с очевидной семантикой

transparent transmission кодонезависимая передача (*данных*) *См. тж.* data transparency

transport (layer) protocol транспортный протокол, протокол транспортного уровня □ Основной уровень протокола сети передачи данных, регламентирующий пересылку сообщений (пакетов) между процессами, выполняемыми на ЭВМ сети. *См. тж.* open systems interconnection

transpose 1. переставлять 2. транспонировать (*матрицу*)

transputer (transistor and computer) транспьютер □ Сверхбольшая интегральная схема (СБИС), содержащая микропроцессор, средства межпроцессорной связи, собственную оперативную память объёмом от 2 Кбайт до 16 Кбайт и средства доступа к внешней памяти. Транспьютер разработан и реализован фирмой INMOS в качестве элементарного блока для построения многопроцессорных ЭВМ новых поколений, подобно тому, как транзистор был основным элементом, из которого строились ЭВМ второго поколения.

trap 1. внутреннее прерывание □ Прерывание, вызванное

ошибкой при выполнении команды или выполнением команды прерывания. 2. ловушка, реакция на особую ситуацию. *См. тж.* exception handler (asynchronous system trap, interrupt trap, synchronous system trap)

trap instruction команда прерывания □ Команда, вызывающая внутреннее прерывание с указанным номером.

traversal обход □ Путь на графе, проходящий через все его вершины.

tree 1. (ориентированное) дерево □ Конечное множество, в котором выделен один элемент (корень), а остальные элементы разбиты на непересекающиеся множества (поддеревья), каждое из которых является деревом; ориентированный граф, в котором имеется ровно одна вершина (корень дерева), не имеющая входящих рёбер, а в каждую из остальных вершин входит ровно одно ребро. 2. (неориентированное) дерево □ Связный граф без циклов. 3. дерево □ Структура данных, представляющая дерево. (and/or tree, AVL-tree, balanced tree, binary search tree, binary tree, B-tree, decision tree, depth-balanced tree, derivation tree, game tree, height-balanced tree, overlay tree, search tree, sink tree)

tree grammar грамматика деревьев □ Обобщение грамматики для описания древовидных структур.

tree index древовидный индекс

tree name составное имя, иерархическое имя

tree search поиск по дереву □ Поиск вершины дерева, удовлетворяющей некоторому условию или оптимизирующей некоторую функцию; поиск начинается с корня и распространяется на поддеревья. *См. тж.* breadth-first search, depth-first search

tree structure древовидная структура, организация в виде дерева

tree topology древовидная топология, топология типа «дерево»

tree traversal обход дерева □ Перебор вершин дерева. *См. тж.* breadth-first search, depth-first search

tree walking обход дерева. *См.* tree traversal

trie (try, reTRIEval) TRIE-структура, бор □ Разновидность дерева поиска, использующая для представления каждого варианта один бит.

trig package тригонометрический пакет □ Пакет подпрограмм для вычисления тригонометрических функций.

trigger 1. триггер, присоединённая процедура □ В реляционных системах управления базами данных — действие или ряд действий, автоматически осуществляемые при выполнении заданных условий. 2. запускать, инициировать

trim вырезка. *См.* slice 2.

troubleshooting problem диагностическая задача

troubleshooting routine диагностическая программа (*для обнаружения и локализации ошибки*)

true 1. истинный □ 1. Имеющий значение «истина». 2. Физический (в отличие от условного, логического, виртуального). 2. «истина» (*логическое значение*)

true complement точное дополнение. *См.* radix complement

truncate 1. усекать, округлять (*отбрасыванием младших*

разрядов) 2. обрезать, укорачивать ☐ Отбрасывать конечные, реже начальные, элементы строки. 3. прерывать (*вычисление ряда или выполнение итерационного процесса*)

truncation error ошибка усечения, ошибка округления

trunk шина, магистраль. *См.* bus

trusted надёжный, проверенный

truth table истинностная таблица ☐ Способ задания логической функции в виде таблицы, каждый элемент которой соответствует комбинации аргументов.

truth value истинностное значение

TSK *см.* task

TSN *см.* terminal support network

TST *см.* test

tuple 1. кортеж, запись ☐ Группа взаимосвязанных элементов данных; в реляционных базах данных — элемент отношения, строка таблицы. 2. кортеж, N-ка. ☐ Упорядоченный набор из N элементов.

Turing machine машина Тьюринга ☐ Абстрактная машина, использованная Тьюрингом для точного определения понятий алгоритма и вычислимости.

turnaround time длительность цикла обработки ☐ В системе пакетной обработки — время от момента сдачи задания до получения результатов.

turnkey system система, сдаваемая «под ключ» ☐ Система (вычислительная система или программный продукт), не предполагающая никакой доработки или настройки пользователем.

turtle graphics ☐ Графика, использующая только о т н о с и т е л ь н ы е к о м а н д ы.

tutorial учебник; введение ☐ Часть руководства по программному средству или системе, написанная в форме учебника. *См. тж.* on-line tutorial

two-dimensional array двумерный массив, матрица

two-level address косвенный адрес. *См.* indirect address

two's complement (точное) дополнение в двоичной системе счисления. *См. тж.* radix complement

two-stage sampling двухступенчатая выборка

two-way circuit дуплексный канал. *См.* duplex circuit

TXT *см.* text

typamatic keyboard клавиатура с автоматическим повторением ☐ Клавиатура, обеспечивающая повторную выдачу кода, если нажатая клавиша не отпущена.

type 1. тип (данных). *См.* data type 2. печатать (*на пишущей машинке*) 3. вводить, набирать 4. выводить, печатать

typeahead buffer буфер клавиатуры ☐ Буфер, в который записываются символы, поступившие от клавиатуры раньше, чем они были запрошены программой.

type check проверять соответствие типов. *См. тж.* type checking

type checking контроль (соответствия) типов, проверка (соответствия) типов ☐ Проверка соответствия между операциями и комбинациями типов операндов, между формальными и фактическими параметрами, между левой и правой частями присваивания. Контроль типов может выполняться статически —

во время трансляции, и динамически — во время выполнения программы.

type coercion приведение (типов) ☐ В языках с развитой системой типов данных — выполняемое транслятором преобразование типа выражения к типу, требуемому контекстом, или явно указанному типу. Приведение может включать или не включать преобразование представления значения.

type conversion преобразование типов ☐ Операция программы, преобразующая значение одного типа в соответствующее значение другого типа.

typed constant типизованная константа ☐ Константа определённого типа данных. В языке со строгим контролем типов могут различаться константы, имеющие одно значение, но разные типы.

type declaration описание типа

typed language язык с контролем типов. *См. тж.* data type

type face 1. начертание шрифта ☐ Вариант изображения литер одной гарнитуры, например, полужирный, курсивный. 2. шрифт. *См.* font

type-in вводить, набирать

type mismatch несоответствие типов ☐·Ошибка в программе, вызванная нарушением правил соответствия типов. *См. тж.* type checking

type-out выводить, печатать *(о действиях программы)*

typesetter наборное устройство

typesetting набор

type specification описание типа

typewriter keyboard клавиатура типа пишущей машинки

typing system система типов

U

UART (universal asynchronous receiver/transmitter) универсальный асинхронный интерфейс

UC *см.* upper-case

ultimate user конечный пользователь. *См.* end user

unallowable запрещённый, недопустимый

unambiguous sentence однозначное предложение ☐ Предложение, которому соответствует ровно одно д е р е в о в ы в о д а в порождающей язык грамматике.

unary minus одноместный минус ☐ Операция изменения знака арифметического выражения.

unary operation унарная операция, одноместная операция ☐ Операция, обозначающая функцию с одним аргументом.

unary operator знак унарной операции, знак одноместной операции

unassemble дисассемблировать. *См. тж.* disassembler

unattended работающий без оператора *(о вычислительной системе)*

unauthorized 1. несанкционированный ☐ О действии, выполняемом пользователем или программой без соответствующих полномочий. 2. непривилегированный ☐ О пользователе или программе, не имеющих определённых прав или полномочий.

unauthorized access несанкционированный доступ ☐ Попытка обратиться к данным, не имея соответствующих полномочий.

unbalanced brackets незакрытые (квадратные) скобки; несбалансированные скобки

unbalanced parentheses незакрытые скобки; несбалансированные скобки

unbound variable несвязанная переменная ☐ В языках программирования с динамическим связыванием переменных — переменная, не имеющая значения. *Ср.* **uninitialized variable**

unbundled attribute конкретный атрибут. *Ср.* **bundled attributes**

unchecked language 1. язык без контроля типов ☐ Язык программирования, в котором понятие типа данных используется только для описания представления переменных в памяти, а операции и присваивания выполняются без учёта соответствия типов. 2. ☐ Язык программирования, в котором нет автоматического контроля особых ситуаций (выход за границы массива, неправильное число параметров при обращении к процедуре).

unconditional branch безусловный переход, операция безусловного перехода

unconditional jump безусловный переход, операция безусловного перехода

unconditional jump instruction команда безусловного перехода

unconditional transfer безусловный переход, операция безусловного перехода

undeclared identifier неописанный идентификатор

undeclared symbol неописанный символ, неописанный идентификатор. *Ср.* **declared symbol**

undefined symbol неопределённый символ, неопределённый идентификатор

undelete восстанавливать *(удалённые данные)*

undent 1. выступ, смещение влево ☐ Смещение начала строки текста (обычно первой строки абзаца) влево по отношению к остальному тексту. 2. смещать влево, выступать. *Ср.* **indent**

underflow 1. потеря значимости, отрицательное переполнение ☐ Ситуация, когда результат операции над числами с плавающей запятой меньше минимального представимого числа. 2. выход за нижнюю границу стека. *См.* **stack underflow**

underline 1. подчёркивание 2. подчёркивать

underlying hardware используемое оборудование; базовое оборудование

underlying structure глубинная структура; внутренняя структура

underscore 1. символ подчёркивания 2. подчёркивать

undirected неориентированный

undirected graph неориентированный граф ☐ Граф, для рёбер которого не определено направление.

undo 1. откат, отмена *(команды)*; возврат ☐ В диалоговых редакторах и системах программирования — действия, отменяющие эффект выполнения предыдущей команды или нескольких предыдущих команд и восстанавливающие состояние обрабатываемого текста или переменных. 2. отменять

undocumented feature неописанное средство □ Средство или свойство программного продукта, не описанные в документации и за правильность результатов применения которых разработчик не отвечает.

unformatted capacity полная ёмкость □ Общий объём информации, которую можно физически записать на носитель данных (обычно диск). Полная ёмкость не учитывает расходы на межблочные промежутки и управляющую информацию, записываемую при разметке. *Ср.* formatted capacity

unformatted input-output бесформатный обмен, бесформатный ввод-вывод, двоичный обмен □ Обмен без преобразования данных из внутреннего представления в текстовое при выводе или из текстового во внутреннее при вводе.

UNIBUS □ Организация шины, разработанная фирмой DEC и использованная в мини-ЭВМ серии PDP-11. Обеспечивает простое подключение большого числа дополнительных внешних устройств.

unices версии операционной системы UNIX

unification унификация, отождествление □ Операция сравнения двух выражений, связывающая переменные-параметры одного выражения (образца) с соответствующими подвыражениями другого. Например, отождествление образца $X*(X+1)$ с выражением $A/B*(A/B+1)$ свяжет X с A/B; отождествление того же образца с выражением $A/B*(A*B+1)$ закончится неуспехом.

uniform scaling однородное масштабирование □ В машинной графике — масштабирование с равными коэффициентами масштабирования по вертикали и горизонтали.

unify отождествлять(ся). *См. тж.* unification

uninitialized variable неинициализированная переменная □ Переменная, имеющая неопределённое значение. *Ср.* unbound variable

union объединение □ 1. Операция над множествами: объединению множеств A и B принадлежат те и только те элементы, которые входят в A или B. 2. Операция реляционной алгебры над отношениями с одинаковым набором атрибутов: объединение отношений A и B состоит из кортежей, входящих в A или B. 3. Тип данных, являющийся объединением нескольких типов. *См. тж.* discriminated union, free union, variant record

unique identifier уникальное имя; уникальный ключ. *См.* unique name

unique name уникальное имя; уникальный ключ □ Код, однозначно идентифицирующий объект вне зависимости от контекста употребления. Иногда от уникального имени также требуется, чтобы имя, использованное для одного объекта, не использовалось для другого даже после уничтожения первого. *См. тж.* entity identifier

unit 1. (функциональное) устройство 2. элемент; единица 3. единица измерения 4. модуль (*программы*) (addressing unit, arithmetic and logical unit, audio response unit, central processing unit, compilation unit, control unit, device control unit, disk unit, input unit, magnetic-tape unit, memory management unit, memory unit, on-line unit, output unit, peripheral unit, power supply unit, transfer unit)

unit address адрес устройства □ Число, идентифицирующее внешнее устройство для операционной системы.

unit matrix единичная матрица □ Квадратная матрица, диагональные элементы которой равны 1, а все остальные — 0.

unit number номер устройства. *См.* device number

unit record единичная запись

universal quantifier квантор всеобщности

universal set универсум, универсальное множество □ Множество, (потенциально) включающее все рассматриваемые элементы.

UNIX □ Операционная система, первоначально разработанная в Bell Laboratories для мини-ЭВМ серии PDP-11 и получившая широкое распространение на ЭВМ различных классов и типов. Особенности UNIX: переносимость программ между реализациями UNIX на различных ЭВМ; ориентация на диалоговый режим работы и использование, в первую очередь, программистами для разработки программ; открытость для внесения расширений.

unload 1. снимать (*носитель с внешнего запоминающего устройства*) 2. разгружать □ Уменьшать загруженность вычислительной системы или её компоненты.

unloaded незагруженный □ О программе или данных, не считанных в оперативную память из внешней памяти.

unmapped system система без управления памятью. *Ср.* mapped system

unmasked interrupt разрешённое прерывание, немаскированное прерывание. *Ср.* disabled interrupt

unpack распаковывать □ Преобразовывать данные из компактного представления, удобного для хранения или пересылки, в представление, удобное для обработки. *Ср.* pack

unpacked decimal неупакованное десятичное (число)

unpacked decimal representation неупакованный формат (представления десятичных чисел) □ Способ представления десятичных чисел в памяти ЭВМ, при котором каждая цифра представлена одним байтом, содержащим код символа десятичной цифры. *См. тж.* packed decimal

unprintable character 1. непечатаемый символ □ Символ, не имеющий стандартного графического представления. 2. управляющий символ

unprotected field незащищённое поле. *Ср.* protected field

unrecoverable error неисправимая ошибка, фатальная ошибка □ Ошибка, последствия которой не могут быть устранены средствами системы и требуют вмешательства оператора или инженера.

unsigned integer целое (число) без знака

unsolicited input непредусмотренный ввод □ Данные, введённые с клавиатуры, когда ни одна задача не выдавала запрос на ввод.

unspanned расположенный в одном блоке (*о записи файла*)

unsqueeze распаковывать. *Ср.* squeeze 2.

UNSTRATIFIED

unstratified language нестратифицированный язык □ Язык, который может быть описан своими собственными средствами, т. е. является своим метаязыком. *Ср.* stratified language

unstructured exit неструктурный выход □ В языках структурного программирования — оператор выхода из середины тела цикла.

unsupported feature неподдерживаемое средство □ Средство или свойство программного продукта, не поддерживаемые разработчиком; подразумевается, что продукт в целом поддерживается. *См. тж.* support 3.

unsupported program программа, не поддерживаемая разработчиком. *См. тж.* support 3.

untyped language язык без (контроля) типов □ Язык программирования, в котором нет понятия типа данных и все операции применимы ко всем переменным.

unwind 1. возврат в исходное состояние; выход из нескольких вложенных блоков при обработке особой ситуации 2. раскрывать (цикл) □ Преобразовать в программе цикл в эквивалентную линейную последовательность повторяющихся операторов.

update 1. изменять, модифицировать 2. изменение, модификация 3. исправленная версия; новая версия 4. исправление, коррекция 5. исправлять, корректировать; обновлять

update by copy модификация с созданием новой версии. *См. тж.* file updating

update file файл изменений. *См. тж.* file updating

update in situ модификация без создания новой версии, модификация на месте. *См. тж.* file updating

update version новая версия (основного) файла. *См. тж.* file updating

upgradable расширяемый □ Допускающий подключение дополнительных компонентов для увеличения эффективности.

upgrade kit комплект расширения

upload загружать, пересылать (*в главную ЭВМ*). *Ср.* download

up operation операция «освободить», освобождение (*семафора*). *См. тж.* semaphore

upper bound верхняя граница (*массива*)

upper-case заглавная, прописная верхнего регистра (*о буквах*)

uptime □ Время, в течение которого вычислительная система работоспособна.

upward compatibility совместимость снизу вверх, совместимость с младшими или ранее разработанными моделями □ Возможность использования на новой модели ЭВМ программного обеспечения, разработанного для старой модели, но не наоборот.

upward reference ссылка вверх □ В программе с перекрытиями — ссылка из одного сегмента в другой по направлению к корню дерева данного сегмента.

US (unit separator) управляющий символ «разделитель элементов» □ В коде ASCII представлен числом 31.

usability 1. удобство, простота использования 2. применимость

use bit бит использования □ В системах с виртуальной памятью — разряд дескриптора сегмента памяти, отмечающий обращения программ к данному сегменту.

user пользователь ☐ 1. Человек или юридическое лицо, применяющие вычислительную систему или программное средство. 2. Модуль программы или процесс, использующий средства, предоставляемые данным модулем или процессом. (authorized user, casual user, computer user, end user, non-programmer user, priviledged user, remote user, terminal user, ultimate user)

user account бюджет пользователя; данные о бюджете пользователя. *См. тж.* account

user area память пользователя ☐ Часть оперативной памяти, выделенная задаче пользователя.

user authentification аутентификация пользователя. *См.* authentification of user

user authorization file файл информации о пользователях ☐ Файл, содержащий информацию об именах, паролях и правах пользователей многопользовательской системы.

user break прерывание пользователем, прерывание от пользователя ☐ Прерывание работы программы вследствие нажатия пользователем соответствующей управляющей клавиши.

user coordinates координаты пользователя ☐ Координаты, задаваемые пользователем в системе координат, не зависящей от устройств.

user-defined определяемый пользователем ☐ Об объектах или конструкциях программы, -описываемых или задаваемых пользователем.

user-defined key 1. ключ пользователя ☐ Элемент данных или группа элементов данных, указанная пользователем в качестве ключа для некоторой операции. 2. определённая пользователем клавиша ☐ Клавиша клавиатуры терминала, выдающая заданную пользователем последовательность кодов или выполняющая заданную пользователем функцию.

user-defined macro макрокоманда пользователя, определённая пользователем макрокоманда

user-defined type определённый пользователем тип (данных)

user environment операционная среда ☐ Часть операционной системы или надстройка над операционной системой, предоставляющая пользователю средства непосредственного взаимодействия с прикладными программами, средства управления одновременным выполнением нескольких программ и средства информационного обмена между прикладными программами. Примерами операционных сред являются MS Windows и GEM для IBM PC, Intuition для ПЭВМ Amiga, Finder для ПЭВМ Macintosh.

user-friendly «дружественный» ☐ Об интерактивном программном средстве, обеспечивающем естественный для пользователя способ взаимодействия, защиту от ошибок и развитые средства подсказки и диалоговой документации.

user group 1. организация пользователей. 2. группа пользователей ☐ В развитой системе разделения времени — группа пользователей, имеющих некоторые общие ресурсы и общие права.

user guide руководство пользователя. *См.* user *manual*

user identification 1. идентификация пользователя *(для*

определения его полномочий). См. тж. access control, identification 2. код пользователя

user identification code код пользователя

user interface интерфейс пользователя, пользовательский
интерфейс. *См. тж.* man-machine interface

user interface facilities средства взаимодействия с пользователем

user manual руководство пользователя □ Часть документации по программному продукту или устройству, описывающая его применение с точки зрения пользователя.

user mode непривилегированный режим, режим задачи. *См.*
slave mode

user node 1. абонент сети **2.** пользовательская станция,
рабочая станция *(локальной сети) Ср.* server

user number код пользователя

user of abstraction пользователь абстракции □ Модуль
программы, •использующий абстракцию, определённую в другом модуле. *См. тж.* abstract data type

user-oriented ориентированный на пользователя

user process пользовательский процесс, процесс пользователя. *Ср.* system process

user profile параметры пользователя. *См. тж.* profile 1.

user-written пользовательский, написанный пользователем □
О программе, написанной пользователем и вызываемой системной программой при определённых условиях.

user-written driver драйвер пользователя □ Драйвер для
нестандартного устройства, который подключается к операционной системе и обеспечивает взаимодействие программ с этим
устройством по стандартному интерфейсу.

utility сервисная программа, утилита (executive system
utility, interactive utility, sort utility)

utility function 1. функция полезности **2.** сервисная программа, утилита

utility program сервисная программа, утилита

V

valid допустимый; правильный.

validation 1. проверка (правильности) данных □ Программная проверка входных параметров или вводимых данных. **2.**
аттестация. *См. тж.* verification and validation

validity check проверка (правильности) данных

valuator устройство ввода чисел □ В интерактивной графике — логическое вводное устройство для ввода скалярных
числовых значений. Реализуется с помощью клавиатуры, в
виде линейки на экране дисплея, на которой курсором указывается позиция, или отдельным физическим устройством.

value parameter параметр, передаваемый по значению

V and V *см.* verification and validation

variable переменная □ Программный объект, обладающий

именем и значением, которое может быть получено и изменено программой. (apparent variable, array variable, automatic variable, Boolean variable, bound variable, compile-time variable, file variable, free variable, global variable, integer variable, label variable, local variable, loop variable, metalinguistic variable, random variable, scalar variable, state variable, static variable, subscripted variable, system variable, unbound variable, uninitialized variable)

variable address адрес переменной □ Адрес области памяти, соответствующей переменной.

variable declaration описание переменной □ Определение типа, размера, способа размещения и других характеристик переменной.

variable field 1. поле переменной □ Часть команды (на языке ассемблера), предназначенная для записи имени переменной. 2. переменное поле □ Элемент структуры данных, значение которого не постоянно. 3. поле переменной длины

variable identifier идентификатор переменной

variable-length переменной длины

variable-length code код переменной длины □ Код, элементы которого имеют различную длину.

variable-length field поле переменной длины

variable-length record запись переменной длины □ 1. Запись, длина которой может изменяться 2. Запись файла, разные записи которого имеют разную длину.

variable name имя переменной, идентификатор переменной

variable type тип переменной

variable value 1. значение переменной 2. переменное значение

variance дисперсия □ Характеристика разброса случайной величины, равная среднему значению квадрата разности случайной величины и её среднего. См. тж. interquartile range, standard deviation

variant field поле признака. См. tag field

variant record вариантная запись □ Тип данных для представления переменных, принимающих значения разных типов. Вариантная запись имеет поле признака и переменную часть; совокупность имён и типов полей переменной части определяется значением поля признака.

VAX/VMS (VAX Virtual Machine System) □ Операционная система для супер-мини-ЭВМ VAX фирмы DEC.

VDU (Visual Display Unit) дисплей. См. display

vector 1. вектор 2. одномерный массив (absolute vector, dope vector, interrupt vector, relative vector, shift vector, translation vector)

vector computer векторный процессор; векторная ЭВМ. См. тж. array processor

vector descriptor дескриптор массива, паспорт массива. См. array descriptor

vector generator генератор векторов □ Функциональное устройство, преобразующее кодированное представление векторов в их графическое изображение.

vector graphics векторная графика □ Графика с представлением изображения в виде совокупности отрезков прямых (векторов).

VECTORIZE

vectorize векторизовать, распараллеливать □ Преобразовывать циклы в программе в операции векторного процессора.

vector-mode display векторный дисплей □ Графический дисплей, в котором линии изображения вычерчиваются лучом ЭЛТ в задаваемой программой последовательности.

vector processor векторный процессор. См. array processor

Veitch diagram диаграмма Вейча. См. тж. Karnaugh map

Venn diagram диаграммы Венна □ Способ графического представления операций над множествами или логических операций в виде пересекающихся и вложенных кругов.

verb 1. имя команды (командного языка) 2. глагол

verb-object syntax синтаксис типа «действие — объект» □ Способ задания команд, при котором имя команды предшествует спецификациям параметров. Ср. object-verb syntax

verification 1. верификация □ Формальное (обычно полуавтоматическое) доказательство правильности программы, использующее предусловия и постусловия для процедур и операторы контроля. 2. контроль, проверка (вводимых оператором данных)

verification and validation (приёмочные) испытания □ Всесторонняя проверка и тестирование системы, обычно при сдаче в эксплуатацию. "Verification" обычно относится к формальной проверке, а "validation" — к общей субъективной оценке.

verifier 1. верификатор, программа верификации 2. программа контроля 3. устройство контроля

verify 1. верифицировать 2. проверять; контролировать

version версия □ 1. Вариант программного продукта 2. Файл, являющийся модификацией другого файла.

version number номер версии

vertical microinstruction вертикальная микрокоманда. См. тж. vertical microprogramming

vertical microprogramming вертикальное микропрограммирование □ Способ микропрограммирования, при котором микрокоманда задаёт отдельную микрооперацию над одним или двумя регистрами. Вертикальные микрокоманды состоят из нескольких бит и преобразуются в горизонтальные микрокоманды дешифратором микрокоманд. Ср. horizontal microprogramming

vertical parity продольный контроль чётности

vertical processor процессор с вертикальным микропрограммированием. См. тж. vertical microprogramming

vertical redundancy check продольный контроль □ Контроль за счёт избыточности, при котором контрольная величина вычисляется для целого блока данных. Ср. horizontal redundancy check

vertical spacing интервал строк

vetting проверка правильности исходных данных

V-format V-формат, переменный формат □ Способ представления записей переменной длины, при котором длина записи указана в её начале.

video buffer буфер изображения, видеопамять. См. тж. video RAM

video RAM видеопамять, память изображения □ Доступная адаптеру дисплея область оперативной памяти ЭВМ, в которой расположены данные, соответствующие изображению на экране. В текстовом режиме видеопамять содержит коды и атрибуты символов, в графическом режиме каждой точке экрана соответствует один или несколько разрядов видеопамяти, указывающие её цвет и яркость. *См. тж.* bit-mapped display

video terminal видеотерминал

videotex видеотекс □ Система доступа к базам данных через сети связи, обеспечивающая передачу текстов и изображений. В качестве приёмника может служить бытовой телевизор со специальной клавиатурой или ПЭВМ.

view 1. представление □ Представление о базе данных с точки зрения отдельного пользователя или прикладной программы. Обычно оформляется в виде подсхемы. 2. вид, видимое изображение 3. проекция

viewdata видеотекс. *См.* videotex

viewing просмотр

viewing transformation преобразование для просмотра □ В машинной графике — отображение части изображения в области просмотра. Отображаемая часть изображения задаётся окном. Преобразование включает отсечение, масштабирование и, возможно, удаление невидимых линий и поверхностей.

view point точка наблюдения □ В машинной графике при построении отображаемого изображения — точка, определяющая направление для уничтожения невидимых линий и поверхностей и углы для построения перспективного изображения.

viewport область просмотра, окно экрана □ В интерактивной графике — часть пространства отображения, в которой изображается и просматривается часть моделируемого объекта. *Ср.* window 1.

view volume отображаемый объём □ В трёхмерной графике — часть пространства изображения, выделенная для отображения. Отображаемый объём является параллелепипедом при параллельной проекции или усечённой пирамидой при центральной проекции.

virgin system система в исходном состоянии, исходная система □ Только что сгенерированная или установленная программная система, в которую не занесено никакой пользовательской информации и все параметры которой имеют стандартные значения.

virgin tape чистая лента, неразмеченная лента

virtual виртуальный □ Не имеющий физического воплощения или воспринимаемый иначе, чем реализован. *См. тж.* logical 2.

virtual address виртуальный адрес □ Адрес ячейки виртуальной памяти; адрес виртуального объекта. *См. тж.* virtual storage

virtual address mode режим виртуальной адресации □ Режим работы процессора, при котором исполнительные адреса считаются виртуальными адресами и специальным образом преобразуются в физические. *Ср.* real address mode

virtual block number виртуальный номер блока. *См. тж.* block number

virtual call виртуальный вызов *См. тж.* virtual circuit

virtual circuit виртуальный канал ☐ В сети коммутации пакетов — средства, обеспечивающие передачу пакетов между двумя узлами с сохранением исходной последовательности, даже если пакеты пересылаются по различным физическим маршрутам. Виртуальный канал устанавливается при вызове и аннулируется после сеанса связи.

virtual console 1. виртуальный терминал ☐ В многозадачной однопользовательской системе — средства одновременного запуска нескольких интерактивных программ при наличии одного терминала, предоставляющие каждой задаче отдельное окно и позволяющие пользователю переключаться между ними. 2. виртуальный пульт, виртуальная консоль ☐ Терминал, временно используемый в качестве операторского (при наладке или отладке системы).

virtual derived data item виртуальный производный элемент данных ☐ В сетевых базах данных — основной п р о и з в о д н ы й   э л е м е н т   д а н н ы х.

virtual device виртуальное устройство. *См. тж.* logical device

virtual disk виртуальный диск ☐ Л о г и ч е с к о е   у с т р о й с т в о, с которым программа взаимодействует как с диском, но соответствующее физическое устройство может быть не диском, а, например, лентой, областью оперативной памяти или областью физического диска. *См. тж.* RAM disk

virtual file виртуальный файл ☐ Совокупность данных, к которым программа обращается операциями файлового обмена. Физически виртуальный файл может быть или частью реального файла, или объединением группы реальных файлов, или являться средством межзадачного взаимодействия.

virtual image виртуальное изображение ☐ Графическое представление, соответствующее всему з а к о д и р о в а н н о м у   и з о б р а ж е н и ю. О т о б р а ж а е м о е   и з о б р а ж е н и е   является, как правило, частью виртуального изображения.

virtual machine виртуальная машина ☐ Средство многозадачной операционной системы, предоставляющее каждой задаче функциональный эквивалент вычислительной системы.

virtual memory виртуальная память. *См.* virtual storage

virtual result data item элемент данных — виртуальный результат ☐ В и р т у а л ь н ы й   п р о и з в о д н ы й   э л е м е н т   д а н н ы х, значение которого является функцией значений других элементов данных.

virtual source data item элемент данных — виртуальная копия источника ☐ В и р т у а л ь н ы й   п р о и з в о д н ы й   э л е м е н т   д а н н ы х, значение которого является копией значения другого элемента данных.

virtual space виртуальное пространство ☐ В машинной графике — пространство, в котором координаты элементов изображения выражены в не зависящем от устройств виде (в координатах пользователя).

virtual storage виртуальная память ☐ Предоставляемая программе вычислительной системой возможность работать с памятью, размер которой больше физической памяти исполь-

зуемой ЭВМ. Физическая память разбивается на блоки фиксированной длины (с т р а н и ц ы) или переменной длины (с е г-
м е н т ы). В о с н о в н о й (оперативной) п а м я т и расположены используемые в данный момент данные и команды,
образующие р а б о ч е е м н о ж е с т в о процесса или задачи.
В и р т у а л ь н ы е а д р е с а, указанные в программе, преобразуются в ф и з и ч е с к и е а д р е с а с помощью т а б-
л и ц ы с т р а н и ц или т а б л и ц ы с е г м е н т о в. Если
виртуальный адрес не принадлежит рабочему множеству, происходит п р е р ы в а н и е п о о т с у т с т в и ю с т р а н и-
ц ы, и нужная страница или сегмент п о д к а ч и в а ю т с я из
в н е ш н е й п а м я т и; при этом освобождается сегмент или
страничный блок в оперативной памяти, и его содержимое сохраняется на внешнем устройстве.

virtual storage access method (VSAM) виртуальный метод
доступа ☐ Метод доступа OS IBM, обеспечивающий операции
индексно-последовательного доступа вне зависимости от физической организации файла.

virtual storage allocation распределение виртуальной памяти ☐ Распределение сегментов или с т р а н и ч н ы х б л о-
к о в основной памяти для данных рабочих множеств процессов и пространства внешней памяти для их подкачки.

virtual storage interrupt прерывание по отсутствию страницы.
См. page fault interrupt

virtual storage management управление виртуальной памятью. *См. тж.* virtual storage

virtual telecommunication access method (VTAM) виртуальный телекоммуникационный метод доступа ☐ Метод доступа для
работы с терминалом, обеспечивающий единообразную работу
с различными физическими терминалами. Программы метода
доступа переводят универсальные операции в команды конкретного устройства.

virtual terminal виртуальный терминал ☐ Обобщённый протокол взаимодействия для работы с реальными терминалами,
принятый в вычислительной системе. Виртуальный терминал
использует п а р а м е т р ы т е р м и н а л а для преобразования универсальных команд в команды управления конкретным терминалом.

virtual value действующее значение

visibility rules правила видимости ☐ Правила, определяющие, в каких частях текста программы может быть использована переменная в зависимости от того, где и как она описана.

visibility scope область видимости ☐ Часть текста программы,
где может быть использована данная переменная.

vocoder вокодер ☐ Устройство компактного цифрового
кодирования речи.

void 1. пусто ☐ При описании синтаксиса — позиция конструкции, которая может не заполняться. 2. пустой ☐ Не выполняющий никаких действий.

volatile file изменчивый файл

volatile memory энергозависимое запоминающее устройство ☐ Запоминающее устройство, содержимое которого не
сохраняется при отключении электропитания.

VOLSER *см.* volume serial number

volume 1. том □ Носитель данных внешнего запоминающего устройства, обрабатываемый как единое целое; например, дисковый пакет, дискета, катушка магнитной ленты. 2. объём

volume identifier идентификатор тома □ Текстовое имя носителя данных — диска или магнитной ленты.

volume label метка тома. *См.* beginning-of-volume label

volume serial number номер тома (*в многотомном файле*)

volume table of contents каталог тома. *См. тж.* directory

von Neumann architecture фон-неймановская архитектура □ Организация ЭВМ, при которой ЭВМ состоит из двух основных частей: линейно адресуемой памяти, слова которой хранят команды и элементы данных, и процессора, выбирающего из памяти команды и их операнды и записывающего в неё результаты; каждая команда явно или неявно указывает адреса операндов, результата и следующей команды. Практически все применяемые в настоящее время ЭВМ — фон-неймановские.

von Neumann machine фон-неймановская (вычислительная) машина. *См. тж.* von Neumann architecture

V-operation операция «освободить», освобождение (*семафора*). *См. тж.* semaphore

voxel объёмный элемент, элемент объёма □ Минимальный элемент трёхмерного изображения. *См. тж.* pixel

VSAM *см.* virtual storage access method

VT (vertical tab) символ вертикальной табуляции □ В коде ASCII представлен числом 11.

VTAM *см.* virtual telecommunication access method

VTOC *см.* volume table of contents

VW-grammar (van Wijngaarden grammar) грамматика ван Вейнгардена *См.* double-level grammar

W

waiting list очередь. *См.* queue

waiting process ждущий процесс. *См.* waiting task

waiting task ждущая задача, задача, ждущая события □ В многозадачной системе — задача, выполнение которой может быть продолжено после наступления определённого события: окончания обмена, завершения другой задачи, освобождения ресурса или поступления заданного сигнала. После наступления события задача становится г о т о в о й п р о д о л ж а т ь. *См. тж.* task state

wait loop ждущий цикл. *См.* busy wait

wait operation операция «занять», занятие (*семафора*). *См. тж.* semaphore

walkthrough сквозной контроль. *См. тж.* code walkthrough

warm backup «тёплое» резервирование □ Способ резервирования, при котором резервная система автоматически запускается при сбое основной. *Ср.* cold backup

warm boot перезапуск из памяти. *См.* warm restart

warm restart перезапуск из памяти □ Перезапуск системы, не требующий её выключения и очистки оперативной памяти.

warm standby «тёплое» резервирование

warning предупреждающее сообщение, предупреждение. *См.* warning diagnostics

warning diagnostics предупреждающее сообщение, предупреждение □ Сообщение программы о некоторой ненормальной ситуации (свойстве обрабатываемых данных), которая, возможно, не является ошибкой и не делает невозможным продолжение работы.

weak entity слабая сущность, слабый объект □ В моделях данных — объект, существование которого определяется наличием объектов, с которыми он связан. *Ср.* regular entity

weak external reference слабая внешняя ссылка □ Внешняя ссылка, получающая в компоновке значение только при наличии других ссылок на то же имя. *См. тж.* external reference

well-formed правильно построенный □ Имеющий правильную синтаксическую структуру.

while loop цикл с условием продолжения. *См.* do-while loop

WHILE-statement оператор цикла с условием продолжения. *См. тж.* do-while loop

widow висячая строка □ В системах подготовки текстов — первая строка главы, раздела, таблицы, оказавшаяся вследствие неудачного форматирования в последней строке страницы. *Ср.* orphan

wildcard matching универсальное сопоставление □ Сопоставление, при котором образец или его компонента успешно сопоставляется с любым значением данных. *См. тж.* match-all pattern

Winchester disk винчестерский диск, винчестер □ Дисковое внешнее запоминающее устройство, в котором носитель данных, магнитные головки и другие механические компоненты помещены в герметический кожух. Название происходит от места первоначальной разработки — филиала IBM в г. Винчестере (Великобритания). Винчестерский диск обеспечивает большую плотность записи, чем другие устройства.

window окно □ 1. В интерактивной графике — область в и р т у а л ь н о г о п р о с т р а н с т в а, ограничивающая часть изображения для отображения в о б л а с т и п р о с м о т р а. *Ср.* viewport 2. Часть экрана дисплея, с которой программа работает как с отдельным экраном. *См. тж.* viewport, windowing system 3. Период ожидания события.

windowing отсечение. *См. тж.* scissoring

windowing system система управления окнами □ Программные или аппаратные средства, обеспечивающие выделение на экране дисплея областей просмотра (о к о н), с каждой из которых программы могут работать как с независимым экраном. Система управления окнами может поддерживать пересекающиеся окна, средства перемещения, изменения их размера и переключения окон. *См. тж.* window manager

WINDOWING

windowing transformation преобразование для просмотра. *См.* **viewing transformation**

windows manager администратор окон □ Часть операционной среды ПЭВМ, обеспечивающая вывод информации в окна экрана с о т с е ч е н и е м по размеру окна и п р о к р у т- к о й, а также перемещение, изменение размеров окон и переключение между активными окнами. Администратор окон может быть прозрачным для прикладной программы (программа не знает положения и размеров окна, с которым она работает) или может работать под детальным управлением прикладной программы.

wired «зашитый» □ Реализованный аппаратными или микропрограммными средствами.

wire frame representation каркасное представление □ В машинной графике — отображение без удаления невидимых линий.

wire printer матричное печатающее устройство с игольчатой головкой. *См. тж.* **matrix printer**

WKS *см.* **workstation**

word (машинное) слово □ Основная единица данных, обрабатываемая аппаратными средствами вычислительной системы. Обычно машинное слово содержит 16, 24, 32, 48 или 64 разряда. (channel status word, command word, comparand word, computer word, double word, full word, half-word, isolated word, long word, machine word, matching word, optional word, primary word, processor status word, process status word, program status word, reserved word, search word, secondary word, status word)

word boundary граница слова □ Адрес памяти, соответствующий началу физического слова. *См. тж.* **address alignment**

word-by-word пословный. *См.* **word-serial**

word capacity разрядность, длина слова. *См.* **word length**

word instruction 1. команда операции над словами 2. команда, занимающая одно машинное слово

word length длина слова, разрядность □ Число битов в машинном слове.

word-organized memory память с пословной организацией □ Память, данные в которой записываются и считываются только целыми словами.

word processing подготовка текстов. *См. тж.* **word processor**

word processor система подготовки текстов □ Программные средства (иногда на базе специализированной микроЭВМ), обеспечивающие ввод, хранение, просмотр, редактирование, форматирование и печать текстов.

word-serial пословный □ О пересылке данных, при которой последовательно передаются отдельные слова, причём все разряды каждого слова передаются параллельно.

word wrap (автоматический) переход на новую строку □ В системах подготовки текстов — перенос непомещающегося в текущей строке слова на следующую строку.

word wrap-around переход на новую строку. *См.* **word wrap**

work area рабочая область (*памяти*)

workbench инструментальные средства

work file рабочий файл. *См.* **temporary file**

working **directory** текущий каталог

working **set** рабочее множество □ 1. Совокупность страниц или сегментов в и р т у а л ь н о й п а м я т и, используемых процессом в данный момент. 2. Максимальный размер рабочего множества, разрешённый данному процессу.

working **space** рабочая область *(памяти)*

working **storage** рабочая память □ Часть памяти для временных данных.

workstation 1. автоматизированное рабочее место, АРМ □ Подключённые к главной ЭВМ или к сети ЭВМ терминал или микроЭВМ, предназначенные для выполнения работ определённого типа и снабжённые необходимым для этого дополнительным оборудованием (например, печатающим устройством). 2. профессиональная ЭВМ, автоматизированное рабочее место, АРМ □ Однопользовательская микроЭВМ, более мощная, чем микроЭВМ, относимые к классу персональных ЭВМ. Профессиональная ЭВМ обычно основана на 32-разрядном процессоре, имеет дисплей с высоким разрешением, оперативную память от 0,5 Мбайт, внешнюю память на винчестерском диске и средства подключения к локальной сети. 3. рабочая станция □ Узел локальной сети, предназначенный для интерактивной работы пользователя. *Ср.* server.

world **coordinates** мировые координаты □ Не зависящая от устройств декартова система координат, используемая программой для задания графических данных.

WP *см.* word processing

WPM (words per minute) слов в минуту

wrap-around циклический переход □ Переход к началу области при достижении её конца.

write писать, записывать □ 1. Перемещать информацию с более высокого уровня и е р а р х и и п а м я т и на более низкий: из оперативной памяти на внешнее устройство или во внешнюю память, из регистра процессора в оперативную память. 2. Операция записи блока в файл. *Ср.* get, put, read

write **cycle** цикл записи □ 1. Операции, выполняемые при записи. 2. Длительность цикла записи.

write-enable **ring** кольцо разрешения записи □ Кольцо на катушке магнитной ленты, при отсутствии которого запись аппаратно блокируется.

write-enable **tag** наклейка разрешения записи □ Полоска бумаги или липкой ленты, которой заклеивается вырез на конверте восьмидюймовой дискеты для разрешения записи. *Ср.* write-protect tag

write **key** ключ записи □ Поле слова состояния программы, сравниваемое с ключом защиты памяти для определения допустимости выполнения операции записи слова в данную страницу памяти.

write-once **memory** запоминающее устройство с однократной записью

write **operation** операция записи, запись □ Операция занесения порции данных в память. *См. тж.* write

write **protected disk** диск, защищённый от записи

write-protect **tag** наклейка защиты записи □ Полоска бумаги или липкой ленты, которой заклеивается вырез на конверте пятидюймовой дискеты для запрещения записи. Наличие выреза анализируется дисководом при обращении к дискете. *Ср.* write-enable tag

writer 1. программа, выполняющая операцию записи; устройство, выполняющее операцию записи 2. автор *(текста)*

write time время записи

WYSIWYG (What You See Is What You Get) режим полного соответствия □ Режим работы системы подготовки текстов, при котором изображение на экране дисплея максимально приближено к печатному тексту, являющемуся результатом работы.

X

XENIX □ Однопользовательская версия операционной системы UNIX для персональных ЭВМ, разработанная фирмой MicroSoft.

Xerox Corporation □ Американская фирма, выпускающая профессиональные ЭВМ, Лисп-машины, рабочие станции и внешние устройства.

Xerox PARC (Palo-Alto Research Center) □ Научно-исследовательский центр, ведущий работы в области искусственного интеллекта, языков и систем программирования, микроЭВМ. В число разработок Xerox PARC входят системы программирования Interlisp и Smalltalk, локальная сеть Ethernet, понятия интегрированной среды и непосредственного взаимодействия.

XOFF (transmitter off) «стоп-сигнал» □ Управляющий сигнал, посылаемый принимающим устройством передающему и требующий приостановить или не начинать передачу данных.

XON (transmitter on) «старт-сигнал» □ Управляющий сигнал, посылаемый принимающим устройством передающему и разрешающий начать или продолжить передачу данных.

XOR исключающее ИЛИ, неэквивалентность, сложение по модулю 2 □ Логическая операция: A XOR B истинно тогда и только тогда, когда значения A и B не совпадают.

XREF *см.* cross-reference table

X-series recommendations of CCITT рекомендации МККТТ серии X □ Рекомендации, относящиеся к организации новых сетей передачи данных. X.20 и X.21 определяют интерфейсы для стартстопных и синхронных терминалов; X.25 — протокол интерфейса, определяющий структуру сообщений для пакетных терминалов, подключаемых к сети коммутации пакетов; X.75 — протокол интерфейса, определяющий структуру сообщений для переходных узлов (шлюзов) сетей коммутации пакетов; X.121 — стандарт нумерации сетей и станций, взаимодействующих по протоколу X.25. *См.* CCITT, protocol

XY graph график типа XY □ В деловой графике — графическое представление последовательности пар чисел, при котором первое число интерпретируется как абсцисса, а второе — как ордината точек графика.

Y

YACC (Yet Another Compiler-Compiler) □ Компилятор компиляторов, входящий в стандартный набор программных средств операционной системы UNIX.

yield выдавать *(значение)*; возвращать *(значение)* □ О сопрограмме или функции.

Z

zap затирать

zero 1. нуль 2. заносить нуль, обнулять (leading zeroes, negative zero, positive zero, trailing zeroes)

zero-access storage сверхбыстродействующее запоминающее устройство □ Запоминающее устройство, время обращения к которому пренебрежимо мало.

zero-address instruction безадресная команда □ Команда, не содержащая явного указания операндов. Такая команда либо обрабатывает операнды на вершине стека, либо выполняет действие, не имеющее параметров (например, команды останова, запрета прерываний).

zero bit нулевой бит, нулевой разряд

zero complement точное дополнение. См. radix complement

zero constant константа «нуль»

zero fill заполнять нулями, обнулять □ Заносить нулевые значения в некоторую область памяти.

zero flag признак нуля □ Разряд слова состояния процессора, устанавливаемый в зависимости от равенства нулю результата последней арифметической или логической операции.

zero insertion вставка нулей, вставка битов. См. bit stuffing

zeroise 1. очищать, обнулять □ Заносить нулевые значения в некоторую область памяти. 2. сбрасывать, обнулять □ Присваивать счётчику нулевое значение.

zero-level address непосредственный операнд, адрес-операнд. См. тж. immediate addressing

zero stuffing вставка нулей. См. bit stuffing

zero suppression отбрасывание незначащих нулей, подавление незначащих нулей

zoned format зонный формат □ Неупакованный формат представления десятичных чисел, при котором каждый байт состоит из четырёх разрядов, представляющих десятичную цифру, и четырёх разрядов зоны, содержащих фиксированный код.

zoom 1. увеличивать *(масштаб изображения)*. См. тж. zooming 2. распахивать □ Увеличивать размер о к н а до размеров всего экрана. Ср. shrink

zoom in раскрыть, распахнуть. См. тж. zoom

zooming наплыв □ Масштабирование всего отображаемого изображения, создающее ощущение приближения изображения к наблюдателю или удаления от него. Если не указано иначе, подразумевается приближение.

zoom out сжать, закрыть. См. тж. zoom

УКАЗАТЕЛЬ РУССКИХ ТЕРМИНОВ

абонент сети 272
абсолютная адресация 9
— величина 10
— команда 9
— ошибка 9
— погрешность 9
абсолютное выражение 9
— значение 10
абсолютные координаты 9
абсолютный адрес 9, 13
— ассемблер 9
— вектор 10
— загрузчик 9, 34
— терм 9
абстрактная машина 10
— семантическая сеть 10
абстрактные данные 263
абстрактный тип данных 10
— файл 193
абстракция 10
— данных 71
аварийная ситуация 96
аварийное завершение 9
— завершение работы 88
аварийный дамп 196
авария 96
авост 9
автодекрементная адресация
   26
автозагрузка 27
автоинкрементная адресация
   27
автокод «один-один» 179
автомат 27, 157
— с линейно ограниченной памятью 150
— с магазинной памятью 207
автоматизация делопроизводства 178
— производства 59
автоматизированная система
   управления производством
   59
автоматизированное рабочее
   место 281

автоматическая обработка данных 27
автоматический 163
— кассир 47
автоматическое реферирование
   27
автоматная грамматика 109,
   215
автоморфизм 27
автономная система 242
автономное оборудование 178
— хранилище данных 179
автономный 178, 242
— режим 153, 179
автоподача страниц 70, 233
автор 282
авторазгрузка 26
агрегат 16
— данных 16, 71
агрегация 16
агрегированное значение 16
агрегировать 16
адаптация программы к особенностям целевой машины
   253
адаптер асинхронной связи 12
— внешнего устройства 13, 83
— «канал-канал» 49
адаптивная маршрутизация 13
адаптивный диалог 13
аддитивная операция 14
административная информа-
   ционная система 160
— информация 127
— программа 127
— система 224, 248
администратор 160
— базы данных 71
— данных 71
— окон 280
— системы 251, 252
адрес 14, 82
— возврата 151, 221
— вызова 45
— дорожки 261

арность 22
архив 21
архитектура 21
— вычислительной системы 59
— открытых систем 180
— сети передачи данных 173
— сети системы 237
— сети ЭВМ 173
— с мандатной адресацией 46
— ЭВМ с одним потоком
  команд и одним потоком данных 236
асинхронная передача данных
24
— связь 24
асинхронное прерывание 24
ассемблер 23
ассоциативная адресация 24
— операция 24
— память 24, 64, 71
— таблица страниц 156
ассоциативный список 24
атом 25
атрибут 25
— закрашивания 109
— линии 151
— литеры 49
— поиска 227
— секретности 228
— символа 49
— файла 107
— элемента данных 71
— элемента изображения 88
атрибутная грамматика 25
атрибуты защиты 108
аттестация 272
аутентификация пользователя 26, 271
аутентификация пользователя
  по паролю 190
аутентификация сообщений 26

база 30
— данных 71
— данных коллективного пользования 233
— данных общего назначения
  117
— данных общего пользова-
  ния 207
— данных предметной области
  97
— данных предприятия 97
— знаний 146
база-смещение 30
базисный библиотечный метод
  доступа 31

— индексно-последовательный
  метод доступа 31
— метод доступа 31
— последовательный метод
  доступа 31
— прямой метод доступа 31
— телекоммуникационный метод доступа 31
базовая графическая система
118
— сеть 28, 246
— страница 31
базовый 30
— адрес 30, 198
— регистр 30, 31
— тип данных 117
байт 44
— состояния 244
байт-мультиплексный 44, 49
байтовая команда 44
банк данных 71
— памяти 163
банковский терминал 255
барабанное печатающее устройство 30, 92
барабанный графопостроитель
92
бегущая лента 245
безадресная команда 283
безбумажное делопроизводство 187
бездействующий 130
безличное программирование
95
безусловный переход 267
бесконтактное печатающее
  устройство 175
бесплатное программное обеспечение 207
бесскобочная запись 189
бесформатный ввод-вывод 268
— обмен 268
бета-вершина 33
библиотека 150
— задания 143
— исполняющей системы 224
библиотека, используемая по
  умолчанию 79
— исходных модулей 239
— макроопределений 159
— объектных модулей 177
— поддержки 224
— подпрограмм 247
— пользователя 192, 200
— текстов диалоговой документации 123
— текстов программ 239

ведение файла 108
вектор 22, 179, 273
— прерывания 141
— сдвига 234
векторная графика 119
векторная ЭВМ 273
векторный генератор символов 49
— дисплей 45, 85, 274
— процессор 22, 273
верификатор условий 23
верификация 274
— программ 205
верифицировать 274
вероятное отклонение 140
вероятностная логика 200
вероятность 48, 200
версия 117, 216, 274
вертикальная микрокоманда 274
вертикальное изображение 51
— микропрограммирование 274
вертикальный 196
верхняя граница массива 125, 270
— линия очертания символа 46
вершина 174
— стека 260
— типа И 33
— типа ИЛИ 17
вершины дерева, имеющие одну родительскую вершину 234
ветвление 112
ветвь 40, 149
вещественная константа 211
— часть комплексного числа 211
взаимная блокировка 77, 139
взаимно однозначное отношение 179
взаимодействие 57, 138
— процессов 140
взаимоисключающие сегменты 101
взятие образцов 224
вид 167, 238, 275
видеопамять 214, 274, 275
видеотекс 275
видеотерминал 68, 275
видимое изображение 275
видовое понятие 247
винчестерский диск 74, 279
виртуальная консоль 276

— машина 276
— память 276
виртуальное изображение 276
— пространство 239
— устройство 276
виртуальный 275
— адрес 275
— вызов 275
— диск 276
— метод доступа 277
— номер блока 275
— производный элемент данных 276
— пульт 276
— телекоммуникационный метод доступа 277
— терминал 276
— файл 276
висячая строка 183, 279
включаемый 134
включать 96, 97, 135
включающее ИЛИ 182
включающий язык 126
включение линии связи 96
включённая задача 135
владелец 185, 188
— набора 185
вложенное подтверждение 193
вложенность 173
вложенные контексты 96
— макроопределения 173
— процедуры 96
— циклы 96, 173
вложенный 96
внешнее запоминающее устройство 27, 28, 42, 104, 191
— имя 104
— представление 104
— прерывание 104
— устройство 82, 191
внешние спецификации 104
внешний 115
— интерфейс 115
— ключ 104, 112
— символ 104
— файл 104
внешняя метка 104
— память 27, 28, 42, 104, 191, 228
— подпрограмма 151
— сортировка 104
— ссылка 104, 139
— схема 104
внутреннее имя 139
— представление 139
— прерывание 139, 263
внутренний 28

290

инвертированный список 142
— файл 142
индекс 131, 132, 142, 247
— дорожки 261
индексированный файл 131
индексная адресация 131
индексно-последовательный
    метод доступа 131
— метод доступа с очередями
    208
индексный регистр 132, 168
— файл 132
индуктивный вывод 113
инженер знаний 146
инженерная психология 127
инженерное время 97
инициализатор 133
инициализация 133
инициализировать 133, 198
инициировать передачу дан-
    ных 183, 264
инкапсуляция 97
инкрементальные координаты
    131
инсталлированная задача 135
инструментальная система 126
— ЭВМ 126, 239
инструментальные програм-
    мные средства 238, 260
— средства 280
интеграл 136
интегральная схема 51, 136
интеграция 137
интегрирование 137
интегрированная база данных
    136
— система 137
— среда 136
интегрированный пакет 136,
    137
интегрировать 136
интегрируемое 136
интеллект 137
интеллектуальная база данных
    137
— система машинного обуче-
    ния 127
интеллектуальный 137, 146,
    237
— контроллер 137
— терминал 137
интерактивная база данных 179
— графика 138
— сервисная программа 138
— система 138
интерактивный 138, 179
— режим 138

интервал 239 240
— между символами 50
— опроса 195
— строк 106, 151
интерпретатор 140
интерпретация 140
— «от фактов» 19, 32
— «от цели» 63, 118
интерпретируемый язык 140
интерфейс 138
— пользователя 161, 272
— электромузыкальных ин-
    струментов 166
интерфейсная плата 138
— ЭВМ 138
интерфейсный 115
— модуль 138
— процессор 115
— процессор сообщений 129
инфиксная запись 132
— операция 132
инфиксный 132
информатика 61, 132
информационная ёмкость 46
информационная модель 77
— система 133
— строка 123
— техника 133
информационно-поисковая си-
    стема 133
информационный разряд 133
— символ 133
— элемент 73
информация 71, 133
— о бюджете пользователей 11
— о состоянии 243
— с ограниченным доступом
    220
инфракрасная клавиатура 133
инцидентный 130
искать 227
исключать 80
исключающее ИЛИ 101, 102
исключительная ситуация 101
искусственный интеллект 22,
    158
— язык 22
исполнительный адрес 13, 95
исполняемый оператор 130
исполняющая система 224, 248
используемое оборудование
    267
использующий средства или
    методы искусственного ин-
    теллекта 146
исправимая ошибка 213
исправление 110, 270

косвенный адрес 79, 132, 228, 265
коэффициент 105
— активности файла 13
— блокирования 37
— готовности 27
— достоверности
— загрузки 153
— масштабирования 225
— неполноты поиска 96
— попадания 125
— сжатия 23
краевая ошибка 161
кратные рёбра 170
— циклы 96, 173
крах 67
кривая Безье 33
криптография 68
криптосистема с ключом общего пользования 207
критическая секция 68
критический интервал 68
кросс-ассемблер 68
кросс-компилятор 68
кросс-разработка 68
кросс-система 68
кросс-средства 08
кросс-транслятор 68
круговой перенос 97
курсор 69

лабораторные испытания 17
лавинная маршрутизация 111
лазерное печатающее устройство 148
лазерный принтер 148
леворекурсивная грамматика 149
лексема 149
лексикографический порядок 149
лексический анализ 149, 225
— анализатор 149, 225
лентопротяжное устройство 78, 92, 160, 253
ленточная матрица 30
ленточное печатающее устройство 30, 33
ленточный маркер 253
— перфоратор 187
— файл 253
лепестковое печатающее устройство 70
лес 112
линейка меню 165
— прокрутки 226
линейная программа 151

линейное программирование 151
линейный код 150
линия 150
— связи 51, 105, 150, 151
лист 149
— памяти 164, 186
литера 49, 249
литерал 82, 152, 160
литерная строка 257
личная база данных 192
— библиотека 192, 200
— информация 200
личные данные 200
ловушка 264
логика 154
логическая база данных 154
— запись 155
— операция 39
— переменная 39
— проверка 155
логические схемы 154
логический 38, 154
— адрес 154
— анализатор 155
— контроль 155
— номер блока 154
— номер устройства 155
— сдвиг 155
— файл 155
логическое выражение 39, 155, 257
— значение 39, 155
— имя 155
— имя устройства 155
— программирование 155, 223
— произведение 155
— сложение 154, 182
— умножение 19, 63, 141, 155
— устройство 154
— устройство ввода 155
логичный 154
ложность 105
ложный 105
локальная вычислительная сеть 153
— оптимизация 118, 191
— переменная 153
— сеть с модулированной передачей 41
локальная сеть с немодулированной передачей 30
локальное имя 153
локальный 153
— идентификатор 153
ломаная линия 195
лямбда-исчисление 147

определённая пользователем клавиша 271
— пользователем макрокоманда 271
определённый пользователем тип данных 271
определяемый пользователем 271
опрос 140, 194, 224
— состояния 244
оптимизатор 182
оптимизация 182
— локальных переходов 240
оптимизированная программа 182
оптимизирующий транслятор 182
оптическое распознавание символов 182
опытная эксплуатация 33 41, 135, 181
организация в виде дерева 264
— конвейера 193
— очереди 209
— пользователей 271
— файла 108
орграф 85
оригинал-макет 45
ориентированное ребро 21, 85
ориентированный граф 85
— на пользователя 272
ортогональность 183
орфографическая ошибка 240
орфографический корректор 240
освобождать 37, 77, 246
освобождение семафора 234, 270, 278
основание логарифма 30
— системы счисления 30, 209
основная лента 162
— область 126
— память 160, 199
— программа 160
основной файл 162
— цикл 160
основные данные 161
— цвета 198
особая ситуация 99, 101
останавливать 76
остановленная задача 90, 123, 244, 249
остановленный процесс 123·

остаток от деления 217, 219
— тела 38
отбрасывание незначащих нулей 283
отбрасывать 52
ответ 19
отказ 105
отказоустойчивая система 105
отказывать 105
откат 267
откачивать 50, 197, 249
откачка 197, 222
отключать 76, 86
открывать файл 180
открытая подпрограмма 84, 180
— система 180
открытый 103, 108, 207
— текст 194
— файл 12
отладка 50, 77, 203
отладочная программа 77
— система 257
отладочный оператор 77
отладчик 77
отлаживать 77
отложенное прерывание 191
отложенный запрос 191
отменять 28, 45, 76, 185, 268
— выделение 81
отмечать 110
относительная адресация 216, 229
— команда 216
— ошибка 216
— погрешность 216
относительное составное имя 189, 216
относительные координаты 216
относительный адрес 216
— вектор 216
— путь 216
отношение 215
— «один-ко-многим» 179
— порядка 182
отображаемое изображение 88, 226
отображаемый объём 275
отображать 88, 161
отображение 88, 161
— адресов 15
отождествление 162, 190, 268
отождествлять 162

310

разностное уравнение 84
разность множеств 232
разомкнутый цикл 180
разрабатывать 81
разработка 81, 97, 130
— интеллектуального обеспечения 146
— программ 203
— программного обеспечения 238
— прототипа 193
— сверху вниз 260
— снизу вверх 39
— спецификаций программ 203
разработчик 20, 130, 251
разреженная матрица 88, 240
разреженный массив 88, 240
разрешать 96
разрешающая способность 219
разрешение 26, 219
— конфликтов 62
— противоречий 62
разрешённое прерывание 22, 96, 269
разрывать 43, 78
разряд 35
— защиты 120
— изменений 48
— переноса 46
— признака 110
— чётности 189
разрядность 46, 280
— регистра 215
разреженная матрица
разъём 194
разыменование 81
рамка 40, 114
рандеву 218
раскрутка 39
раскрывать цикл 270
распаковывать 77, 269
распахивать 283
распечатка 121, 152, 199
— программы 239
распечатывать 152
расписывать 108
— память 49
распознавание изображений 129
— образов 22, 27, 190
— символов 50
— трёхмерных изображений 225
распознавать 128
расположенный в одном блоке 269

— на неправильной границе 167
распределение виртуальной памяти 277
— памяти 163, 164
— регистров 214
— ресурсов 17, 220
— устройств 83
распределённая база данных 89
— вычислительная система 89
— маршрутизация 89
— обработка 89
— файловая система 89
распределённое управление 89
распределённый векторный процессор 89
распределять ресурсы 17
распространение ошибки 110
распроцедуривать 80
расслоение памяти 164
рассуждения 212
«растеризация» 210
растр 36, 91, 210
растровая графика 36, 129, 210
растровое устройство отображения 210
растровый генератор символов 91
— графопостроитель 210
— дисплей 91
— дисплей с поточечной адресацией 36
— процессор 210
расширение 14, 97
расширенная адресация 26, 103
— сеть переходов 26
— форма Бекуса — Наура 103
расширенный двоично-десятичный код обмена информацией 93
— код ASCII 103
расширитель шины 43
расширяемая нотация 103
— система 180
расширяемый 103, 180, 270
— синтаксис 103
— язык 103
расширять 102
расшифровка 79
расшифровывать 77
расщепление узлов 174
реакция 19
— на особую ситуацию 101, 264
— по умолчанию 79

СПРАВОЧНОЕ ИЗДАНИЕ

БОРКОВСКИЙ Аркадий Борисович

АНГЛО-РУССКИЙ СЛОВАРЬ ПО ПРОГРАММИРОВАНИЮ И ИНФОРМАТИКЕ

Зав. редакцией
Т. А. ХАРИСАНОВА
Технический редактор
Т. И. СИРОТКИНА

Сдано в набор 23.7.91. Подписано к печати 8.10.91. Формат 84 х 108 1/32. Бумага типографская № 2. Гарнитура таймс. Печать высокая. Усл. печ. л. 17,64. Усл. кр.-отт. 17,745. Уч.-изд. л. 25,34. Тираж 200 000 экз. Заказ № 2-136. Цена договорная.

ММПШ, 103070, Москва, Старая пл., 10/4.
Набрано на можайском полиграфкомбинате В/О «Союзэкспорткнига» Государственного комитета СССР по печати. 143200, Можайск, ул. Мира, 93.

Отпечатано в типографии издательства «Харьков». 310037, г. Харьков, Московский проспект, 247.